中青年经济与管理学者文库

本书系国家自然科学基金项目（项目号：71702165）和浙江省自然科学基金项目（项目号：LQ20G020006，LY18G020006）的阶段性研究成果，并得到浙江工商大学博士启动资金资助。

GONGSI IPO "SHUANGBAOZHI" XIA BAOJIAN DAIBIAOREN DE GEREN XIAOYING YANJIU

公司 IPO "双保制" 下保荐代表人的个人效应研究

汪 泓 著

中国财经出版传媒集团
中国财政经济出版社

图书在版编目（CIP）数据

公司 IPO“双保制”下保荐代表人的个人效应研究／汪泓著．--北京：中国财政经济出版社，2020.5
（中青年经济与管理学者文库）
ISBN 978－7－5095－9738－5

Ⅰ.①公…　Ⅱ.①汪…　Ⅲ.①证券市场－金融制度－研究－中国　Ⅳ.①F832.51

中国版本图书馆 CIP 数据核字（2020）第 051165 号

责任编辑：马　真　　　　责任校对：胡永立
封面设计：智点创意

中国财政经济出版社 出版
URL：http：//www.cfeph.cn
E－mail：cfeph @ cfemg.cn
（版权所有　翻印必究）
社址：北京市海淀区阜成路甲 28 号　邮政编码：100142
营销中心电话：010－88191537
北京财经印刷厂印装　各地新华书店经销
880×1230 毫米　32 开　9 印张　212 000 字
2020 年 6 月第 1 版　2020 年 6 月北京第 1 次印刷
定价：42.00 元
ISBN 978－7－5095－9738－5
（图书出现印装问题，本社负责调换）
本社质量投诉电话：010－88190744
打击盗版举报热线：010－88191661　QQ：2242791300

策划人语

题记：一个人的精神成长史，取决于他的阅读史。只有阅读能最有效地培养精神生活习惯，而好的习惯又培养性格，性格决定人生。

——我们自豪，因为我们就是创造这精神产品的人。

选择了飞翔，总能看到蓝天；选择了远航，总能感受大海。人生不仅要作出选择，也要坚持住自己的选择。学会计、当编辑是我的意外选择。人说编辑是为人做嫁衣，可是这一选择我坚持了27年，苦在其中，乐在其中，也算是有声有色。每当我把一本本好书呈献给人们的时候，我觉得我是“富贵”的人：富，不是你身上的钱财，而是你心里的满足；贵，不是你地位的显赫，而是你被人需要的程度。

书海探寻，情怀永恒

我要说，做编辑我幸运，因为我不仅是第一个读者，可以对作品“品头论足”，也可以对作品“生杀予夺”；更重要的是，这是一个很高层次的平台，在多年与名家的交往和名著的“对话”中，深深地为他们的人格和才学所感动，被作品的精彩所吸引，这不仅使我“下笔如有神”，更使我的思想和灵魂也受到一次次洗礼和震撼，得到一次次升华。对于我的作者我的书，如数家珍，作者中不乏才学和为人同样过人的多位泰斗和“颜值高责任大”的众多才子佳人；策划的作品不仅立足专业还兼顾人文，也是情怀所在，专业加人文路才会更宽。

多年的体会是，作为一名编辑，起码要“三心二意”，即“责任心、细心、耐心”和“服务意识、创新意识”。要多策划一些有分量的拳头产品，用一个选题推动一个系统工程，用一个系统工程培养一个出版社品牌。给新入职编辑讲座时我做过一个比喻：编辑两项基本功，审稿——甚至要比博导审批学生论文还要全面、细致；选题策划——要像电影导演一样做“星探”，善于发现优秀作者和挖掘好的原创作品。记不得 27 年来我策划和编辑了多少书，组织和策划了一大批教材、业务培训用书、通俗读物、理论专著等，有的获得过国家、省部级各类奖项，有的以其填补空白、社会热点、风格新颖、开拓尝试等特点受到读者的欢迎。20 世纪 90 年代我开始自主策划选题，多年来每年都有新丛书问世。比如，21 世纪初内部控制研究在国内刚兴起时，策划了《现代内部控制丛书》，其中《企业内部控制管理操作手册》是我鼓励作者将自己饱含心血的经过长期钻研和实践并证明卓有成效的成果奉献付梓，使得更多的人能受益于此，这无疑是对我国内部控制理论探索和实践发展的一种贡献，内部控制选题至今还是热点。2013 年的《来去无尘——一位财政部长的生前事》所展现的吴波精神，与深入推进党风廉政建设相得益彰，得到中央领导同志的高度重视和重要批示。中央各大主流媒体纷纷连续报道，掀起了全社会学习吴波高尚情操的热潮。2014 年至今的前沿选题《财务云丛书》等也越来越受到业界认可。

想是问题，做是答案

众所周知，目前的图书出版业在行业竞争和纸质图书受到严重冲击的情况下，出版人无不感到莫大的危机。在这种背景下，策划一套专业图书是颇感困惑的一件事，风险更大。但即使这样我们也不能因噎废食、停滞不前，还要积极应对，继续发挥纸质图书的固有特质，挖掘出版内容和形式都精彩的原创作品，适应新形势下读者的更高需求。2017 年，我们接受新的挑战，开启新的征程，又策划《中青年经济与管理学者文库》《当代税收名家丛书》《中国税务律师系列丛书》《现代管理实务丛书》《高等院校应用型会计人才精细化培养系列教材》等，继续为扶持学术研究和总结最新成果，在高端研究与专业知识普及和应用之间搭建一座座有益的桥梁。

每一个时代的经济环境不同，理论研究和实务探索所需要解决的问题也有所差别。当前我国不仅处于经济结构调整和供给侧改革的攻坚期，同时也处于大数据和互联网突飞猛进的变革期，矛盾叠加，风险交汇，市场环境和组织模式不断演变发展、推陈出新，经济、管理、财税等领域的新理论、新思想、新方法、新工具也层出不穷。乱花渐欲迷人眼，击水三千浪几何？这些领域的研究人员被时代赋予了更艰巨的责任，也面临着更高、更多元的要求，我们不仅要具备更广阔的学术视野，而且要有更严谨的学术思维。

输在犹豫，赢在行动

《中青年经济与管理学者文库》的作者，都是我国经济与管理领域的中坚力量，也是未来的大家。他们中有些人潜心从事理论研究，有些人则深耕在实务一线，但无论现实身份如何，视野全都没有被拘泥在“象牙塔”内。他们从不同视角对市场经济的不同要素进行细致审视，然后汇聚于“财经版”这面旗帜之下，相互碰撞，彼此激荡，力求在市场经济转型升级的关键时期留下最新鲜的“中国印记”。

这些经济与管理领域的中青年学者，就是我国市场经济发展的潜力与优势，他们的研究成果，不仅将引领市场经济的各个组成环节向更科学、更先进的方向发展，而且将成为我国政府和企业在未来经济世界扮演更重要角色的支点与动力。祝愿这些中青年学者能攀上更高的学术之山，走向更远的研究之路，也期待宏观、中观、微观各个层面的市场参与者都能从这套文库中得到切实的启发与指引，在全面深化改革、增强发展活力的关键时期，发挥正能量和积极作用，为经济社会发展增添新的动力！

如果您认可，如果您有意愿，欢迎您和您的朋友加盟我们的作者队伍！在中国财经出版传媒集团的“旗舰”下，中国财政经济出版社这“老字号”，一定励精图治，谱写新的篇章。我们用“龙的精神，玉的品质”来助力您实现梦想！

策划人：樊清玉

邮箱：qingyuf@ sina. com

2017 年春

绪　论

1.1　研究背景和意义

我国证券市场的发展，对于深化改革开放、促进社会资金融通、优化资源配置、促进经济增长、完善公司治理、提高企业经营管理水平和产能绩效等，均发挥着十分积极的作用。近30年来，我国证券市场虽历经坎坷，但总体而言，取得了巨大的进步。市场日趋成熟，交易不断规范，品种持续增加，规模迅速壮大。据《经济参考报》2020年1月24日的报道，截至2019年最后一个交易日收盘，我国A股上市公司总数已达3777家，总市值59.29万亿元，流通市值48.35万亿元，平均市盈率仅为20.35倍。相比2018年，A股总市值增加了15.8万亿元[①]。另有资料显示，

① 《经济参考报》：2019年A股市值增加近16万亿元，2020年1月24日。

我国沪深两市的投资者人数已达 1.59 亿，因此证券市场的规范运作和稳健发展，牵动了亿万群众的心。

证券发行上市的保荐人制度（以下简称“保荐人制度”），是完善证券发行与上市交易规范运作的重要举措。但作为我国证券发行管理制度的一项配套改革措施，从其推出后，就存在不少争议，关键是对保荐机构和保荐代表人所发挥的作用界定，还缺乏理论和实证数据的支持。2003 年 12 月 28 日，证监会发布了《证券发行上市保荐制度暂行办法》（以下简称《保荐暂行办法》），标志着保荐制度在我国内地正式启航。我国保荐人制度的立法宗旨，是为了规范证券发行上市行为，提高上市公司质量和证券经营机构执业水平，保护投资者的合法权益，促进证券市场健康发展[①]。2008 年 10 月，证监会发布《证券发行上市保荐业务管理办法》（以下简称《保荐管理办法》）取代了原《保荐暂行办法》，并从 2008 年 12 月 1 日起施行。2008 年的《保荐管理办法》曾在 2009 年、2013 年和 2017 年进行数次修订，从而使我国保荐人制度不断得到完善。然而，2014 年底国务院发文取消了保荐代表人行政许可准入的要求，加之我国证券发行制度逐渐由核准制向注册制过渡，引发社会上对我国将取消保荐人制度的猜测。同时，我国部分保荐机构和保荐代表人的不正当行为，譬如“合谋造假”“只荐不保”“谋取私利”等，也经常受到证券监管部门的处罚，给人留下诟病的口实，增加了社会媒体对我国保荐人制度成效的质疑。在这种情况下，我国证监会发言人已多次强调，取消保荐代表人的注册资格准入以及证券发行的“注册制改革”并不意味着保荐人制度的取消。我国 2005 年 10

① 中国证监会：《证券发行上市保荐业务管理办法》总则第一条，2008 年 10 月。

月修订的《中华人民共和国证券法》（以下简称《证券法》），首次以法律形式增加了实施保荐人制度的条款，并对保荐机构和保荐代表人的保荐职责提出了要求。而从最新2019年12月对《证券法》的修订看，仍继续保留了保荐人制度的相关法律规定。因此，可以预料，即使我国证券市场将逐步推行“注册制”改革，但也不可能完全放弃“保荐人制度”。相反在推行“注册制”和“科创板”的环境下，证券发行上市的门槛以及直接审核的要求可能会适当降低，但加强发行人的信息披露、保护投资者的利益反而变得更为重要，故而对保荐人制度的某些监管要求还会得到进一步加强。

综上而言，对我国已经实施10多年的保荐人制度进行深入研究，对其实施成效及不足作出及时总结和客观评价，获取更多的数据支持，并对该制度的进一步完善提出政策建议，避开简单武断的“存废之争”，就显得格外必要，具有重要的学术价值和现实意义。

1.2 研究现状及不足

证券发行上市保荐人制度的实施主体是具有保荐业务资格的证券公司（即保荐机构）及其相关的保荐代表人，在我国称为“双保制”；而被保荐的对象则是拟发行证券的公司（即证券发行人）。一项保荐业务是否能够取得成功，发行人拟首次公开发行（IPO）的证券是否能够顺利发行并上市交易，除了保荐机构与保荐代表人本身的尽职努力和认真履行保荐职责外，还需要得到发行人及其董事、监事、高级管理人员（以下简称“高管人员”）以及为发行人提供专业服务的律师事务所、会计师事务所、资产评估和证券咨询等证券服务机构（以下简称“证券中介机构”）及其工作人员的配合。而在保荐机构内部，一项保荐业务的团队人员主要包括主管人员、业务负责人、内核负责人、保荐代表人和项目协办人等。保荐机构应当指定两名保荐代表人具体负责一家发行人的保荐工作，出具由法定代表人签字的专项授权书，并确保保荐机构有关部门和人员有效分工协作。保荐机构还可以指定一名项目协办人[①]。《证券发行上市保荐业务管理办法》第四条对保荐人的“保荐职责”作出了以下规定：“保荐机构及其保荐代表人应当遵守法律、行政法规和中国证监会的相关规定，恪守业务规则和行业规范，诚实守信，勤勉尽责，尽职推荐发行人证券发行上市，持续督导发行人履行规范运作、信守承诺、信息披露等义务[②]。”因此，在一项证券发行及上市的保荐业务中，保荐业务责任人在“尽职推荐”和“持续督导”两个阶段负有保荐职责。而承担保荐职责的主要责任人，除了保荐机构这一法人团体外，还包括保荐代表人这一自然人。实际上，从我国保荐人制度设计的一开始，就设定了两个保荐主体，所以又称为“双保制”。保荐代表人既是保荐机构的工作人员，又是保荐机构指定的专门代表，除了负责对证券发行人或拟上市公司作出尽心辅导和尽职推荐外，还需要就保荐业务事项与中国证监会进行专业沟通，接受证券发行审核委员会（以下简称“发审委”）的聆讯，充当了中介桥梁的角色。而在持续督导阶段，保

① 2003 年的《保荐暂行办法》提出，保荐机构还应当指定一名项目主办人，保荐代表人可以担任项目主办人。但是 2008 年的《保荐管理办法》不再提到主办人，反而提出保荐机构可以指定一名项目协办人。因此，可以想见，在保荐业务的实践中，大多数情况是由保荐代表人担任了项目主办人，协办人则是保荐代表人及保荐业务团队的助手。这就进一步加强了保荐代表人的责任。

② 中国证监会：《证券发行上市保荐业务管理办法》第四条，2008 年 10 月。

荐代表人的责任应该更重，他们不仅应在规定的持续督导期限内（一般是2~3年）继续督导发行人规范运作、信守承诺和信息披露，而且还要为发行人的业绩变脸和虚假信息等承担个人的法律责任。正因为保荐代表人责任重大，我国相关的保荐人制度都对保荐代表人的任职资格、职业操守、保荐业务流程、违约责任及相应处罚等，作出了详细规定。《证券发行上市保荐业务管理办法》第五条规定：保荐代表人应当遵守职业道德准则，珍视和维护保荐代表人职业声誉，保持应有的职业谨慎，保持和提高专业胜任能力。保荐代表人应当维护发行人的合法利益，对从事保荐业务过程中获知的发行人信息保密。保荐代表人应当恪守独立履行职责的原则，不因迎合发行人或者满足发行人的不当要求而丧失客观、公正的立场，不得唆使、协助或者参与发行人及证券服务机构实施非法的或者具有欺诈性的行为[①]。由此可见，保荐代表人的“职业声誉”“职业谨慎”“专业胜任能力”以及“独立”“客观”“公正”“保守秘密”“杜绝欺诈”等职业操守，都是影响保荐业务成败的重要因素。

然而，通过文献研究发现，在我国的核心期刊和学位论文中，对保荐人制度的研究出现了以下特征：一是研究保荐人制度及保荐机构的较多，而研究保荐代表人的较少；二是理论和规范研究较多，而实证研究较少；三是2015年前的研究较多，而2015年以后的研究较少。

表1-1显示的是截至2019年底“中国知网”关于保荐人制度及保荐代表人研究的文献统计数据。我们将文献数量分成“核心期刊”“学位论文”和“其他文献”三个类别，“其他文献”从文献总数中扣除“核心期刊”论文和“学位论文”后获

① 中国证监会：《证券发行上市保荐业务管理办法》第五条，2008年10月。

得，包括非核心期刊发文、三大引文索引、会议论文和主要报纸等。“保荐人制度研究”主题下的文献共有 261 篇，其中学术性较强的核心期刊论文和硕博学位论文占据 108 篇，“保荐人制度实证研究”主题下的实证论文仅有 6 篇，基本为核心期刊和硕博学位论文。而“保荐代表人研究”主题下的文献虽然有 1773 篇，但去除报纸报道为主的其他文献后，核心期刊论文加上硕博学位论文的总量也只有 133 篇，“保荐代表人实证研究”主题下的文献则为 9 篇。从论文发表的时间上看，在“保荐人制度研究”主题下的 261 篇文献中，仅有 15 篇是在 2015 年及之后的近五年内发表，占 5.75%；在“保荐代表人研究”主题下的 1773 篇文献中，2015 年及之后近五年内发表的文献数为 49 篇，仅占 2.84%。2015 年及之后关于保荐人制度和保荐代表人的研究文献迅速减少，其中一个重要原因是 2014 年 11 月经国务院批准取消了保荐代表人资格的行政准入[①]，另一个重要原因则是社会上对证券发行制度的“注册制改革”可能会取消保荐人制度和保荐代表人的误解所致。

类似的结果在另一个大数据平台“万方智搜”中也能显示出来（详见表 1-2）。“保荐人制度研究”主题下，共找到相关文献 376 篇，其中学位论文 276 篇，期刊论文 97 篇，会议论文 3 篇，2015 年之后发表的文献 55 篇，占 19.93%。在这 376 篇文献中，属于经济类的为 220 篇，政治、法律类的为 154 篇，社会科学总论类的为 2 篇。而在“保荐代表人研究”主题下，共找

① 2014 年 11 月 24 日，国务院常务会议决定，取消和下放 58 项行政审批项目，取消 67 项职业资格许可和认定事项，其中包括中国证监会对保荐代表人的资格许可。这一举措一方面是落实进一步简政放权，深化改革；另一方面也有利于降低企业上市成本。中国证监会发言人当时即作出表态，保荐代表人资格的取消（实际上是不再需要加以行政注册即资格准入）并非意味着保荐人制度的取消，而是保荐人制度的完善。保荐代表人的监管权力将被移交到中国证券业协会，由该协会进行自律管理。

表1-1　中国知网关于保荐人制度及保荐代表人研究的文献统计

研究主题	文献数量				发表时间	
	核心期刊	学位论文	其他文献	小计	2014年及之前	2015年后
保荐人制度研究	19	89	153	261	246	15
保荐代表人研究	27	106	1640	1773	1724	49
保荐人制度实证研究	0	6	0	6	4	2
保荐代表人实证研究	2	6	1	9	8	1

到相关文献149篇，其中学位论文119篇，期刊论文29篇，会议论文1篇，2015年之后发表的文献33篇，占22.15%。在这149篇文献中，属于经济类的为78篇，政治、法律类的为64篇，其他人文社科类的为7篇。

表1-2　万方智搜关于保荐人制度及保荐代表人研究的文献统计

研究主题	文献数量				发表时间	
	期刊论文	学位论文	其他文献	小计	2015年前	2015年后
1. 保荐人制度研究	97	276	3	376	321	55
其中：						
(1) 经济类				220		
(2) 政治、法律类				154		
(3) 社科总论类				2		
2. 保荐代表人研究	29	119	1	149	1724	49
其中：						
(1) 经济类				78		
(2) 政治、法律类				64		
(3) 其他人文社科类				7		
3. 保荐人制度实证研究	10	72	1	83	69	14
4. 保荐代表人实证研究	9	36	0	45	36	9

将中国知网和万方智搜两个平台搜索的结果对比，总的情况类似，比如对同一个主题的研究，提供经验数据证明的实证论文明显比理论探讨的论文要少，2015 年后发表关于保荐人制度和保荐代表人的研究文献也明显减少。但从“保荐人制度研究”与“保荐代表人研究”两个主题下发表的文献数量看，万方智搜提供的数据应该更为客观，“保荐代表人研究”的文献要明显少于“保荐人制度研究”的文献。因为万方智搜剔除了相关报纸的报道以及索引类文献，降低了学术性及原创性较低的文献的“噪音”。此外，万方智搜显示的实证论文数量也比中国知网所统计的多一些，在“保荐人制度实证研究”主题下有实证论文 83 篇，其中学位论文 72 篇；在“保荐代表人实证研究”主题下有实证论文 45 篇，其中学位论文 36 篇。显然，硕博学位论文是从事实证研究的主力。

在中国知网“保荐人制度研究”主题下，还可以看到该主题下的分类检索，主要包括保荐人制度的比较研究、保荐人制度的监管、保荐人制度的有效性、保荐人制度的优缺点、保荐人制度存在的问题、保荐人制度的完善等，但没有出现保荐人制度的实证研究或经验证明的分类，这进一步说明在这一研究领域实证研究的相对匮乏。

综上可见，我国关于保荐人制度的研究，虽然在经济学、金融学以及政治、法律的层面出现了不少理论探讨文章，为本书写作提供了理论铺垫和有益参考，但仍有以下明显不足：

第一，现有研究大多数围绕着西方保荐人制度的引进和借鉴、中西方保荐人制度的比较、我国保荐人制度的沿革、我国保荐人制度的相关法律条文介绍和解读、我国保荐人制度实施过程中存在的问题及其纠正、我国证券发行制度改革对保荐人制度的影响、保荐人制度的未来发展等问题展开研究，这方面的理论成果虽然比较丰富，但仍然缺乏对我国保荐人制度实施成效及经济后果的实证检验。需要加强这方面的实证研究，为我国未来的保荐人制度改革提供进一步的经验证据。

第二，现有的保荐人制度的研究或实证研究，针对保荐机构（或承销商）的研究相对较多，而对于作为保荐项目实际负责人或执行者的保荐代表人的研究却相对不足。更加缺乏保荐代表人个人特征、职业声誉、专业胜任能力、保荐代表人变更等对被保荐人 IPO 定价及后期业绩表现影响的深入研究。

第三，目前大多数研究保荐人制度的文献都是在 2015 年之前完成的，近五年发表的成果不到总数的 20%，因此一些研究成果已经时过境迁，失去了现实意义。实际上在我国近期的证券发行制度改革中，科创板的推出、核准制向注册制的过渡等，都对保荐人制度的继续贯彻和完善提出了许多问题，但这方面的研究十分稀少，这也形成保荐人制度研究现状的一个不足。

1.3 研究思路和方法

前面已经指出，我国现行证券发行的保荐人制度实际上实行的是对保荐机构和保荐代表人的“双重问责”即“双保制”。在相关法律法规条文中，无论是新修订的《证券法》还是《证券发行上市保荐业务管理办法》，都对保荐机构和保荐代表人的保荐职责以及应当承担的责任，分别作出详细的规定。鉴于现有文献更多聚焦于对保荐机构（法人层面）保荐职责履行和保荐质量等方面的研究，本书则重点关注保荐代表人在保荐业务中所发挥作用的研究，以弥补当前这方面文献的不足。同时，考虑到目前停留在理论层面的文献较多，而对保荐代表人实际效能发挥及履职能力的实证检验较为缺乏，因此本书将搜集我国沪深两市的数据作为样本，重点对保荐代表人在保荐业务中的个人效应展开实证研究，并深入探讨保荐代表人个人特征、职业声誉、胜任能力对其履行保荐职责的影响。

按照我国证监会《证券发行上市保荐业务管理办法》第二条的规定，发行人应当就下列事项聘请具有保荐机构资格的证券公司履行保荐职责：（1）首次公开发行股票并上市；（2）上市公司发行新股、可转换公司债券；（3）中国证券监督管理委员会认定的其他情形①。可见保荐机构的保荐业务范围主要包括挑选、辅导、推荐拟上市公司在证券市场首次公开发行股票（即 IPO）并上市交易，以及挂牌上市后可能增发的新股或可转换证券等。其中 IPO 业务是保荐工作的首选，也是承销商业务的核心部分，因此本书对保荐代表人履职效能及保荐质量的研究和检验，重点放在 IPO 的定价效率以及持续督导后期的业绩表现等方面。

本书采用理论研究与实证检验并重的方法，按照“提出问题—理论分析—实证检验—结论建议”的思路展开研究。首先，在对我国保荐人制度背景和相关法律法规进行完整讨论的基础上，提出研究命题，确定研究方案；其次，对所研究问题的理论基础作出回顾，并整理和综述对本研究命题相关的文献，找出研究盲点，确定研究视角，争取创新；再次，根据所要解决的问题作出理论分析和逻辑推理，建立理论框架，进而提出研究命题中需要检验的假设；最后，根据证券市场可获得的经验数据对所提假设作出相关性、回归和稳健性检验，并对有关问题做进一步研究，得出客观的经验证据，为最后得出研究结论以及作出政策建议提供依据。

按照这一思路，首先提出本书研究的命题：区别于保荐机

① 中国证监会：《证券发行上市保荐业务管理办法》第二条，2008 年 10 月。

构，保荐代表人在企业IPO定价及后续的业绩表现中是否能够发挥以及发挥了什么样的作用？换言之，保荐代表人是否存在独特的个人效应；其次，梳理相关法规制度对保荐机构与保荐代表人的保荐职责及违规责任作出的不同界定，进一步从保荐代表人的职业声誉、专业胜任能力和职业操守等角度，通过保荐代表人若干方面的个人特征，对这些个人特征在保荐代表人对公司IPO中发挥作用的影响机制，作出深化研究；再次，对保荐代表人在持续督导期间的作用作出进一步研究，并重点分析保荐代表人变更的市场反应，以及对IPO公司的信息披露和盈余管理带来的影响，深化对保荐代表人个人效应的理解；最后，根据以上三方面实证检验的结果作出分析总结，形成研究结论，并对进一步完善我国的保荐人制度提出建议。

本书的研究思路如图1-1所示。

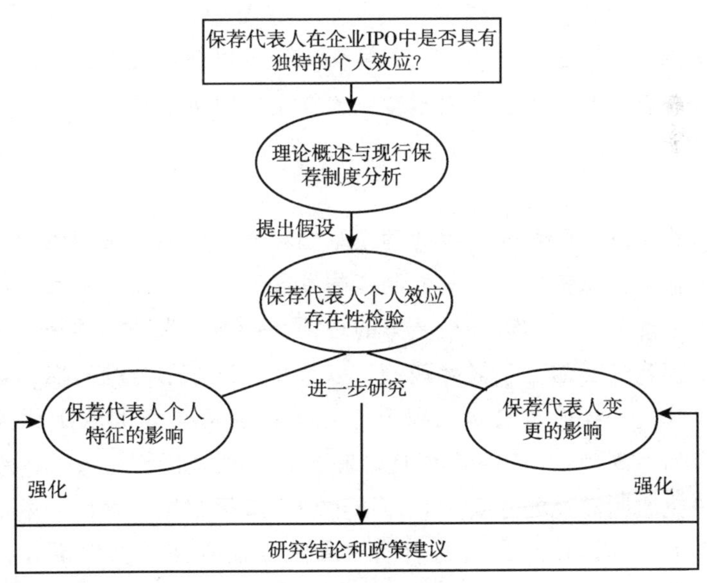

图1-1 研究线路图

1.4 本书内容及章节安排

根据上节的研究思路，我们将全书内容分为七章。各章主要内容如下：

第 1 章，绪论。在本章中首先阐述研究背景和意义；其次，分析研究现状，并指出现有研究的不足，从而明确本书的研究目标和研究重点；再次，提出本书的研究思路和方法；最后，对本书内容和主要贡献作出说明。

第 2 章，保荐人制度的市场环境和制度背景。在本章中，首先讨论了开展保荐业务所处的市场环境，以及该市场的主要参与主体；其次，对保荐人制度的发展作了历史回顾；再次，对我国保荐人制度的相关法律法规条文进行了整理并加以解读；从次，对保荐机构与保荐代表人两者的保荐职责以及违规责任进行了比较；最后，对我国保荐人制度实施概况、取得成效和存在的问题进行大致分析，并根据改革形势对保荐人制度的未来发展作出展望。

第 3 章，保荐人制度的理论基础和文献综述。在阐述本书研究的基本概念范畴、保荐人制度的发展背景以及实施概况的基础上，本章首先介绍若干最基本的理论，包括作为经济学基础的委托代理理论、信息不对称理论，以及作为法律学基础的担保理论等；其次，探讨了与本书研究主题关系较为密切的若干相关理论，如声誉理论、IPO 定价理论和盈余管理理论等；最后，对本书研究主题涉及的主要文献加以整理，进行综述和评价。本章发挥承上启下的作用，将为后面三章的实证研究提供理论分析的铺垫。

第4章，公司IPO中保荐代表人个人效应的存在性。本章研究的主要问题是，保荐代表人除了其所在的保荐机构的影响之外，从其个人层面上来看是否会对其负责的IPO项目产生独特影响或存在其个人效应。首先，结合已有文献，对其他类似问题中个人在整体中起到的作用进行分析，并借鉴类似问题的研究方法，作出理论分析并提出研究假设；其次，通过2004—2014年中国A股上市公司的数据对研究假设进行实证检验，得出保荐代表人个人效应确实存在的研究结果；最后，出于增加研究结论稳健性的考虑，展开相关检验和进一步研究。例如，进一步检验了保荐代表人对IPO公司上市前的可操纵应计额和真实盈余管理的影响，以及IPO公司上市前的盈余管理水平可能会影响IPO公司上市后业绩变脸的情况等。

第5章，保荐代表人个人特征对公司IPO的影响。在对上一章研究问题的基础上借鉴高阶梯队理论开展进一步深入研究，即在肯定保荐代表人对公司IPO过程能够发挥个人效应的基础上，进一步研究保荐代表人的一些个人特征（包括保荐代表人的教育水平、性别、在证券行业的从业经验、保荐代表人更换保荐机构的频率，以及曾有过去所在保荐机构受过证监会处罚的经历等）对公司IPO定价和市场绩效的影响。通过本章的研究，不仅强化了上一章的研究结论，而且也说明保荐代表人的特征反映了其职业声誉以及专业胜任能力，这对于保荐代表人履行保荐职责是十分重要的。同时，本章还对不同监管环境下保荐代表人个人特征对IPO公司绩效的影响作出了对比，对不同券商规模下个人特征作用的差异性进行了分组检验。

第6章，持续督导期保荐代表人变更的影响。在研究了保荐代表人个人特征对公司IPO绩效的影响之后，本章研究的问题是，在公司IPO上市后的持续督导期内，因为各种自愿或强制的原因发生了原保荐代表人更换的情况，那么，这种“保荐代表人变更”对证券市场会产生怎样的反应，以及对公司未来的盈余管理是否会产生影响。本章同样通过实证数据对提出的假设进行检验，首先验证保荐代表人变更信息披露后所产生的市场负面反应；其次，根据变更原因进行细致分析后发现，这种负面反应仅发生在因保荐代表人个人原因造成变更的事件中，对于因保荐机构和其他原因造成的保荐代表人变更，市场并没有作出明显的反应；最后，在本章的进一步研究中，还对因变更引起的保荐代表人个人特征的变化所产生的市场反应作出检验，同时还对保荐代表人变更与 IPO 公司盈余管理的关系进行研究。本章通过保荐代表人变更对公司绩效及市场反应影响的研究，与第 5 章一样进一步印证了保荐代表人在公司 IPO 过程中所发挥的独特作用。

第 7 章，研究结论与政策建议。本章在对以上各章研究结果和实证检验发现的基础上，首先对本书的主要研究结论作出了总结；其次，根据研究结论对进一步完善我国保荐人制度，尤其是加强对保荐代表人的监管以及进一步发挥保荐代表人的作用，提出若干政策建议以供证券监督管理部门、上市公司和投资者参考；最后，阐述了本书研究存在的一定局限性，并对未来研究作出新的展望。

1.5 本书主要贡献

本书基于中国资本市场的环境，手工收集了 IPO 公司保荐代表人的个人信息以及在 IPO 上市后所发生的保荐代表人变更的情况，试图在当前保荐代表人制度及“双保制”特征的背景下，重点研究保荐代表人的个人效应以及其个人特征对公司 IPO 过程所发挥作用的影响。并在此基础上，结合保荐代表人在持续督导期发生变更的情况，探讨其市场反应及对公司IPO后盈余管理情况的影响。

本书可能的研究贡献，主要体现在以下几个方面：

首先，以往对保荐人制度的研究，大多集中在保荐机构或承销商的层面。由于保荐机构一般也是主承销商，能够从承销业务中获取巨大的经济利益，因此研究的关注点就必然更多地接近“保荐机构”而非“保荐代表人”。但我国现行保荐人制度的特征是实行“双保制”，即将保荐职责的承担主体同时放在保荐机构和保荐代表人两个方面。我们如果仅通过承销商的角度进行研究，就很难了解同时承担保荐职责的另一主角“保荐代表人”在公司IPO过程中所作出的贡献。因此，本书将以往大多数仅限于承销商层面的研究拓展到保荐代表人个人效应的层面，试图将“保荐代表人”与“承销商”的贡献加以区别，有助于我们更好地了解保荐代表人所能发挥的作用，拓展保荐人制度的监管视野。这项内容不仅丰富了保荐人制度这一研究领域的文献，也将“高阶梯队理论”对个人特征影响的研究在保荐人制度研究中得到了应用。

其次，目前的大部分文献主要集中于对保荐人制度的分析解读以及存在价值的理论探讨，仅有少量文献从实证方面开展有关研究，极其缺少实施保荐人制度有效性的经验证据。还有一些实证研究论文仅仅是对保荐人制度实施前后的有关经济后果作出比较，这样的研究方法显然过于简单粗糙，难以排除同期各种其他事件的影响。本书以保荐代表人的个人特征作为切入点，考察保荐代表人个人特征对于公司IPO过程的影响，一方面对保荐代表人的个人效应提供了更为可靠的证据，另一方面也对影响保荐代表人作用发挥的具体因素或作用机制进行了更为深入的探讨。

最后，本书不仅关注了保荐代表人对公司 IPO 定价效率及市场业绩表现的影响，而且还对保荐代表人变更所产生的市场反应以及对 IPO 公司上市后盈余管理水平的影响进行了进一步的研究。这有助于拓展我们对保荐代表人应发挥持续督导作用的认识，并有利于加强对保荐代表人“只荐不保”“随意离职”等违规行为的监管。本项研究内容，还从一定程度上拓展了“高管变更”领域的研究视野。

第2章 保荐人制度的市场环境和制度背景

2.1　证券保荐业务的市场环境及参与要素

在探讨保荐人制度的有效性之前，首先有必要对证券发行交易保荐业务的市场环境、作用框架与参与主体，以及制度背景等作出探讨，并对一些核心概念作出界定。

2.1.1　证券发行审核制度与保荐人制度

一家公司如果打算向公众发行其有价证券包括股票、公司债券以及可转换债券等，必须遵守我国《公司法》《证券法》以及其他法律、法规的规定，向中国证监会提出申请。《证券法》第九条规定："公开发行证券，必须符合法律、行政法规规定的条件，并依法报经国务院证券监督管理机构或者国务院授权的部门注册。未经依法注册，任何单位和个人不得公开发行证券。”因为公开发行证券需要加以注册或审批，这就形成了证券发行的审核制度，又称证券发行监管制度。

世界各国或地区由于政治、历史、经济体制以及社会文化的不同，对证券发行的审核采取了不同的模式和管理制度，但总体的管理目标都是一致的，主要包括保护投资者利益、确保有效和透明的市场，以及减少系统风险三个方面。而证券发行审核作为对企业证券发行行为所进行的监管，需要遵守公开、公平和公正的所谓“三公”基本原则。证券发行监管制度主要包括“注册制”和“核准制”两种形式，西方成熟市场大多采用的是注册制。而我国证券发行的监管制度，则随着我国改革开放的逐渐深入以及资本市场的日益成熟，经历了从“审批制”“核准－通道制”“核准－保荐制”到“注册制”的发展。

（1）审批制。

新中国成立前我国虽然也建有股票市场，但新中国的证券市场却是十一届三中全会实行改革开放后的产物。1984 年上海飞乐音响公司发行 50 万元股票，是新中国成立以来发行的第一只股票。但当时还没有设立专门的证券监管机构，股票发行由有关部门审批，一般是以中国人民银行各地分行为主要审批机关，飞乐音响发行股票就是经中国人民银行上海市分行金融行政管理处批准发行的。

1990 年底，我国分别在上海、深圳两地建立了上交所和深交所以及全国证券交易自动报价系统，新中国证券市场正式诞生。1992 年 10 月国务院证券委和中国证监会成立，1993 年国务院颁发了《股票发行与交易管理暂行条例》，标志着全国统一的股票发行审核制度正式建立，最初实行的是以行政主导的股票发行的审批制。所谓审批制，是指采用行政和计划的方法向各地方政府或行业主管部门分配股票发行的额度或指标，由地方政府或行业部门推荐拟发行股票的企业，再递交材料由中国证监会审批。在 1990 年至 1995 年，先是采用了额度管理办法，将股票发行的额度指标下达至省级政府或行业主管部门，由当地政府和行业部门行政决定发行股票的企业。接着，在 1996 年至 2000 年，新股发行改为“总量控制，限报家数”的指标管理办法，证监会根据国家计委、证监委共同制定的股票发行总规模，向各地区和各部门分配发行企业的指标，最后交由证监会作出审批。

显然，审批制带有较浓烈的计划经济色彩，因为发行股票的公司都是由政府行政部门作出选择，且考虑的大多是规模较大的国有企业，有时还将股票上市作为地方国企解困的手段而将一些质地不佳的企业推荐出去，甚至还出现额度买卖的现象。这种方法不利于将真正优秀的企业推向市场，影响了企业间的公平竞争，从而降低了股票发行的效率。

（2）核准制。

鉴于审批制的缺陷，中国证监会启动了证券发行制度改革，于 2000 年 3 月发布了《股票发行核准程序》，由此开始了审批制向核准制的转变。为了适应这一改革的需要，中国证监会设立了“股票发行审核委员会”（以下简称“发审会”），专门负责对拟发行股票公司申请材料的审核。核准制同样经过了两个阶段，在 2001 年至 2004 年，先是采用了“通道制”。在“核准—通道制”下，拟发行股票公司不再由地方行政决定，而是采用了让证券公司加以辅导并推荐的办法，因此在 2001 年 10 月证监会还发布了《首次公开发行股票辅导工作办法》与此配套。但同时中国证券业协会也发布了《关于证券公司推荐发行申请有关工作方案的通知》，提出了“通道制”的办法。按照这一办法，将对每家有资格推荐发行企业的证券公司实行推荐家数（通道）的限制，最多的证券公司拥有 8 条通道，最少的也拥有 2 条，并要求排队过会，通过一家，再递增一家。在这种核准制下，不仅降低了原审批制的行政色彩，还将中国证监会的监管工作做了更合理的安排，一方面将那些对发行公司进行辅导和推荐的任务交给了作为承销商的证券公司，另一方面也将对发行公司材料的审核交给了主要由专业人士组成的“发审委”来完成，使得发审工作更加有序，市场化效率也大为提高。但“核准－通道制”也有其缺点，因为这些通道大多被一些规模较大的券商所垄断，同时通道类似饭票，容易成为证券发行人寻租的目标。

2003 年 12 月，中国证监会发布《证券发行上市保荐制度暂行办法》，决定从 2004 年 2 月 1 日起实行保荐人制度，于是证券发行的“核准－通道制”又过渡到了“核准－保荐制”，同时也标志着上市保荐人制度在我国的正式起航。保荐制与通道制的最大差别是增加了券商勤勉尽责的保荐责任，既然是推举并担保发行人的股票发行和上市，发行人一旦出现违法违规以及其他不良行为等而受到监管部门的处罚时，保荐人也将承担连带责任。从 2004 年 2 月开始实施的保荐人制度在实践中也存在一些缺陷，但至今仍在执行和完善中。

（3）注册制。

注册制，又称“申报制”或“登记制”，是当前大多数具有发达资本市场的国家或地区采用的证券发行管理制度，包括美国、英国、中国香港等。作为金融改革的重要组成部分，“注册制”改革无疑成为我国未来资本市场的发展方向。

与之前实行的核准制不同，前者强调的是对证券发行人申请发行证券的实质性审查与核准，属于“实质审核制”，而注册制是一种“形式审核制”。形式审核（注册制）与实质审核（核准制）的区别在于审核机构是否对公司的价值作出判断，这也成为注册制与核准制的主要划分标准之一。在注册制下，政府监管机构对发行人发行有价证券事先不作实质条件的限制。因此从道理上讲，也就是承认了发行人在不需要取得政府特别授权的情况下，就自然拥有发行证券的权力。发行人在发行证券时只需全面、准确地将投资人判断证券性质、投资价值所必需的重要信息和材料作出充分的公开披露，所披露信息的全面、真实和准确性经政府监管部门确认后，即应允许发行人注册登记。换言之，只要证券发行人在申报后的法定时间内未被证券监管机构拒绝注册，发行注册即为生效，发行证券的权利自动取得，而这种注册也就成为发行人发行证券的必要前提。相比较而言，核准制既强调事先的审查和核准，又重视事中与事后的监督，较多依靠有形之手的行政手段，这种对于不够成熟的资本市场的管理是必要的；而注册制放低了证券发行的准入门槛，尊重了发行人自主发行证券的权力，将发行定价及价值判断交还给证券市场本身，证监机构更强化事后监管，严格处罚欺诈发行、信息披露违法违规等行为，切实维护市场秩序和投资者合法权益。注册制改革不仅减少了发行人向政府部门寻租的机会，还从一定程度上遏制了权力腐败行为。

然而，对于处于经济转轨期的我国资本市场，注册制却不是一蹴而就的。而且，注册制也不代表完全放弃政府的审批和监控。国泰君安证券首席经济学家林采宜认为，注册制是一个过程，这个过程是核准的内容会越来越少，范围会越来越小，信息披露要求会越来越高，信息欺诈和市场操纵惩罚的规则会越来越严格。在这个过程中，从审核制走向注册制。当审核制在很多方面与注册制很接近的时候，注册制的实施就水到渠成了。

自从 2013 年 11 月党的十八届三中全会提出“健全多层次资

本市场体系、推进股票发行注册制改革、多渠道推动股权融资、发展并规范债券市场、提高直接融资比例”的资本市场改革目标以来，我国证券发行的注册制改革就开始有序展开。2015 年 12 月 9 日，国务院常务会议通过了提请全国人大常委会授权国务院在实施股票发行注册制改革中调整适用《中华人民共和国证券法》有关规定的决定草案。该草案明确，在决定施行之日起两年内，授权对拟在上海证券交易所、深圳证券交易所上市交易的股票公开发行实行注册制度；2015 年 12 月 27 日，国务院实施股票发行注册制改革的举措获得全国人大常委会两年授权，从 2016 年 3 月起施行。

2019 年，我国通过在上海证券交易所设立科创板试行注册制的改革。当年 1 月 30 日，证监会发布了《关于在上海证券交易所设立科创板并试点注册制的实施意见》。同年 3 月 1 日，证监会发布了《科创板首次公开发行股票注册管理办法（试行）》和《科创板上市公司持续监管办法（试行）》。上海证券交易所也就设立科创板并试点注册制相继出台了一些相关配套业务规则、办法或指南等。2019 年 6 月 13 日上海证券交易所科创板正式开板，7 月 22 日科创板首批公司上市拉开了我国股票注册制改革的序幕。

2019 年 12 月 28 日，第十三届全国人大常委会第十五次会议审议通过修订后的《中华人民共和国证券法》（以下简称新《证券法》），将于 2020 年 3 月 1 日起施行。本次证券法修订最引人注目的一点，就是将全面推行证券发行的注册制度。新《证券法》第九条规定：“公开发行证券，必须符合法律、行政法规规定的条件，并依法报经国务院证券监督管理机构或者国务院授权的部门注册。未经依法注册，任何单位和个人不得公开发行证券。”第二十一条规定：“国务院证券监督管理机构或者国务院授权的部门依照法定条件负责证券发行申请的注册。证券公开发行注册的具体办法由国务院规定。按照国务院的规定，证券交易所等可以审核公开发行证券申请，判断发行人是否符合发行条件、信息披露要求，督促发行人完善信息披露内容。"

表 2－1 对以上三种证券发行制度作了比较。从中可以看到，审批制的特点主要是：①企业的选择和推荐，由地方和主管政府机构根据额度决定；②企业发行股票的规模，按计划来确定；③发行审核则直接由证监会审批通过；④在股票发行方式上和股票发行定价上存在较多行政干预。而核准制的特点主要是：①在选择和推荐企业方面，由主承销商培育，在"核准－保荐制"模式下，还要求主承销需要有保荐人的资格加以保荐，从而增加了承销商的责任；②企业发行股票的规模，不再由计划决定，而是由企业根据资本运营的需要进行选择，以适应企业按市场规律持续成长的需要；③在股票发行定价上，由发行人与主承销商协商，并充分反映投资者的需求，使发行定价尽可能反映公司股票的内在价值，降低投资风险；④在证监机构的发行审核上，逐步转向强制性信息披露和合规性审核，充分发挥股票发行审核委员会的独立审核功能。注册制的特点主要是：①证券发行人有自主发行证券的权利，但必须依法将与证券发行有关的一切信息和资料公开，主管机构只负责审查发行申请人提供的信息和资料是否履行了信息披露义务，对注册文件仅进行形式审查，不进行实质判断；②将股票的发行规模、定价权等都交给市场主体决定，不对发行人营业性质、财力、素质及发展前景等实质条件作为发行审核要件作出价值判断，而将发行审批的权力也下放给证券交易所来实施；③改善了市场公平竞争的环境，鼓励价值投资和优胜劣汰，垃圾公司将退出市场；④简化了证券发行的审核程序，缩短了证券发行的时间，提高了发行效率并降低了发行人的筹资成本。

表 2-1　三种证券发行制度主要特征的比较

<table>
<tr><th rowspan="2">比较内容</th><th colspan="2">审批制</th><th colspan="2">核准制</th><th rowspan="2">注册制</th></tr>
<tr><th>额度管理</th><th>指标管理</th><th>核准—通道制</th><th>核准—保荐制</th></tr>
<tr><td>实施年份</td><td>1990—1995 年</td><td>1996—2000 年</td><td>2001—2003 年</td><td>2003 年至今</td><td>2019 年启动</td></tr>
<tr><td>指标/额度</td><td>发行额度</td><td>发行指标</td><td colspan="2">无</td><td>无</td></tr>
<tr><td>推荐/保荐机构</td><td colspan="2">政府或行业主管部门</td><td>主承销商</td><td>具有保荐资格的证券公司</td><td>承销商/保荐人</td></tr>
<tr><td>是否需要保荐人</td><td>不需要</td><td>不需要</td><td>不需要</td><td>需要</td><td>需要</td></tr>
<tr><td>监管机构审核职责</td><td>实质审核</td><td>实质审核</td><td>部分审核职责交辅导机构</td><td>部分审核职责交保荐机构</td><td>形式审核（实质审核由交易所、中介完成）</td></tr>
<tr><td>市场化程度</td><td>行政体制</td><td>市场经济初期</td><td>逐渐市场化</td><td>逐渐市场化</td><td>基本市场化</td></tr>
</table>

通过以上对我国证券发行监管制度的回顾，最后得出以下两个结论：

第一，我国证券发行制度是随着我国经济市场化的改革不断完善的。所经历的审批制、核准制以及未来的注册制改革，都适应了不同经济发展阶段和资本市场市场化程度的需要。

第二，我国在“审批制—核准制—注册制”推进过程中出现的保荐人制度，严格来说，它不属于一种独立的证券发行制度。虽然它曾经在核准制阶段发挥了重要作用，但在未来的注册制改革中它是否能够继续发挥作用，则众说纷纭。本章将在最后一节再对此作出讨论与展望。

2.1.2　证券保荐业务的作用框架和参与主体

证券发行上市的保荐业务从本质上来说，就是一种证券中介加经济担保的行为。图 2－1 显示的是这种保荐业务的作用框架，从中可以看到各参与主体所发挥的作用。

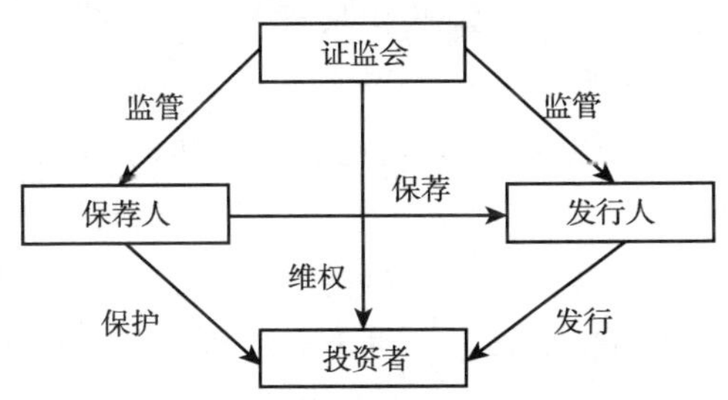

图 2－1　证券保荐业务的作用框架

（1）发行人希望通过发行有价证券（股票、债券等），向投资者筹集其经营和发展所需要的资金，这一行为本身仅牵涉发行人和投资者两方。

（2）这种证券发行的行为如果是想在资本市场中完成，即通过资本市场公开发行证券而不是私下的筹资行为，那么就要由市场的管理者（即证券监管机构）制定相应的规则，要求发行人依法准备募集资金的申请材料，向管理当局作出申报。证券监管机构（比如中国证监会）会对符合发行条件的申请人材料作出实质性或形式上的审核，并对其作出审批、核准或同意注册的答复。因此，在公开市场发行证券，就必然牵涉一个管事的“婆婆”，这就是证券监管机构，是发行人与投资者关系的监督者和协调者。

（3）为了保护投资者的利益不受侵犯，降低发行人与投资者之间的信息不对称性，证券监管部门会对发行人的信息披露加以监管，要求发行人提供的信息材料必须真实、准确和完整，不能有欺诈行为或重大遗漏的发生。而当发行人出现违纪违法或其他不良行为时，证券监管机构会依法对发行人作出处罚。

（4）发行人可能存在管理、内控、专业能力和经验等方面的不足，为了提高证券发行效率、促进发行人规范运作并认真履行信息披露义务、信守承诺等，政府及证券监管机构通过制定相应的法规制度等，要求中介机构对发行人作出“帮助”或“服务”。这类帮助包括对发行人进行辅导、推荐乃至保荐，以及证券承销、上市后的财务报告审计和保荐机构的持续督导等。当然，服务不是免费的，中介机构将收取一定的服务费用。于是，在证券发行业务中，又多了一批中介机构以及从业人员。这些中介机构主要包括证券机构、承销商、律师事务所、会计师事务所、资产评估机构以及信用评级机构等。这种制度安排的好处是，既将证券监管机构的部分核查工作分离，交由中介机构来完成，又帮助发行人提高了工作质量和证券发行效率，在有券商保荐的情况下还提高了增信，最终有利于保护投资者的利益。所以，证券保荐人也是这些提供专业服务的中介机构中的一种，在多数情况下，是由主承销商或具有保荐业务资格的证券公司来担任。

（5）为了促使证券保荐人勤勉尽职、认真履行保荐职责、积极发挥保荐机构和保荐代表人的作用，证券监管机构就有必要制定相应的证券发行交易业务的保荐人制度，并对该制度的实施进行监督，对违规行为作出处罚。

因此可见，在证券发行业务中，参与主体不仅有发行人和投资者，还有证券监管机构、担任承销工作的券商以及其他中介机构。而在“核准－保荐制”以及未来的“注册制”中，证券保荐人也担当了重要角色。以下再进一步对保荐人制度所涉及的几个重要概念进行讨论和界定。

2.1.3　保荐人制度中的几个相关概念

（1）保荐人制度。

证券发行交易的保荐人制度，简称“保荐人制度”或“证券保荐制度”，是指国家证券监管机构为了规范证券发行上市保荐业务，提高上市公司质量和证券公司执业水平，保护投资者的合法权益，促进证券市场健康发展，根据我国《公司法》《证券法》等有关法律法规，专门制定的管理制度。

我国现行的保荐人制度主要由已纳入保荐人业务相关条款的新《证券法》、中国证监会于 2008 年 10 月发布的《证券发行上市保荐业务管理办法》等组成。保荐人制度要求保荐人对发行人发行证券进行尽职推荐和持续辅导，并核实公司发行文件中所载资料是否真实、准确、完整，协助发行人建立严格的信息披露制度，承担风险防范责任，并在公司上市后的规定时间内继续协助发行人建立规范的法人治理结构，督促公司遵守上市规定，完成招股计划书中的承诺。同时，因为是对发行人证券发行进行了担保或举荐，因此，对上市公司的信息披露、业绩变脸以及其他违法违规和不良行为负有连带责任。

（2）保荐人。

“保荐人”的英文原文是“Sponsor”，原意是一项活动的“发起人”“主办人”“赞助者”等，而在证券发行业务中其含义是推荐者或担保人。在我国，保荐人制度首先在香港地区实施，香港将“Sponsor”称为“保荐人”，相应的制度称为“保荐人制度”。21 世纪初，内地借鉴了香港等地的经验，也称为“保荐人制度”。

在许多文献中，经常出现“保荐人”“保荐机构”和“保荐代表人”等概念混用的情况。严格意义上的“保荐人”应该是一个法人的概念，即指具有保荐资格的保荐机构。

（3）保荐机构和保荐代表人。

广义的“保荐人”包括从事证券保荐业务的保荐机构和具体负责保荐业务的由保荐机构指派的保荐代表人，狭义的“保荐人”仅指保荐机构。例如，在证监会发布的《证券发行上市保荐制度管理办法》的第七十六条中，有这样的规定：“本办法所称‘保荐机构’，是指《证券法》第十一条所指‘保荐人’。”

因此，“保荐机构”也形成广义和狭义的两种理解。广义的保荐机构既包括这一作为法人的机构团体，也包括在这法人机构工作的业务人员如“保荐代表人”等。而狭义的保荐机构仅指其本身。从保荐人制度的修订和完善来看，有将“保荐代表人”从“保荐机构”适当分离的趋向，对“保荐代表人”的保荐职责和连带责任均区别于保荐机构而作了单独条款的规定。而将“保荐人”与“保荐代表人”混用，则不是一种严谨的用法。

“保荐代表人”，又简称为“投行保代”或“保代”，是指保荐机构（证券公司或券商投行）中具体负责证券保荐业务的专业人士。他们既是保荐机构的工作人员，又是保荐机构指派的与证监部门专业沟通的代表，还是持续督导期上市公司的财务顾问，一身兼有三种身份。但从其行政归属和授薪情况看，他们首先为保荐机构工作，具有与保荐机构共同的保荐职责。而其与发行人的关系，主要发挥的是在尽职推荐期对发行人的调查、核查、辅导、推荐工作以及持续督导期的后期监督和咨询工作。他们不能算是发行人的正式代表，但却可以协助发行人准备材料并与证券机关机构进行业务沟通。同时，也会因为发行人的不当行为承担连带责任。

鉴于保荐代表人的岗位十分重要，证券发行项目的成败与好坏，很大程度上与保荐代表人的素质及勤勉尽职有关。因此，在现行保荐人制度中，对保荐代表人的职业道德、专业胜任能力、职业声誉和职业操守等，作出越来越详细的规定。取得保荐代表人的资格，不仅需要通过中国证监会认可的保荐代表人胜任能力考试，还必须具有一定年限的保荐相关业务经历。但令人遗憾的是，在当前的研究文献中，明显存在着对保荐代表人作用研究的不足。

（4）证券公司、承销商与保荐人。

证券公司是指依照我国《公司法》和《证券法》的规定设立并经国务院证券监督管理机构审查批准而成立的专门经营证券业务，具有独立法人地位的有限责任公司或者股份有限公司。

证券公司具有证券交易所的会员资格，就可以承销发行、自营买卖或自营兼代理买卖证券。证券公司有时亦被称为“证券商”或“券商”。按其经营证券业务的功能划分，可分为证券公司承销商、经纪商和自营商等。在证券发行市场上从事证券承销业务的，属于证券承销商；而在证券流通市场提供证券交易经纪服务的，属于证券经纪商。以从事承销、保荐业务为主的证券公司也被称为“投资银行”。因此，属于证券公司投行业务部的保荐代表人，也被简称为“投行保代”。

1998 年 12 月发布的我国第一部《证券法》提出对证券公司实行分类管理，分为综合类证券公司和经纪类证券公司。综合类证券公司是可以经营证券经纪业务、证券自营业务、证券承销业务以及经国务院证券监督管理机构核定的其他证券业务的证券公司，而经纪类证券公司是只能从事单一的经纪业务的证券公司。2004 年 2 月我国正式开始实施保荐人制度时所依据的《证券发行上市保荐制度暂行办法》第九条就明确规定，申请注册登记为保荐机构的，应当是综合类证券公司。

2009 年 5 月 26 日，中国证监会发布并实施了《证券公司分类监管规定》。该规定以证券公司风险管理能力为基础，结合公司市场竞争力和持续合规状况，提出了对证券公司新的分类方法，根据对证券公司评价计分的高低，将证券公司分为 A（AAA、AA、A）、B（BBB、BB、B）、C（CCC、CC、C）、D、E 五大类 11 个级别。几乎与此同时，取代《证券发行上市保荐制度暂行办法》而于 2008 年 12 月开始实施的《证券发行上市保荐制度管理办法》不再提出保荐人应当是综合类证券公司的要求，但必须是由具有保荐机构资格的证券公司来担任。

2019 年 12 月 28 日通过的新修订的《证券法》第一百二十条规定："经国务院证券监督管理机构核准，取得经营证券业务许可证，证券公司可以经营下列部分或者全部证券业务：（1）证券经纪；（2）证券投资咨询；（3）与证券交易、证券投资活动有关的财务顾问；（4）证券承销与保荐；（5）证券融资融券；（6）证券做市交易；（7）证券自营；（8）其他证券业务。"本次修订的《证券法》虽然没有直接提出对证券公司进行分类的要求，但却对允许从事不同业务范围的证券公司的资本规模作出了要求。第一百二十一条规定："证券公司经营本法第一百二十条第一款第（1）项至第（3）项业务的，注册资本最低限额为人民币五千万元；经营第（4）项至第（8）项业务之一的，注册资本最低限额为人民币一亿元；经营第（4）项至第（8）项业务中两项以上的，注册资本最低限额为人民币五亿元。"按照以上新规，第（4）类业务中证券承销与保荐是连在一起的，而且要求是注册资本最低限额在人民币五亿元以上、标准最高的证券公司才能从事承销与保荐业务。

承销商是指在证券发行中独家承销或牵头组织承销团经销的证券经营机构。证券承销业务采取代销或者包销方式。《证券法》第二十六条规定："发行人向不特定对象发行的证券，法律、行政法规规定应当由证券公司承销的，发行人应当同证券公司签订承销协议。"所以，在证券发行业务中，承销商是发行人聘请的最重要的中介机构。它既是证券发行的承销商，又是发行人的财务顾问，且往往还是发行人上市的推荐或保荐人。

综上可知，证券公司不一定就是保荐人，但保荐人却应当是具有保荐业务资格的证券公司，在一般情况下也是同时承担证券承销业务的承销商。而在具有承销团或多个承销商的情况下，保荐人应该是证券发行的主承销商。

（5）保荐人与承销商的联系与区别。

在我国现行实务中，因为承担证券发行中介业务的保荐人与承销商大多由同一家证券公司来担任，因此保荐人与承销商通常就被混为一谈。但从本质上来说，保荐人与承销商应该是两种不同的主体，即可以由两家不同的证券公司来担任，并具有不同的职责分工。

首先，保荐人与承销商的工作性质和职责不同。保荐人的主要工作是挑选、辅导和推荐拟发行股票并上市的企业，需要为这些企业履行尽职推荐和持续督导的职责，同时还为发行人承担了担保的义务，当发行人具有违法违规及其他不良行为受到处罚时，保荐人也具有相应的连带责任。而承销商的工作任务主要是为发行人代销、分销或包销股票或其他证券。

其次，保荐人与承销商的履职期限不同。保荐人的履职期限包括证券发行准备阶段、证券发行销售阶段、证券上市以及证券上市后的一段时期。而主承销商的履职期限仅从承销合同成立并生效之日起，到承销期结束时为止。因此，保荐人的履职期限一般要长于承销商。

最后，保荐人与承销商对虚假信息披露所承担的法律责任与风险不同。在保荐期间内，对于上市公司信息披露的违法违规行为给投资者造成的经济损失，保荐机构及保荐代表人都要承担相应的法律责任。而承销商一般不需要为发行人的信息披露违规承担责任，除非在承销证券的过程中与发行人进行了合谋造假。

尽管从以上几个方面可以看出保荐人与承销商存在着本质上的区别，但事实上无论在实务操作还是在理论研究中，我们都很难将这两者完全区分开。这是因为保荐人与承销商都是为证券发行及上市提供中介服务的证券机构或代理人。更重要的一点是，在我国目前所有的 IPO 项目中，保荐代表人与承销商几乎均为同一机构。这意味着我们在进行保荐人制度的研究时，也难以将承销商撇在一边。相反，现有的涉及承销商研究的相关文献还可以对我们的研究提供参考和借鉴。

2.2 保荐人制度发展的历史沿革

证券发行的保荐人制度起源于英国，后被其他一些国家所效仿。在我国，首先被香港创业板市场所采用，大陆随后也借鉴并采用了保荐人制度。该制度起先仅在创业板或二板市场采用，后又延伸到一些国家或地区的主板市场。我国的保荐人制度既适用于创业板市场，也适用于沪深 A 股的主板市场。

从 20 世纪 60 年代开始，美国、德国、英国等一些西方发达国家先后经历了严重的滞涨危机。经济发展停滞、员工大量失业、通货膨胀率高企三大现象同时并存。为了振兴本国经济、推动中小型高新技术产业的发展，西方国家纷纷在股票的主板市场以外建立了创业板市场。创业板市场的建立拓宽了广大中小型科技企业的融资渠道，使这些企业能够更快地筹集到所需的资金去发展自己的业务，这对解决当时的滞涨危机，推动西方经济发展起到了积极的作用。但是，创业板市场不同于主板市场，它是一种前瞻性市场，投资者投资该市场的股票主要看重的是公司未来的发展潜力。因此，创业板市场对公司的上市规模、历史业绩和盈利状况的要求都要远远低于主板市场。相对于规模和盈利状况，投资者更加关注这些上市企业是否具备独特良好的能够持续盈利的商业模式，是否拥有合适的战略规划以及良好的公司发展前景，所以创业板市场是一种高风险性的市场，在创业板上市的企业破产倒闭的概率相对主板市场来说更高。因此，为了维护广大投资者的权益，降低投资者的投资风险，同时也为了促进创业板市场的稳定健康发展，各国证券市场监管机构要求在创业板市场上市的公司披露更多的信息。那么，如何确保创业板市场中上市公司的信息披露质量，如何规范证券发行企业的上市行为，如何使得一些真正有发展前景的企业优先获得在创业板市场上市的机会，如何提高上市公司的治理能力以及提高证券公司等其他经营机构的执业水平，如何才能更好地保护创业板市场中投资者的利益，这些问题成为各国发展创业板市场所必须面对的问题。于是，在这样的背景下，证券发行的保荐人制度就应运而生。

1995 年 6 月，英国伦敦证券交易所首创式地建立了所谓的“另类投资市场”（Alternative Investment Market，AIM），也称二板市场。伦敦证券交易所规定，凡是在 AIM 市场上申请上市的企业，必须在企业上市前找到一位已经获得证券交易所资格认证的保荐代表人来负责上市公司股票发行过程中企业与证券交易所之间的往来事务，并在上市过程中和上市后一段时间内为发行公司提供相关保荐服务，包括确保公司所披露信息的准确性、完整性等内容。这是保荐代表人制度第一次被引入到证券发行过程中，伦敦证券交易所也成为最早引入保荐代表人制度的证券交易所。

伦敦证券交易所在 AIM 市场上设立保荐代表人制度的成功经验使得其他国家在设立或监管二板市场时纷纷效仿。随后，吉隆坡证券交易所的二板市场（MESDAQ）、意大利新市场（Nouvo Mercato）、德国新市场（Neuer Market）、加拿大风险交易所（CDNX）、法国新市场（Nouveau Marche）等也纷纷建立起自己的证券保荐人制度。除此之外，日本、韩国、新加坡、罗马尼亚等国家也在参照美国纳斯达克市场的基础上建立起本国的二板市场，实行新股发行上市过程中的保荐人制度。保荐人制度逐步成为各国降低二板市场上市股票风险、提高二板市场上市股票质量的重要手段。

我国较早考虑采用保荐人制度的是香港证券交易所。20 世纪 90 年代中期，中国内地企业开始获得在香港证券交易所上市的机会。内地企业赴香港上市，被称为“红筹股”上市。它一方面增加了香港证券交易所的活力，改善了之前香港股市地产金融板块占绝大比例的结构，使香港地区的投资者有更多的投资选择；但另一方面，拟赴香港上市的许多内地企业管理基础较为薄弱，公司治理与内部控制制度不够健全，信息披露质量也较低，加上不熟悉国际通行的规则以及香港当地的法律，给香港证券监管当局和交易所也提出了巨大挑战。如何确保赴香港证券交易所上市的内地企业的质量，并促进这些企业的规范运作和信息透明，成为证券市场监管者必须面对的问题。在此情况下，香港证券交易所借鉴英国等国家的经验，对内地赴香港上市企业实行了保荐代表人制度。该制度规定上市保荐代表人在内地企业赴香港证券交易所上市之前，应该对股票发行人履行尽职调查义务，认真调查公司的财务状况、盈利状况、发展前景等，调查结束和审查完毕后应该出具书面证明报告。保荐代表人同时还需要对股票发行企业的董事履行尽职督导义务，监督证券发行人的董事按照相关规定完成上市流程。另外，保荐代表人对被保荐企业的保荐责任并不随着股票上市马上结束，而是在股票上市后的一定时期内，保荐代表人对该上市企业仍然具有保荐责任。1999 年，香港仿照英国伦敦证券交易所的做法，开办了新的创业板市场，并明确申请在该板发行股票并上市交易的公司需要实行上市保荐人制度。

2002 年 1 月，香港发生了在交易所主板市场上市还不到一年的“欧亚农业”财务造假事件。警方出动近百名警力，分别搜查了欧亚农业在香港的办事机构及有关中介机构，其中包括该公司的上市保荐人“工商东亚”和会计师事务所“安达信”等。在该事件中，作为保荐人的主承销商和会计师事务所等中介机构都负有不可推卸的责任。事件发生后，香港地区政府认为，为继续保持香港的国际金融中心地位，就必须加强对证券中介机构的监管，以增强中介机构的质量把关能力。2003 年 5 月，香港证监会和交易所联合发布了《关于保荐人和独立财务顾问监管规则的咨询文件》，要求主板市场同样实行上市保荐人制度。保荐人需要在包括整个发行上市过程，以及上市后的一段时间内承担保荐责任，在中介团队中充当“第一看护人”的角色，对上市公司质量进行严控把关。至此，香港保荐人制度的实施对象已从最初的“红筹股”扩展到“创业板”和“主板”。

中国的保荐人制度则是随着我国证券发审制度的改革和逐渐完善，在充分借鉴各国以及香港地区经验的基础上发展起来的。2003 年 12 月 28 日，中国证监会发布了《证券发行上市保荐制度暂行办法》，并从 2004 年 2 月 1 日起开始正式施行。这标志着保荐人制度在我国主板市场以及创业板的证券发行上市活动中加以正式确立。

2.3 我国保荐人制度的相关法律法规解读

保荐人制度的有效实施，需要得到相关法律法规的支持保障。

我国保荐人制度虽然在 2004 年才开始正式实施，但事实上从 21 世纪初已经开始酝酿①。在 2004 年发布《证券发行上市保荐制度暂行办法》（以下简称《保荐暂行办法》）之前，证监会已于 2001 年 10 月发布了《首次公开发行股票辅导工作办法》（以下简称《辅导工作办法》②）。证券发行的辅导工作虽然没有保荐工作这么完整和重要，但辅导工作应该是保荐工作前期的最主要工作之一，因此，《辅导工作办法》的实施实际上为我国保荐人制度的开启奠定了良好的基础。《证券发行上市保荐制度暂行办法》在 2008 年 10 月被新发布的《证券发行上市保荐业务管理办法》（以下简称《保荐管理办法》）所取代，该《保荐管理办法》虽在 2013 年和 2017 年经过两次修订，但仍沿用至今。而在我国的《证券法》层面，自 2005 年 10 月新修订的《证券法》首次将保荐人的有关条款纳入该法后，经过 2013 年和 2019 年的修订，即使面临着证券发行的注册制改革，但依然保留了与保荐制相关的条款。

因此，我国现行的保荐人制度实际上由全国人大常委会通过

① 2000 年，中国证监会就已经发布了一份《创业企业股票发行上市保荐制度暂行办法（征求意见稿）》。

② 该《辅导工作办法》还取代了证监会更早发布的《股票发行上市辅导工作暂行办法》（证监发〔2000〕17 号）以及《关于公司公告拟公开发行股票并上市有关事宜的通知》（证监发行字〔2000〕141 号）。

的《证券法》、国务院发布的《对确需保留的行政审批项目设定行政许可的决定》（国务院令第 412 号）、证监会发布的保荐人制度的《保荐暂行办法》及后来的《保荐管理办法》等法律、法规形成。详见表 2－2。

表 2－2　　保荐人制度的相关法律法规

序号	法规名称	颁发机构	实施时间	主要内容
1	《首次公开发行股票辅导工作办法》	中国证监会	2001 年 10 月 16 日起施行	共七章七十八条
2	《证券发行上市保荐制度暂行办法》	中国证监会	2004 年 2 月起施行	共七章七十六条
3	《证券法》（2005 年修订）	人大常委会	2006 年 1 月 1 日起施行	首次纳入保荐人制度的相关规定
4	《证券发行上市保荐业务管理办法》	中国证监会	2008 年 12 月 1 日起施行	共七章七十八条
5	《证券法》（2019 年修订）	人大常委会	2020 年 3 月 1 日起施行	修改了保荐人制度的有关规定

以下是对保荐人制度相关法律法规重要条款的解读，通过这些解读，可以进一步了解我国保荐人制度的成长过程。

1.《首次公开发行股票辅导工作办法》（以下简称《辅导工作办法》）

《辅导工作办法》从 2001 年 10 月起施行，一直到 2008 年 10 月《证券发行上市保荐业务管理办法》发布时才与《证券发行上市保荐业务暂行办法》一起被废止，因此实际有效的时间约有 7 年。

《辅导工作办法》共设七章七十八条，除第一章总则和第七章附则外，分别对辅导机构和辅导人员、辅导协议、辅导内容和实施方案、辅导程序、辅导工作的监管等内容作出了规定。

《辅导工作办法》总则中的第一条，明确了本办法的制定意图：“为保障股票发行核准制的顺利实施，提高首次公开发行股票公司的素质及规范运作的水平，保证从事辅导工作的证券经营机构（以下简称‘辅导机构’）在首次公开发行股票过程中依法履行职责，特制定本办法。”可见，《辅导工作办法》是配合核准制而实施的，为了提高拟 IPO 公司的素质和规范运作的水平，因此需要对这些公司作出辅导。

《辅导工作办法》第三条，确定了辅导工作的总体目标：“是促进辅导对象建立良好的公司治理；形成独立运营和持续发展的能力；督促公司的董事、监事、高级管理人员全面理解发行上市有关法律法规、证券市场规范运作和信息披露的要求；树立进入证券市场的诚信意识、法制意识；具备进入证券市场的基本条件。同时促进辅导机构及参与辅导工作的其他中介机构履行勤勉尽责义务。”辅导工作的目标是让拟 IPO 公司经过辅导后符合上市条件，同时促进辅导机构（这里还没有提到“保荐机构”）以及其他中介机构勤勉尽责。

《辅导工作办法》第五条，提到了辅导工作应当遵守的几项原则：（1）勤勉尽职；（2）诚实信用；（3）突出重点，鼓励创新；（4）责任明确，风险自担。

《辅导工作办法》第六条指出：“辅导对象聘请的辅导机构应是具有主承销商资格的证券机构以及其他经有关部门认定的机构。”所以，从那时起，IPO 企业的辅导机构乃至以后的保荐机构一般就是“主承销商”。

《辅导工作办法》第八条规定：“辅导对象拟或已聘用的会计师事务所、律师事务所的执业人员应在辅导机构的协调下参与辅导工作，辅导机构也可根据需要另行聘请执业会计师、律师等参与辅导。”这一条实际已经明确在企业的IPO事务中，辅导机构担当了主要角色并应协调发行人以及其他中介机构的关系。

《辅导工作办法》第九条规定：“辅导机构至少应有三名固定人员参与辅导工作小组。其中至少有一人具有担任过首次公开发行股票主承销工作项目负责人的经验。”这一条明确了对每一个IPO项目应该成立辅导工作小组，并至少有一位担任过IPO主承销工作的项目负责人参加，但此时还没有形成“保荐代表人”的说法。第九条还明确：“辅导人员应具备有关法律、会计等必备的专业知识和技能，有较强的敬业精神。”但也没有形成后来保荐制度对保荐代表人所要求的“专业胜任能力”的说法。

《辅导工作办法》第十五条规定：“辅导机构可以是辅导对象提出发行上市申请的推荐人或保荐人。”可见，在正式的保荐人制度推出之前，在《辅导工作办法》中已经提到了“保荐人”的概念，但没有强制性的要求。

《辅导工作办法》第六十二条规定：“中国证监会对首次公开发行股票前的辅导工作进行监督和指导，派出机构负责辖区内辅导工作的监督管理。派出机构的监管主要采取登记备案监管的形式，重点监管辅导机构履行勤勉尽责义务的情况，定期分析辅导备案材料，核查辅导内容是否完整，辅导计划和实施方案是否得到有效实施，辅导程序是否符合要求。”在本条中明确证监会及派出机构对辅导机构主要采取登记备案监管的形式，而不是保荐人制度中的“注册监管”。

《辅导工作办法》的第七十四条规定：“有下列情形之一的，中国证监会可认定辅导工作不合格：（1）发行人存在重大法律障碍或风险隐患而未在‘辅导工作总结报告’中指明的；（2）‘辅导工作总结报告’存在虚假记载、误导性陈述或重大遗漏的；（3）中国证监会认定的其他情况。”在第七十五条中规定：“中国证监会对辅导工作认定不合格的，可不受理辅导对象的申请；受理辅导对象的申请文件后发现辅导不合格的，可中止或终止审核。”在第七十六条中规定：“中国证监会将辅导工作情况作为考评主承销商的一项重要内容。经认定辅导工作不合格的，中国证监会可视情况对辅导机构及其有关责任人予以单处或并处通报批评、警告、暂停直至取消辅导业务资格、暂停直至取消从业资格的处罚。”从以上几条规定可以看出，如果辅导工作不合格，辅导机构所承担的责任比起保荐人制度中保荐机构和保荐代表人应承担的责任，还是很轻的。中国证监会可以不受理、中止或终止审核，对辅导机构及其有关责任人的处罚，也是视情况予以单处或并处通报批评、警告、暂停直至取消辅导业务资格、暂停直至取消从业资格等。辅导机构除因未完成辅导任务减少了收入，几乎没有其他风险。

2. 《证券发行上市保荐制度暂行办法》（以下简称《保荐暂行办法》）

《保荐暂行办法》是正式实施证券发行保荐人制度的第一部法规，取代了 2001 年 10 月的《辅导工作办法》，自 2004 年 2 月 1 日起施行。该法规共设七章七十六条，除第一章总则和第七章附则外，分别对保荐机构和保荐代表人的注册登记、保荐机构的职责、保荐工作规程、保荐工作的协调、监管措施和法律责任等内容作出了规定。

《保荐暂行办法》第一章总则中的第一条，对本办法的立法宗旨作出明确说明：“为规范证券发行上市行为，提高上市公司质量和证券经营机构执业水平，保护投资者的合法权益，促进证券市场健康发展，根据有关法律、行政法规，制定本办法。”相比于《辅导工作办法》，《保荐暂行办法》明确保荐业务除了帮助发行人发行上市和提高上市公司质量外，更提出了保护投资者合法权益、促进证券市场健康发展的要求。

《保荐暂行办法》第二条，对本办法的适用范围作出说明，即“本办法适用于股份有限公司首次公开发行股票和上市公司发行新股、可转换公司债券”。该条强调了保荐业务的范围不仅包括 IPO 公司的首次股票发行，还包括上市后增发新股以及可转换债券等。当然，IPO 保荐业务是券商投行的工作重心，也是抢夺最为激烈的领域。

《保荐暂行办法》第四条，对保荐机构的“保荐职责”首次作出明确规定：“保荐机构应当遵守法律、行政法规、中国证券监督管理委员会的规定和行业规范，诚实守信，勤勉尽责，尽职推荐发行人证券发行上市，持续督导发行人履行相关义务。”在此，将保荐职责明确放在“尽职推荐”和“持续督导”两个阶段，以防止保荐机构出现“只荐不保”或上市即撒手的现象。该条款还首次提到了“保荐代表人”及其职责：“保荐机构履行保荐职责应当指定保荐代表人具体负责保荐工作。”然而，在《保荐暂行办法》中，保荐代表人具体负责保荐工作，仅承担从属的保荐责任，在本办法的第三章，也仅是对“保荐机构的职责”作出规定。而之后的《证券发行上市保荐业务管理办法》已将保荐机构和保荐代表人并列，加强了对保荐代表人的保荐责任认定、资格管理以及违规处罚等方面的要求。

《保荐暂行办法》第六条，明确了在一项证券发行上市的保荐业务中，保荐机构应承担的主要职责，发行人和其他中介机构除了承担各自相应的责任外，还需要配合保荐机构履行保荐职责。该条款作出如此规定：“发行人及其董事、监事、经理和其他高级管理人员（以下简称‘高管人员’），为发行人提供专业服务的律师事务所、会计师事务所、资产评估机构等中介机构（以下简称‘中介机构’）及其签名人员，应当依照法律、行政法规和中国证监会的规定，承担相应的责任，并配合保荐机构履行保荐职责。”

《保荐暂行办法》第三条明确“证券经营机构履行保荐职责，应当依照本办法的规定注册登记为保荐机构”。接着又在第七条规定：“中国证监会依照法律、行政法规和本办法的规定，对保荐机构及其保荐代表人、发行人及其高管人员、中介机构及其签名人员的相关活动进行监督管理。中国证券业协会对保荐机构、保荐代表人进行自律管理。”即中国证监会对保荐机构和保荐代表人进行包括注册管理在内的监督管理，同时中国证券业协会对其实行行业自律管理。

《保荐暂行办法》第二章从第八条开始到第十八条，单独对“保荐机构和保荐代表人的注册登记”作出详细规定。

《保荐暂行办法》第八条规定：“经中国证监会注册登记并列入保荐机构、保荐代表人名单的证券经营机构、个人，可以依照本办法规定从事保荐工作。未经中国证监会注册登记为保荐机构、保荐代表人并列入名单，任何机构、个人不得从事保荐工作。”根据该条款，无论是保荐机构还是保荐代表人个人，如果需要从事保荐工作，都必须获得中国证监会的注册登记。这样一来，已经在证监会获得注册登记的保荐代表人就成了“香馍馍”而被各大券商争相抢夺，于是也就容易造成保荐代表人随意跳槽、只管保荐上市而不认真履行持续督导义务的局面。因此，2014 年 12 月国务院在修订《对确需保留的行政审批项目设定行政许可的决定》（国务院第 412 号令）时，取消了对保荐代表人注册登记的行政许可，从而改善了市场公平竞争的环境。但此举并没有要求取消保荐机构的注册登记，也不意味着放弃保荐人制度。

《保荐暂行办法》第九条和第十条对保荐机构的资质作出规

定，“证券经营机构申请注册登记为保荐机构的，应当是综合类证券公司”，“而证券经营机构有下列情形之一的，不得注册登记为保荐机构：（1）保荐代表人数量少于两名；（2）公司治理结构存在重大缺陷，风险控制制度不健全或者未有效执行；（3）最近二十四个月因违法违规被中国证监会从名单中去除；（4）中国证监会规定的其他情形”。这也就意味着，当时的保荐业务只能由规模较大的综合类证券公司来承担，而其又必须拥有两名以上的保荐代表人。在当时的通道制下，券商拥有保荐代表人的多寡，也影响了券商上市通道的数量，这也就解释了当时一些保荐代表人为什么能够享受高薪甚至吃空饷的现象。

《保荐暂行办法》第十一条则专门对保荐代表人的资格认证作出规定：“个人申请注册登记为保荐代表人的，应当具有证券从业资格、取得执业证书且符合下列要求，通过所任职的保荐机构向中国证监会提出申请，并提交有关证明文件和声明：（1）具备中国证监会规定的投资银行业务经历；（2）参加中国证监会认可的保荐代表人胜任能力考试且成绩合格；（3）所任职保荐机构出具由董事长或者总经理签名的推荐函；（4）未负有数额较大到期未清偿的债务；（5）最近三十六个月未因违法违规被中国证监会从名单中去除或者受到中国证监会行政处罚；（6）中国证监会规定的其他要求。”正因为保荐代表人吃香，所以证监会开始重视对保荐代表人个人的资质管理，不仅要求他们具有证券从业资格、取得执业证书，还要求他们具备投行业务经验以及通过证监会认可的胜任能力考试。在这种情况下，保代资格考试也成为一项热门考试。取得考试证书的，才有机会被中国证监会注册登记，而一旦违反有关条件或规定，又有可能被证监会除名。证监会对保荐代表人的高度重视并提出取得考试证书的要求，提升了保荐代表人的地位，但也在一定程度上助长对保代专业胜任能力的考察“重考试、轻业绩”的趋向。

《保荐暂行办法》第三章集中讨论了“保荐机构的职责”。其中第十五条对保荐机构应当在推荐文件中作出的承诺事项（即担保内容）提出详细规定：“（1）有充分理由确信发行人符合第二十一条规定的‘符合证券公开发行上市的条件和有关规定，具备持续发展能力’等；（2）有充分理由确信发行人申请文件和公开发行募集文件不存在虚假记载、误导性陈述或者重大遗漏；（3）有充分理由确信发行人及其董事在公开发行募集文件中表达意见的依据充分合理；（4）有充分理由确信与其他中介机构发表的意见不存在实质性差异；（5）保证所指定的保荐代表人及本保荐机构的相关人员已勤勉尽责，对发行人申请文件进行了尽职调查、审慎核查；（6）保证推荐文件、与履行保荐职责有关的其他文件不存在虚假记载、误导性陈述或者重大遗漏；（7）保证对发行人提供的专业服务和出具的专业意见符合法律、行政法规、中国证监会的规定和行业规范；（8）自愿接受中国证监会依照本办法采取的监管措施；（9）中国证监会规定的其他事项。”

因为《保荐暂行办法》是将保荐机构视为承担保荐职责的主体或第一责任人，因此对保荐代表人的保荐职责要求也只是放在“保荐机构的职责”以及后面的条文中作出了一些零星规定。比如，在第十五条第（5）款作出“保证所指定的保荐代表人及本保荐机构的相关人员已勤勉尽责，对发行人申请文件进行了尽职调查、审慎核查”；在第二十六条第（3）款中明确，保荐机构提交推荐文件后，应指定保荐代表人与中国证监会进行专业沟通；在第三十三条中规定，保荐机构应当建立健全对保荐代表人及从事保荐工作的其他人员的持续培训制度；在第四十二条中规定，保荐机构应当指定两名保荐代表人具体负责一家发行人的保荐工作，出具由董事长或者总经理签名的专项授权书，并确保保荐机构有关部门和人员有效分工协作；在第四十三条中规定，发行人证券发行后，保荐机构不得更换保荐代表人，但保荐代表人因调离保荐机构等情形被中国证监会从名单中去除的除外，等等。

《保荐暂行办法》第二十九条为防止出现保荐人“只荐不保”的情况，还对保荐机构持续督导的时间作出规定：“首次公开发行股票的，持续督导的期间为证券上市当年剩余时间及其后两个完整会计年度；上市公司发行新股、可转换公司债券的，持续督导的期间为证券上市当年剩余时间及其后一个完整会计年度。”

在第六章“监管措施和法律职责”中，《保荐暂行办法》则对保荐机构和保荐代表人的监管及处分同时作出了相关规定。例如，在第五十七条中规定：“中国证监会建立保荐信用监管系统，对保荐机构和保荐代表人进行持续动态的注册登记管理，将其执业情况、违法违规行为、其他不良行为以及对其采取的监管措施等记录予以公布。”在第五十八条中规定：“自保荐机构向中国证监会提交推荐文件之日起，保荐机构及其保荐代表人承担相应的责任。”对于保荐机构或保荐代表人在尽职推荐和持续督导期间出现的违法违规以及其他不良行为，《保荐暂行办法》分别作出了对其不予登记注册或去除登记注册、不再受理其推荐业务等方面处分的规定。其中规定最严格的是第七十四条：“保荐机构及其保荐代表人、发行人及其高管人员、中介机构及其签名人员违反法律、行政法规，依法应予行政处罚的，依照有关规定进行处罚；情节严重涉嫌犯罪的，依法移送司法机关，追究其刑事责任。”

3.《证券发行上市保荐业务管理办法》（以下简称《保荐管理办法》）

《保荐管理办法》于 2008 年 10 月发布，自 2008 年 12 月 1 日起施行，并同时废止了《证券发行上市保荐制度暂行办法》(证监会令第 18 号)、《首次公开发行股票辅导工作办法》（证监发〔2001〕125 号)。该法规在 2009 年、2013 年和 2017 年得到数次修订，至今仍然适用的是 2017 年 12 月修订后的版本。《保荐管理办法》共设七章七十八条，除第一章总则和第七章附则外，分别对保荐机构和保荐代表人的资格管理、保荐职责、保荐业务规程、保荐业务协调、监管措施和法律责任等内容作出了规定。

《保荐管理办法》第一章总则中的第一条，对本办法的立法宗旨作出明确说明：“为了规范证券发行上市保荐业务，提高上市公司质量和证券公司执业水平，保护投资者的合法权益，促进证券市场健康发展，根据《证券法》、《国务院对确需保留的行政审批项目设定行政许可的决定》（国务院令第 412 号）等有关法律、行政法规，制定本办法。”相比于之前的《保荐暂行办法》，该办法的立法宗旨没有发生变化，但立法依据增加了“根据《证券法》《国务院对确需保留的行政审批项目设定行政许可的决定》（国务院令第 412 号）等有关法律、行政法规”的说法，使该办法的权威性得到进一步加强。

《保荐管理办法》第二条规定：“证券公司从事证券发行上市保荐业务，应依照本办法规定向中国证监会申请保荐机构资格。保荐机构履行保荐职责，应当指定依照本办法规定取得保荐代表人资格的个人具体负责保荐工作。未经中国证监会核准，任何机构和个人不得从事保荐业务。”因为 2014 年底国务院取消了保荐代表人等专业资格的行政准入，于是《保荐管理办法》

（2017 年）就不再对保荐机构和保荐代表人提出在中国证监会的注册登记要求，也不再要求保荐机构应当是综合类证券公司，减少了大型券商对保荐业务的垄断，但仍要求打算从事证券发行上市保荐业务的证券公司应向中国证监会申请保荐机构资格，并指定取得保荐代表人资格的个人具体负责保荐工作。简言之，虽不再要求注册登记，但仍要求中国证监会核准具有从事保荐业务的资格。

《保荐管理办法》第四条对“保荐职责”作了更详尽的规定：“保荐机构及其保荐代表人应当遵守法律、行政法规和中国证监会的相关规定，恪守业务规则和行业规范，诚实守信，勤勉尽责，尽职推荐发行人证券发行上市，持续督导发行人履行规范运作、信守承诺、信息披露等义务。”相比于之前的《保荐暂行办法》有几处变化：一是这里的“保荐职责”是同时对保荐机构和保荐代表人提出的；二是增加了“恪守业务规则和行业规范”；三是将持续督导的内容更加具体化，要求持续督导发行人履行规范运作、信守承诺、信息披露三个方面的义务，而不仅局限于信息披露。

《保荐管理办法》第五条单独增加了对保荐代表人的资质要求：“保荐代表人应当遵守职业道德准则，珍视和维护保荐代表人职业声誉，保持应有的职业谨慎，保持和提高专业胜任能力。”在此，首次对保荐代表人的职业道德、职业声誉、职业谨慎和专业胜任能力提出了要求。第五条还要求：“保荐代表人应当维护发行人的合法利益，对从事保荐业务过程中获知的发行人信息保密。保荐代表人应当恪守独立履行职责的原则，不因迎合发行人或者满足发行人的不当要求而丧失客观、公正的立场，不得唆使、协助或者参与发行人及证券服务机构实施非法的或者具有欺诈性的行为。”因此，保密、独立、客观、公正、合法以及反对欺诈等，都成为保荐代表人必备的职业操守。显然，相比于《保荐暂行办法》，对保荐代表人的要求越来越高。

《保荐管理办法》第二章对“保荐机构和保荐代表人的资格管理”作了详细规定，《保荐暂行办法》第二章则是对“保荐机构和保荐代表人的注册登记”。《保荐管理办法》第九条对于证券公司申请保荐机构资格，提出了 7 个方面的条件（详见表 2－3），其中不再要求证券公司必须是综合类证券公司，但应当具有不少于 4 位的符合保荐代表人资格的从业人员（原先的《保荐暂行办法》要求具有 2 位）。而在第十一条中，又对个人申请保荐代表人资格，提出了 6 个方面的条件，其中除了保留申请人需要参加中国证监会认可的保荐代表人胜任能力考试且成绩合格的要求外，取消了申请人应当具有证券从业资格、取得执业证书的要求，但增加了应当具备 3 年以上保荐相关业务经历、最近 3 年内担任过境内证券发行项目的协办人以及最近 3 年未受过中国证监会的行政处罚等条件。总体来看，对保荐代表人申请的核准，从以前的重考试、重证书改变为重经历和重声誉等。《保荐管理办法》第十五条规定，中国证监会依法对保荐机构进行注册登记管理，但不再要求对保荐代表人实行注册登记管理。这一条正是配合国务院 2014 年底取消保荐代表人资格的行政准入而加以修改的。

《保荐管理办法》第三章进一步规定了“保荐职责”的有关事项，尤其是对持续督导的要求作了加强。例如，第三十二条规定：“首次公开发行股票并在主板上市的，持续督导的期间为证券上市当年剩余时间及其后 2 个完整会计年度；主板上市公司发行新股、可转换公司债券的，持续督导的期间为证券上市当年剩余时间及其后 1 个完整会计年度。首次公开发行股票并在创业板上市的，持续督导的期间为证券上市当年剩余时间及其后 3 个完整会计年度；创业板上市公司发行新股、可转换公司债券的，持续督导的期间为证券上市当年剩余时间及其后 2 个完整会计年度。”对于 IPO 公司发行股票上市后的持续督导时间，该办法区分了主板上市和创业板上市两种情况，并将对创业板上市的公司的持续督导时间延长到当年及其后 3 年。之前的《保荐暂行办法》对主板和创业板不做区分，且将持续督导的时间一律确定为上市当年剩余时间及其后 2 年。

《保荐管理办法》第六章“监管措施和法律责任”，分别对保荐机构以及保荐代表人的监管措施和违规处分作出详细要求。在第五十八条中规定：“中国证监会可以对保荐机构及其保荐代表人从事保荐业务的情况进行定期或者不定期现场检查，保荐机构及其保荐代表人应当积极配合检查，如实提供有关资料，不得拒绝、阻挠、逃避检查，不得谎报、隐匿、销毁相关证据材料。”在第六十二条中规定：“保荐机构、保荐代表人、保荐业务负责人和内核负责人违反本办法，未诚实守信、勤勉尽责地履行相关义务的，中国证监会责令改正，并对其采取监管谈话、重点关注、责令进行业务学习、出具警示函、责令公开说明、认定为不适当人选等监管措施；依法应给予行政处罚的，依照有关规定进行处罚；情节严重涉嫌犯罪的，依法移送司法机关，追究其刑事责任。”在六十三条至六十八条中，还分别对保荐机构和保荐代表人在保荐业务中的法律责任以及因证券发行人违法违规引起的连带责任等，作出了详细的认定和处罚规定（详见表 2－3）。

4. 《证券法》有关保荐人制度的法律规定

如上所述，我国《证券法》是证券市场的基本法律，也是制定和完善保荐人制度的法律依据之一。自 2005 年 10 月修订的《证券法》首次将保荐人制度的相关条款写入该法律后，虽然保荐人制度几经风波并时受质疑，但 2019 年最新修订的《证券法》仍然保留了保荐人制度的基本条款，说明保荐人制度还会继续实行下去。

《证券法》（2005 年修订）第十一条第 1 款规定：“发行人申请公开发行股票、可转换为股票的公司债券，依法采取承销方式的，或者公开发行法律、行政法规规定实行保荐制度的其他证券的，应当聘请具有保荐资格的机构担任保荐人。”第 2 款规定：“保荐人应当遵守业务规则和行业规范，诚实守信，勤勉尽责，对发行人的申请文件和信息披露资料进行审慎核查，督导发行人规范运作。”第 3 款规定：“保荐人的资格及其管理办法由国务院证券监督管理机构规定。”《证券法》（2005 修订）增加上述第十一条的相关规定，是为了进一步完善股票发行管理体制，确保上市公司规范运作，参照国务院《关于推进资本市场改革开放和稳定发展的若干意见》中关于“进一步完善股票发行管理体制，推行证券发行上市保荐制度”的要求，所作出的修改。2005 年修订的《证券法》因为是首次从法律层面肯定保荐人制度，因此对保荐人制度的有效实施，具有里程碑的意义。

而 2019 年修订通过的《证券法》则基本上保留了《证券法》（2005 年修订）中涉及保荐人制度的条款，仅作了细微的修改。《证券法》（2019 年修订）共分十四章二百二十六条，在第二章“证券发行”的第十条作出了以下规定：“申请公开发行股票、可转换为股票的公司债券，依法采取承销方式的，或者公开发行法律、行政法规规定实行保荐制度的其他证券的，应当聘请证券公司担任保荐人”，“保荐人的管理办法由国务院证券监督管理机构规定”。同时，对保荐人的职责也提出以下要求：“保荐人应当遵守业务规则和行业规范，诚实守信，勤勉尽责，对发行人的申请文件和信息披露资料进行审慎核查，督导发行人规范运作。”

比较两者的细微区别，是在对所聘请保荐人的认定上，前者提出“应当聘请具有保荐资格的机构担任保荐人”以及“保荐人的资格及其管理办法由国务院证券监督管理机构规定”；而后者则要求“应当聘请证券公司担任保荐人”以及“保荐人的管理办法由国务院证券监督管理机构规定”，去除了国务院证券监督管理机构对保荐人“资格”的直接管理。

此外，2019 年新修订的《证券法》还增加了保荐人违规应当承担民事及赔偿责任的相关条款。例如，《证券法》（2019）第一百八十二条规定：“保荐人出具有虚假记载、误导性陈述或者重大遗漏的保荐书，或者不履行其他法定职责的，责令改正，给予警告，没收业务收入，并处以业务收入一倍以上十倍以下的罚款；没有业务收入或者业务收入不足一百万元的，处以一百万元以上一千万元以下的罚款；情节严重的，并处暂停或者撤销保荐业务许可。对直接负责的主管人员和其他直接责任人员给予警告，并处以五十万元以上五百万元以下的罚款。”

2.4　保荐机构和保荐代表人在保荐职责以及违规责任上的差异

为了进一步区分在证券发行交易的保荐业务中保荐机构和保荐代表人各自应该履行的保荐职责以及应当承担的违规责任，我们进一步以《证券发行上市保荐业务管理办法》（2017）为依据，对相关的制度条款进行摘取并作出比较。详见表 2－3 所示。

表 2－3　保荐机构和保荐代表人在保荐职责和承担责任上的差异

内容	对保荐机构的规定	对保荐代表人的规定	比较说明
保荐职责	保荐机构及其保荐代表人应当遵守法律、行政法规和中国证监会的相关规定，恪守业务规则和行业规范，诚实守信，勤勉尽责，尽职推荐发行人证券发行上市，持续督导发行人履行规范运作、信守承诺、信息披露等义务 保荐机构及其保荐代表人不得通过从事保荐业务谋取任何不正当利益	保荐机构及其保荐代表人应当遵守法律、行政法规和中国证监会的相关规定，恪守业务规则和行业规范，诚实守信，勤勉尽责，尽职推荐发行人证券发行上市，持续督导发行人履行规范运作、信守承诺、信息披露等义务 保荐机构及其保荐代表人不得通过从事保荐业务谋取任何不正当利益	对保荐机构及其保荐代表人作出相同的保荐职责规定
职责分工	保荐机构履行保荐职责，应当指定依照本办法规定取得保荐代表人资格的个人具体负责保荐工作 在发行保荐书和上市保荐书中，保荐机构应当保证所指定的保荐代表人及本保荐机构的相关人员已勤勉尽责，对发行人申请文件和信息披露资料进行了尽职调查、审慎核查 保荐机构提交发行保荐书后，应当配合中国证监会的审核，指定保荐代表人与中国证监会职能部门进行专业沟通，保荐代表人在发行审核委员会会议上接受委员质询 保荐机构应当指定 2 名保荐	保荐机构应当建立健全工作底稿制度，为每一项目建立独立的保荐工作底稿。保荐代表人必须为其具体负责的每一项目建立尽职调查工作日志，作为保荐工作底稿的一部分存档备查；保荐机构应当定期对尽职调查工作日志进行检查	保荐机构承担主体职责，负责组织、指派、监督、协调、签约、收费等事宜。保荐代表人接受保荐机构的指派、授权具体负责保荐工作，并负责与中国证监会进行专业沟通，接受质询等

续表

内容	对保荐机构的规定	对保荐代表人的规定	比较说明
	代表人具体负责 1 家发行人的保荐工作，出具由法定代表人签字的专项授权书，并确保保荐机构有关部门和人员有效分工协作。保荐机构可以指定 1 名项目协办人 证券发行后，保荐机构不得更换保荐代表人，但因保荐代表人离职或者被撤销保荐代表人资格的，应当更换保荐代表人		
职业要求	不适用	保荐代表人应当遵守职业道德准则，珍视和维护保荐代表人职业声誉，保持应有的职业谨慎，保持和提高专业胜任能力 保荐代表人应当维护发行人的合法利益，对从事保荐业务过程中获知的发行人信息保密。保荐代表人应当恪守独立履行职责的原则，不因迎合发行人或者满足发行人的不当要求而丧失客观、公正的立场，不得唆使、协助或者参与发行人及证券服务机构实施非法的或者具有欺诈性的行为	仅对保荐代表人的职业道德、职业声誉、专业胜任能力以及职业操守等作出单独规定

续表

内容	对保荐机构的规定	对保荐代表人的规定	比较说明
保荐资格申请	证券公司申请保荐机构资格，应当具备下列条件： (1) 注册资本不低于人民币 1 亿元，净资本不低于人民币 5000 万元 (2) 具有完善的公司治理和内部控制制度，风险控制指标符合相关规定 (3) 保荐业务部门具有健全的业务规程、内部风险评估和控制系统，内部机构设置合理，具备相应的研究能力、销售能力等后台支持 (4) 具有良好的保荐业务团队且专业结构合理，从业人员不少于 35 人，其中最近 3 年从事保荐相关业务的人员不少于 20 人 (5) 符合保荐代表人资格条件的从业人员不少于 4 人 (6) 最近 3 年内未因重大违法违规行为受到行政处罚 (7) 中国证监会规定的其他条件	个人申请保荐代表人资格，应当具备下列条件： (1) 具备 3 年以上保荐相关业务经历 (2) 最近 3 年内在本办法第二条规定的境内证券发行项目中担任过项目协办人 (3) 参加中国证监会认可的保荐代表人胜任能力考试且成绩合格有效 (4) 诚实守信，品行良好，无不良诚信记录，最近 3 年未受到中国证监会的行政处罚 (5) 未负有数额较大到期未清偿的债务 (6) 中国证券业协会规定的其他条件	分别对保荐机构和保荐代表人申请保荐资格规定了若干条件
资格管理	中国证监会依法对保荐机构进行注册登记管理	不适用	已取消对保荐代表个人的注册登记管理要求

续表

内容	对保荐机构的规定	对保荐代表人的规定	比较说明
监管规定	中国证监会可以对保荐机构及其保荐代表人从事保荐业务的情况进行定期或者不定期现场检查，保荐机构及其保荐代表人应当积极配合检查，如实提供有关资料，不得拒绝、阻挠、逃避检查，不得谎报、隐匿、销毁相关证据材料 自保荐机构向中国证监会提交保荐文件之日起，保荐机构及其保荐代表人承担相应的责任	中国证监会可以对保荐机构及其保荐代表人从事保荐业务的情况进行定期或者不定期现场检查，保荐机构及其保荐代表人应当积极配合检查，如实提供有关资料，不得拒绝、阻挠、逃避检查，不得谎报、隐匿、销毁相关证据材料 自保荐机构向中国证监会提交保荐文件之日起，保荐机构及其保荐代表人承担相应的责任	将保荐机构及其保荐代表人同时列为监管对象，并规定保荐机构及其保荐代表人分别承担相应的责任
违规处罚	保荐机构出现下列情形之一的，中国证监会自确认之日起暂停其保荐机构资格 3 个月；情节严重的，暂停其保荐机构资格 6 个月，并可以责令保荐机构更换保荐业务负责人、内核负责人；情节特别严重的，撤销其保荐机构资格： （1）向中国证监会、证券交易所提交的与保荐工作相关的文件存在虚假记载、误导性陈述或者重大遗漏 （2）内部控制制度未有效执行 （3）尽职调查制度、内部核查制度、持续督导制度、	保荐代表人出现下列情形之一的，中国证监会可根据情节轻重，自确认之日起 3 个月到 12 个月内不受理相关保荐代表人具体负责的推荐；情节特别严重的，撤销其保荐代表人资格： （1）尽职调查工作日志缺失或者遗漏、隐瞒重要问题 （2）未完成或者未参加辅导工作 （3）未参加持续督导工作，或者持续督导工作未勤勉尽责	对保荐机构和保荐代表人在保荐工作中的违规行为分别作出处罚规定。对于保荐机构而言的处罚包括暂停保荐机构资格、责令保荐机构更换保荐业务人员乃至撤销保荐机构资格；对于保荐代表人而言，出现违规违法行为的，所受到的处罚包括其具体负责的推荐项目不

续表

内容	对保荐机构的规定	对保荐代表人的规定	比较说明
违规处罚	保荐工作底稿制度未有效执行 (4) 保荐工作底稿存在虚假记载、误导性陈述或者重大遗漏 (5) 唆使、协助或者参与发行人及证券服务机构提供存在虚假记载、误导性陈述或者重大遗漏的文件 (6) 唆使、协助或者参与发行人干扰中国证监会及其发行审核委员会的审核工作 (7) 通过从事保荐业务谋取不正当利益 (8) 严重违反诚实守信、勤勉尽责义务的其他情形 保荐机构、保荐代表人因保荐业务涉嫌违法违规处于立案调查期间的，中国证监会暂不受理该保荐机构的推荐；暂不受理相关保荐代表人具体负责的推荐	(4) 因保荐业务或其具体负责保荐工作的发行人在保荐期间内受到证券交易所、中国证券业协会公开谴责 (5) 唆使、协助或者参与发行人干扰中国证监会及其发行审核委员会的审核工作 (6) 严重违反诚实守信、勤勉尽责义务的其他情形 保荐代表人出现下列情形之一的，中国证监会撤销其保荐代表人资格；情节严重的，对其采取证券市场禁入的措施： (1) 在与保荐工作相关文件上签字推荐发行人证券发行上市，但未参加尽职调查工作，或者尽职调查工作不彻底、不充分，明显不符合业务规则和行业规范 (2) 通过从事保荐业务谋取不正当利益 (3) 本人及其配偶持有发行人的股份 (4) 唆使、协助或者参与发行人及证券服务机构提供存在虚假记载、误导性陈述或	被受理、保荐代表人的资格被撤销乃至对其采取证券市场禁入的措施

续表

内容	对保荐机构的规定	对保荐代表人的规定	比较说明
违规处罚		者重大遗漏的文件 （5）参与组织编制的与保荐工作相关文件存在虚假记载、误导性陈述或者重大遗漏	
发行人违规的连带责任	发行人出现下列情形之一的，中国证监会自确认之日起暂停保荐机构的保荐机构资格3个月，撤销相关人员的保荐代表人资格： （1）证券发行募集文件等申请文件存在虚假记载、误导性陈述或者重大遗漏 （2）公开发行证券上市当年即亏损 （3）持续督导期间信息披露文件存在虚假记载、误导性陈述或者重大遗漏	发行人在持续督导期间出现下列情形之一的，中国证监会可根据情节轻重，自确认之日起3个月到12个月内不受理相关保荐代表人具体负责的推荐；情节特别严重的，撤销相关人员的保荐代表人资格： （1）证券上市当年累计50%以上募集资金的用途与承诺不符 （2）公开发行证券并在主板上市当年营业利润比上年下滑50%以上 （3）首次公开发行股票并上市之日起12个月内控股股东或者实际控制人发生变更 （4）首次公开发行股票并上市之日起12个月内累计50%以上资产或者主营业务发生重组 （5）上市公司公开发行新股、可转换公司债券之日起12个月内	分别对保荐机构和保荐代表人因证券发行人违规而产生的连带责任，作出不同的处罚规定。对于保荐机构的处罚包括暂停保荐机构的保荐资格以及撤销相关人员的保荐代表人资格。对于保荐代表人而言，重点加强了对其在持续督导期间内因证券发行人出现违规行为而产生连带责任的处罚，包括对其具体负责的推荐不加以受理以及撤销相关保荐代表人的资格等。而且在某些方面对保荐代表人的处罚似乎更加严格。比如，如果发行人公开发行证券上市的当年

续表

内容	对保荐机构的规定	对保荐代表人的规定	比较说明
发行人违规的连带责任		累计 50% 以上资产或者主营业务发生重组，且未在证券发行募集文件中披露 (6) 实际盈利低于盈利预测达 20% 以上 (7) 关联交易显失公允或者程序违规，涉及金额较大 (8) 控股股东、实际控制人或其他关联方违规占用发行人资源，涉及金额较大 (9) 违规为他人提供担保，涉及金额较大 (10) 违规购买或出售资产、借款、委托资产管理等，涉及金额较大 (11) 董事、监事、高级管理人员侵占发行人利益受到行政处罚或者被追究刑事责任 (12) 违反上市公司规范运作和信息披露等有关法律法规，情节严重的 (13) 中国证监会规定的其他情形	就出现亏损（即业绩变脸），保荐机构可能会受到处罚；而对于保荐代表人来说，当发行人公开发行证券并在主板上市的当年出现营业利润比上年下滑 50% 以上的情况，保荐代表人也将受到处罚

从表 2-3 可以看出，随着我国保荐人制度的逐步完善，证券监管部门也更加意识到具体负责保荐业务工作的保荐代表人的重要作用。因此，对其保荐职责也从保荐机构分离出来进行单独规定，而对保荐代表人违规处罚的规定也更加细化和明确。

2.5　我国保荐人制度的实施成效及未来展望

我国现行的保荐人制度虽然是 21 世纪初借鉴境外成熟市场经验而引入的，但在该制度设计之初，就考虑了一些国情因素，因此具有自己的一些特色。概括起来，主要有以下几点：第一，境外成熟市场在推行保荐人制度时，起先都是在创业板或另类市场实施，而考虑到我国资本市场处于发展初期，法律观念较薄弱，诚信基础较差，且大多数企业本身的规模都较小，公司治理、管理机制都不够健全，经营风险较大，所以我国内地在引入保荐人制度时，一开始就在主板市场上实施；第二，我国保荐人制度实行的是"双保制"，即保荐业务需要保荐机构与保荐代表人同时负责，因此保荐职责是对双方作出的，违规处分也区分了保荐机构与保荐代表人的情况，试图通过"双保制"提高具体负责保荐项目的保荐代表人的责任意识，改善保荐质量；第三，我国保荐人制度对持续督导期间的保荐职责作了强化，不仅要求保荐机构和保荐代表人在辅导、推荐发行企业时做到尽职推荐，为了防止出现保荐人"只荐不保"、随意离职等情况的发生，还特别强调了保荐机构尤其是保荐代表人在持续督导期间的责任，将尽职推荐与持续督导两个期间加在一起，才形成完整的保荐期间；第四，境外的保荐人制度更多的是用在首次公开发行上市的 IPO 项目，而我国保荐人制度除了用在首次公开发行项目以外，还用在上市公司的再融资项目，甚至还用在上市公司发行可转换公司债券等项目上。

从我国实施保荐人制度十几年的实践来看，总体而言，该制度对促进我国资本市场的健康发展发挥了积极作用。它不仅缓解了企业尤其是中小企业的融资约束，提高了发行人信息披露质量，降低了信息不对称性，保护了投资者的利益，同时也完善了公司治理与上市公司质量，有利于促进企业规范运作，信息透明，信守承诺，减少违法违规以及其他不良行为的发生。在这一过程中，保荐机构和保荐代表人大多能够认真履行保荐职责，恪守法律，勤勉尽职，对我国证券发行保荐人制度的不断完善作出了贡献。

比起市场经济比较成熟、资本市场较为发达的一些国家来说，我国资本市场发展的历史相对较短，缺乏经验，人们的法律意识也比较薄弱，违法、“爆雷”和“黑天鹅”事件时有发生。在发展初期，不少企业将股票市场看作是圈钱的场所，滥用募集资金，为了达到圈钱目的不惜造假，欺骗股民，会计信息质量低下。大股东利用实际控制权进行利益输送，经常发生大股东资金占用、挪用以及要求上市公司作出违规关联交易或对外担保的行为。同时，上市公司也存在治理不善、内控制度不够健全、运作不够规范、刻意制造假账等情况。而在中介服务机构层面，为了谋取私利，一些券商、保荐机构、律师会计师事务所、资产评估公司等单位及其个人，都发生不少与上市公司合谋造假、违法违规、逃避监管、损害投资者利益的行为。

证券发行保荐人制度设计的本来意图就是为了给发行人起到辅导、推荐并为其提供增信和担保服务等作用的。为此，保荐机构以及保荐代表人都应遵守法律，勤勉尽职，并为自己的不当行为以及发行人的过错买单，承担相应的法律责任。保荐人制度从其出现起，最早是应用于二板或创业板市场的，因为比起较为成熟的主板市场来说，那里的市场规模较小，发行门槛较低，投资者风险更大，经营和管理基础较为薄弱的中小公司居多，证券发行的难度也较大。为了对在这一市场的企业进行规范化改造，促进信息公开透明，减少对投资者的伤害，因此设想通过保荐人制度来完善证券发行流程，提高证券发行效率。二板市场保荐人制度的一些成功经验在我国则被放大到主板市场，我国当前正处于“新兴加转轨”的经济发展期，一些二板市场容易出现的不良现象在主板市场同样存在，因此，保荐人制度的实施意图在主板市场也能够实现，为此我国 2004 年正式推行保荐人制度时，就将其同时适用于主板市场和中小板、创业板市场。最近启动的科创板市场也同样没有废弃保荐人制度的实行。

然而，在肯定保荐人制度取得积极成效的同时，也不可否认该制度也存在其不足的一面。这些不足一方面是制度本身的问题，与任何法律法规制度一样，其都是适合当时的社会经济环境推出的，一定存在时代性的缺陷，所以保荐人制度本身就需要随着社会经济的进步、资本市场的发展逐步加以完善；另一方面，也与其他法律法规制度一样，保荐人制度在其实施过程中，也一定不能完全达到立法者或监管机构的意图，因此加强执法的监管也是必需的。同时，还应认真总结经验，检讨不足，坚定信息，将保荐人制度稳健地实施下去。

对于保荐人制度实施中存在的问题，社会上的反馈较多。主要看到的是保荐机构和保荐代表人的法律责任意识不强，存在道德风险，以及不够勤勉尽职甚至有违法违规及不良行为等。比如，普遍存在着保荐代表人重视对发行人 IPO 前的辅导、信息核查和推荐等工作，而忽视对发行人 IPO 上市后的持续督导，即不少保荐代表人存在着“只荐不保”和“荐而不督”等情况。虽然制度规定在企业 IPO 上市后保荐代表人不能更换，需要继续履行持续督导的职责，但实际情况却是发生了大量保代离职的情况。我们的研究样本显示，在 2004 年至 2015 年间，我国 A 股上市公司就发布了 3029 例保荐代表人变更公告。部分上市公司在其原定保荐代表人的持续督导期内甚至发生了多次保荐代表人的变更。此外，保荐代表人因为违法违规而受到处罚的情况也日益普遍。2004 年 7 月 14 日，中小板第二股江苏琼花因上市前故意隐瞒国债委托投资事宜而遭到深交所谴责。证监会决定自 2004 年 7 月 9 日起 3 个月内不受理江苏琼花签字保荐代表人张睿、吴雪明推荐的项目。这是我国保荐代表人制度实施以来发生的第一次保荐代表人遭到暂停资格的处罚案例。而在 2004 年至 2015 年间，约 49.22% 的保荐代表人曾有过所在保荐机构或保荐机构中的个人受到证监会处罚的情况。作为保荐业务具体负责人的保荐代表人如果以权谋私或者发生不作为、不尽职等行为，不仅影响了保荐机构的声誉，也给保荐人制度的实施带来阴影。

在对保荐人制度存在诟病的同时，对该制度冲击较大的还有国家政策以及证券发行制度改革的因素。第一次较大的冲击是 2014 年 11 月国务院在发布《对确需保留的行政审批项目设定行政许可的决定》时，决定进一步取消或下放 58 项行政审批项目，其中包括取消了保荐代表人注册的行政审批。此决定也给社会媒体和投资者带来一些误解，以为作为投行金领的保荐代表人将风光不再，国家对保荐代表人的资格不再提出要求，甚至有人认为保荐人制度也将被取消。中国证监会发言人随即强调，对保荐代表人资格准入取消并不等于保荐人制度的取消，相反意味着保荐人制度的完善，有利于推进注册制改革。

对保荐人制度继续有效实施带来另一次重大影响的是证券发行监管制度的改革。注册制的全面推行，使社会公众又对保荐人制度的存废形成新的讨论。根据保荐人制度实施中存在的不足，有人认为注册制已经降低了企业发行证券审批的门槛，为证券发行而做出的保荐就不复需要。但是，正面的声音仍然是，正因为在注册制情况下，证券监管部门适当地放松了企业 IPO 的限制和管制，将实质审查和价值判断交给市场，对发行人的上市条件也降低了要求，但对发行人的信息披露、规范运作以及信守承诺却没有松懈。在注册制背景下，希望通过 IPO 上市的企业更多，会出现更严重的良莠不齐现象，在这种情况下，对后备企业的调查、辅导、核查和保荐的任务可能会更重，保荐人市场的竞争也会加剧。当然，在新的形势下，保荐人的角色定位和工作重心也应该发生一定的转变，在核准制情况下，保荐人的首要任务是保证 IPO 企业能够符合上市条件，顺利通过证监会的审批而成功发行上市，充当的是“担保者”和“看护者”的角色；而在注册制环境下，保荐人应该充分发挥其专业特长，尽心尽力为上市公司提供更优良的专业服务。

2019 年 12 月新修订的《证券法》依然保留着“发行人申请公开发行股票、可转换为股票的公司债券，依法采取承销方式的，或者公开发行法律、行政法规规定实行保荐制度的其他证券的，应当聘请证券公司担任保荐人”，以及“依照本法规定聘请保荐人的还应当报送保荐人出具的发行保荐书”等条款。这为保荐人制度在我国继续有效的实施奠定了坚实的法律基础。

第3章 保荐人制度的理论基础和文献综述

本书第 2 章讨论了保荐人制度的实施背景以及我国保荐人制度的发展情况，并界定了本书研究的基本概念范畴。本章将对保荐人制度的理论基础以及相关的研究文献，作出梳理和探讨。因为保荐人制度既涉及经济学和金融学的理论，又涉及担保的法律问题，我们仅选择与本书主题最为相关的理论加以阐述。本章首先介绍若干最基本的理论，包括作为保荐人制度经济学基础的委托代理理论、信息不对称理论，以及作为保荐人制度法律学基础的担保理论等；其次探讨与本书研究主题关系较为密切的若干相关理论，如声誉理论、IPO 定价理论、高阶梯队理论和盈余管理理论等；最后对本书研究主题涉及的主要文献加以整理，进行综述和评价。本章发挥承上启下的作用，将为后面三章的实证研究提供理论分析的铺垫。

3.1　保荐人制度的基础理论

3.1.1　委托代理理论

在社会生活中，各人之间或各行为主体之间均普遍存在着委托与代理的关系。在处理一项事务时，当一个或多个行为主体根据一种明示或隐含的契约，指定、雇用另一些行为主体为其服务，同时授予后者一定的决策权利，并根据后者提供的服务数量和质量对其支付相应的报酬，就构成了该项事务中的委托与代理关系。授权者就称为委托人（Principal or Trustor），被授权者就称为代理人或受托人（Agent or Trustee）。

现代企业制度中，同样普遍存在着这种委托代理关系，但这时委托人与代理人的关系已具体表现为企业的所有者（业主或公司股东）与职业经理人（管理者）的关系。随着企业规模的不断扩大及分工的日益细化，公司股东无论是从其精力还是从其认知水平和专业能力来说，都不可能再对公司的所有事务亲力亲为。当股东将公司具体的经营管理权交给专业的经理人，并根据其管理业绩给予相应的报酬及激励，经理人则需要认真履行受托责任并向股东作出报告以解除受托责任，这时所有权与经营权的两权分离以及股东与经理人之间的委托代理关系就相伴形成。但这种两权分离与委托代理管理的制度安排又会产生诸如信息不对称、代理人激励、代理成本等一系列问题需要加以解决，为此经济学家们经过长时间的努力探索，通过建立各种模型（如委托代理模型、声誉模型、棘轮效应模型、选择模型、合作模型、风险模型、监督模型等），试图设计出管理这种委托代理关系并对经理人作出有效激励的“最优契约”，于是“委托代理理论”（Principal - agent Theory）就应运而生，并成为企业契约理论近几十年来最重要的发展之一。它奠定了现代公司治理、管理层权力、股权激励等许多现代管理理论的基础，被广泛用来解释并解决各种社会、经济领域中的委托代理关系问题，成为现代微观经济学中最基本的理论之一。

“委托代理理论”的研究最早可以追溯到亚当·斯密（Adam Smith，1776）的《国富论》。亚当·斯密提出的“经济人假设”最早认识到现代企业是基于所有权与经营权两权分离的产物，并发现作为现代企业的股份制公司中存在着委托代理关系。但亚当·斯密也曾作出这样的提醒：“不要期待股份公司的经营者们像私人合伙公司的经营者一样精心监视财产用途，因此，疏忽和浪费在股份公司业务经营中在所难免。”这实际上已经暗示了代理冲突及代理成本的存在。20 世纪 30 年代，股份制公司进一步发展，美国律师伯利和经济学家米恩斯（Berle 和 Means）于 1932 年共同出版了《现代公司与私有财产》，被看成是委托代理理论的萌芽。伯利和米恩斯在书中详细论证了两权分离理论的实质，认为在不久的将来，现代企业的经营管理权必将从所有权人手中转移到经营者手中，并在此基础之上首次提出了委托代理理论的基本概念。但是伯利和米恩斯并没有对经理人的代理行为作出深刻分析，也没有提出解决代理冲突的任何方案，仅停留在提出了两权分离这一委托代理理论存在的制度假设。20 世纪 70 年代，委托代理理论正式兴起，成为完善公司治理机制及推动公司规范运作的经典理论，一大批经济学家如 Ross、Grossman、Jensen 和 Mecking 等，为此作出了巨大贡献。

委托代理理论的主要观点包括：

第一，现代企业存在所有权与经营权的两权分离，自然就存在着公司股东与管理层的委托代理关系。这是第一类最基本的委托代理关系，其后 Shleifer 和 Vishny（1997）还分析了公司大股东与外部中小股东的代理冲突，将它们之间的关系看成是第二类委托代理关系。

第二，在公司内部的委托代理关系中，因为股东与经理人的效用函数不一致，必然存在着代理冲突问题。股东与经理人作为理性经济人，均有其各自追求的目标。股东希望经理人努力工作绝不偷懒，在实现所有者利益最大化的同时也增加了其个人财富；而经理人追求的则是其个人效用的最大化，包括物质上的薪金、奖金收入，奢侈的在职消费以及精神上的闲暇、满足感和荣誉感等，并尽量规避风险。因而经理人存在不完全依照委托人意志进行经济活动的动机，采取“偷懒”（Shirking）和“机会主义”行为，在经营中按照自己的偏好与效用进行决策，从而偏离了所有者利益最大化的原则（Jensen 和 Mecking，1976）。

第三，因为股东与经理人之间客观存在着信息不对称，当经理人的努力没有被发现并获得有效的激励时，经理人总是倾向于偷懒，严重的就会产生“逆向选择”与“道德风险”行为，增加了监管难度，加大了代理成本。

第四，为了缓解代理冲突，降低代理成本，使股东与经理人的目标尽可能趋向一致，委托代理理论设想通过建立相关制度和模型，对经理人形成有效的激励和约束机制，或可采取“胡萝卜加大棒”（Carrot and Stick）式的奖惩措施。比如，建立经理人声誉机制、实施管理层持股计划等，都是经实践证明行之有效的方法。

综上可知，委托代理理论实际上就是一种关于委托人与代理人之间的关系及其行为规则的理论。该理论除了对完善公司治理具有积极的作用外，对我们研究的保荐人制度也有以下启示意义：

首先，证券发行者与保荐人之间也是一种委托代理关系，各自也都有自己的目标函数。发行者的目标是通过证券发行并成功上市，募集到未来发展所需要的资金，并进一步壮大公司实力，提升企业形象，以及促进公司治理和规范运作。而保荐人的目标是通过专业辅导、尽职调查、信息核查等方式，尽可能使发行人符合证券发行及上市条件，帮助发行人成功募集到资金并保持股价的相对稳定；同时作为中介机构，保荐人在履行了保荐职责后可以收到数量不菲的保荐费用。在保荐人同时也是承销商的情况下，保荐人还需负责发行证券的代销、分销或包销任务，当然也能收取可观的承销费用。此外，保荐人还可通过保荐项目逐渐积累其良好的职业声誉。

其次，除了发行人与保荐人之间属于显性的委托代理关系并用契约的方式加以明确外，实际上证监会与保荐人之间也存在着隐形的委托代理关系。证监会通过保荐人制度将其部分监管职能转移给保荐人，要求保荐人对发行人的材料进行认真核查，保证信息真实、准确和完整，并要求保荐人作出担保性推荐，而当发行人有不正当行为时，保荐人需要承担一定的连带责任。而保荐人则需要遵守相关的法律法规及保荐人制度的规定，并接受证监会的监管。只有当保荐人认真履行了其保荐职责，才能解除来自于证监会的受托责任而被免责。

再次，在保荐业务中，作为委托人的发行人以及代理人的保荐人（包括保荐机构及其保荐代表人），都是理性的经济人，在缺乏监管的情况下，都可能发生自利行为，出现逆向选择和道德风险等情况，甚至合谋造假损害投资者的利益。因此，加强对保荐机构与保荐代表人的监管，适当增加其违规处罚力度，是十分必要的。

最后，需要指出的是，在保荐业务中，保荐人作为代理人是接受发行人的授权而与第三方当事人（投资者）发生联系的。在这种情况下，法律责任的承担主体仍然是发行人，保荐人仅处于代理人的“位置”为委托人从事证券的发行、承销与保荐等工作。《民法通则》中的代理法使得保荐机构为被保荐企业处理上市以及上市后的一系列事务提供了法律依据。保荐机构虽然作为相关法律行为的行为人，但由于他们并不是公司股票上市的最终受益者，因此并不承担因实施该种行为所产生的各种法律效果，这些法律效果最终应该由上市公司来承担。但由于他们自己的失误或不谨慎行为，比如保荐人明知道或者应当知道发行人有违规行为而不加以拒绝，保荐人则可能需要承担法律责任主体之外的连带责任。通过这一代理制度，保荐机构的民事行为能力得到了扩张和延伸，同时保荐机构在参与公司上市过程以及上市后对公司的持续督导过程中能够获得公司的相关信息，从而能够在制度约束条件下对发行企业行使信息监督职能，提高上市公司信息透明度，帮助投资者了解公司的真实运营情况，从而降低了投资者的风险。

3.1.2　信息不对称理论

所谓信息不对称（Information Asymmetry），是指在商品市场交易的各方，因为其所处的位置、条件和信息资源以及获取能力的不同，各方所掌握信息的数量和质量也不同，呈现出一种不均匀、不对称的分布状态。简言之，就是在商业交易中，一些人可能比其他人具有信息优势（Scott，2009）。通常来说，一种类型的市场参与者（如卖方）可能知道一些有关交易资产的情况，而另一种类型的市场参与者（卖方）可能不知道这些情况。在这种情况下，就可以认为市场出现了典型的信息不对称现象。

在社会经济生活中，实际上信息不对称的现象是无时不有，无处不在的。但对这一普通现象的研究，却使美国三位著名的经济学家约瑟夫·斯蒂格利茨（Joseph E. Stiglitz）、乔治·阿克洛夫（George A. Akerlo）和迈克尔·斯彭斯（Andrew Michael Spence）在2001年获取了经济学的最高荣誉——诺贝尔经济学奖。他们在20世纪70年代所发表的成果，建立了信息不对称理论，并成为现代信息经济学的核心，被广泛应用到从传统的农产品市场到现代金融市场等各个领域。信息不对称理论将信息不对称根据其发生的时间进行了划分，把发生在交易双方签约之前的信息不对称称为事前信息不对称，把发生在交易双方签约之后的信息不对称称为事后信息不对称。研究事前信息不对称的理论称为逆向选择理论，研究事后信息不对称的理论称为道德风险理论。

信息经济学认为，信息不对称造成占有信息优势的一方因谋取自身利益的最大化，而使信息贫乏一方的利益受到损害。因此，信息不对称造成了市场交易双方的利益失衡，影响了社会的公平、公正的原则以及市场配置资源的效率，从而破坏了市场的有序运行。而解决信息不对称的有效方法，包括营造良好的市场环境，建立和完善市场法律体制，促进信息充分披露和公开透明，加强政府的必要管制等。

总括说来，信息不对称在微观的公司治理层面及宏观的资本市场层面，均会带来一些不利。

首先，信息不对称可能会引发更严重的公司代理人问题。从前述的委托代理理论中已经看到，现代股份制企业的两权分离必然产生代理问题。而信息不对称与代理问题又是相伴而生的。在公司内部，经理人作为具体的经营者，他们比股东掌握了更多的内部信息，属于占有信息优势的一方。虽然财务报告制度缓解了这种信息不对称状况，但由于股东与经济人追求的目标不一致，代理冲突就会时常发生。为了满足经理人提高薪酬的私欲，部分经理人会采取报喜不报忧的态度，迫不及待地报告“好消息”而隐藏或推迟报告“坏消息”。更有甚者，一些经理人还不惜发布虚假信息，蒙骗股东和投资者，造成股价崩盘及投资人的巨额损失。此外，作为代理人的公司高管还可能进一步引发“道德风险”问题，集中表现为在股东不可观察情况下的“偷懒行为”“搭便车行为”以及“机会主义行为”。部分经理人还会在偷懒的同时，尽量利用公司的资源谋取私利，享受超额在职消费，甚至试图建立自己的“商业帝国”而逃避股东的监督，进行不正当的内幕交易等。同时，公司外部同样可能出现严重的第二类代理问题。大股东利用其相对于中小股东的信息优势以及控制董事会的机会，可能通过不正当关联交易、违规担保、并购重组等手段，采取隧道方式占用或转移上市公司资金，从而对上市公司及中小股东的利益造成伤害。

其次，信息不对称会引发证券市场的道德风险与逆向选择问题。在证券市场，始终存在着证券发行人、上市公司、证券中介机构、证券管理机构及投资者之间的多方博弈，作为市场参与主体，它们各自存在一定的信息优势和信息劣势，因此会出现多方面、多层次的信息不对称问题。就证券的发行和上市来说，最具有信息优势的首先是证券发行人，它们最清楚知道公司本身的状况和财务情况，质地优良的公司发行证券与谋划上市是为了募集进一步发展所需要的资金，并推动公司完善治理和进一步规范运作；而一些素质较差、运作本身就不够规范的公司发行证券与谋求上市的目的，则主要是为了在证券市场上“圈钱”，募集资金常被挪用或被大股东非法占用。为了达到上市目的，一些公司可能会隐瞒不利信息甚至制造虚假信息，欺骗中介机构、证监机构及投资者。这也是为什么一些公司上市后不久就发生“业绩变脸”的主要因素。

而作为证券中介机构的承销商、保荐人、律师、会计师事务所、资产评估公司等，一方面在发行人与上市公司面前，它们是信息弱势者；另一方面，在证券监管机构及投资者面前，它们又可能是信息优势者。作为经济人，面对优厚的经济利益，在缺乏管制和道德约束的情况下，它们也会诱发“道德风险”，从而作出欺骗证监机构、损害投资者利益的行为。这里既有可能是其本身不够勤勉尽职、不能了解发行人及上市公司真实情况的原因，也有可能是与发行人及上市公司“合谋造假”的原因。

在证券市场中，中小股东及普通的投资者基本上处于信息链的最底层，是最具信息劣势的一方，但他们同时又是提供资金的主要来源，市场少不了他们的积极参与。投资者最主要的信息来源是上市公司公开发布的各种信息，同时也可以利用大众媒体、分析师及一些研究或咨询机构的新闻报道和研究报告等，作为其决策参考。在证券发行过程中，一方面，发行公司为了吸引更多的人购买该公司的股票，往往会对公司业绩等其他信息进行粉饰，而外部投资者并不一定能够了解公司的真实信息，为了维护自身的利益，投资者一般只能根据业绩优良的股票和业绩较差的股票的概率分布去计算出股票的价值期望值，并以此来决定自己的投资选择。这样，业绩优良的优质企业就可能退出融资，而业绩较差的企业反而能够获得融资，造成劣币驱逐良币的现象，这就引发了证券市场的一个逆向选择问题。另一方面，在不够透明及法律制度不够健全的非成熟市场，较为理性的投资者不断受到上市公司的欺骗，以被扭曲的股票价格买卖股票而遭受损失，长此以往必然促使他们愤而离场，仅剩下“天真的”投资者及前赴后继的“新股民”继续“博傻”，这就形成证券市场的又一个逆向选择问题。为此，证券监管部门格外强调保护中小股东及普通投资者的利益，建立投资者权益保护法等相关法律、实施独立董事制度、要求上市公司定期召开投资者见面会等，都是近年来实施的有效措施。

在本书研究的保荐人制度中，保荐机构及保荐代表人与其他中介机构类似，他们既是在发行人或上市公司面前的信息弱势者，又是在证监机构和投资者面前的信息优势者。因此，他们既要为发行人的过错承担非勤勉尽职的责任，又要为自己与发行人可能的串谋承担法律责任。

3.1.3　担保理论及法律责任规定

证券发行的保荐业务，是一种对证券发行人作出推荐并加以担保的特殊业务，所以称之为保荐。既然涉及担保，就适用于一般的担保理论，但保荐业务又有它不同于一般担保的特征。在担保领域，多年的理论研究和实践探索，已经形成相当丰富的理论文献。与此同时，与担保相关的法律法规也已比较健全，如《中华人民共和国民法通则》《中华人民共和国物权法》《中华人民共和国担保法》《中华人民共和国担保法解释》等。同时，因为证券发行保荐又涉及证券业务，因此与保荐业务相关的一些法律法规条文，又出现在《证券法》及前后几个版本的保荐人制度中。总之，担保理论及相关的法规法律，为我们研究保荐人制度奠定了法律基础。

所谓担保，是指第三方为主合同中的债务人向债权人作出的一种担保性承诺。担保合同是主合同的从合同，主合同无效，担保合同也即无效。在法学理论中，担保制度应用于保障债权人利益安全及实现债权。因为在担保合同中，担保人若是以自己的信用或者财产向债权人作出担保，一旦债务人没有履行合同义务或者履行过程中出现合同约定的违约事件，担保人就需要与债务人一起向债权人承担合同约定的责任及法定责任。在不同情况下，担保人需要承担的责任包括：民事责任、民事连带责任、担保（保证）责任和赔偿责任等。《担保法》第五条规定：“保证人承担保证责任后，有权向债务人追偿。”第三十条规定“有下列情形之一的，保证人不承担民事责任：（1）主合同当事人双方串通，骗取保证人提供保证的；（2）主合同债权人采取欺诈、胁迫等手段，使保证人在违背真实意愿的情况下提供保证的”。

与一般意义上的担保有所不同，在证券发行上市的保荐业务中，保荐人是在对发行人及 IPO 上市公司作出辅导、调查、核查、尽职推荐及持续督导之外，为了增加投资者信心并对投资者权益加强保护而作出的一项附加担保。担保的内容也不是发行人的全部债务，针对的主要是发行上市材料的真实、准确和完整。对发行人、上市公司的申请材料、信息公告及财务报告中存在的虚假记载、误导性陈述或者重大遗漏，造成投资者损失的，保荐人应当承担连带的民事责任。但当保荐人本身在其发行及上市的保荐文件中出现欺诈，或者参与了发行人及上市公司的造假，则需要独立承担行政、民事甚至刑事上的责任。

2019 年新修订的《证券法》对保荐人的连带责任及自身的民事责任以及处罚赔偿责任等，都作了更加严格及详细的规定：

《证券法》第二十四条规定：“国务院证券监督管理机构或者国务院授权的部门对已作出的证券发行注册的决定，发现不符合法定条件或者法定程序，尚未发行证券的，应当予以撤销，停止发行。已经发行尚未上市的，撤销发行注册决定，发行人应当按照发行价并加算银行同期存款利息返还证券持有人；发行人的控股股东、实际控制人以及保荐人，应当与发行人承担连带责任，但是能够证明自己没有过错的除外。”

《证券法》第八十五条规定："信息披露义务人未按照规定披露信息，或者公告的证券发行文件、定期报告、临时报告及其他信息披露资料存在虚假记载、误导性陈述或者重大遗漏，致使投资者在证券交易中遭受损失的，信息披露义务人应当承担赔偿责任；发行人的控股股东、实际控制人、董事、监事、高级管理人员和其他直接责任人员以及保荐人、承销的证券公司及其直接责任人员，应当与发行人承担连带赔偿责任，但是能够证明自己没有过错的除外。"

第一百八十二条规定："保荐人出具有虚假记载、误导性陈述或者重大遗漏的保荐书，或者不履行其他法定职责的，责令改正，给予警告，没收业务收入，并处以业务收入一倍以上十倍以下的罚款；没有业务收入或者业务收入不足一百万元的，处以一百万元以上一千万元以下的罚款；情节严重的，并处暂停或者撤销保荐业务许可。对直接负责的主管人员和其他直接责任人员给予警告，并处以五十万元以上五百万元以下的罚款。"

近年来，相关法律法规及政府监管部门对保荐人的违规处罚日益严厉。2015 年 11 月在我国新股 IPO 重启时，监管部门从五个方面对新股发行制度进行了改革与完善，其中提出"强化中介机构监管，落实中介机构责任，建立保荐机构先行赔付制度"的措施。证监会新闻发言人表示，建立保荐机构先行赔付制度是市场发展的必然，也是新股发行制度改革的必然结果，将为注册制的推广"铺路"。随后，"万福生科"和"欣泰电气"两案成为我国保荐人先行赔付制度的实践探索案例。2020 年 1 月 11 日，据《证券时报》报道，投资者状告"华泽钴镍"财务造假、虚假陈述一案迎来了一审判决。"华泽钴镍"被判赔偿投资者冯某 3.7 万元，保荐人国信证券、审计机构瑞华会计师事务所也被判承担相应的连带赔偿责任。

同时，在我国香港特区，香港证监会也不断加大对违规保荐人的处罚力度。2019 年，发生在香港的一宗闹得沸沸扬扬的“洪良国际”造假上市案，最终以 10 亿港元向公众回购股份才尘埃落定。对于保荐人兆丰资本，香港证监会毫不手软，不但处以 4200 万港元的处罚，还撤销了兆丰资本的保荐牌照。这相当于兆丰资本作为洪良国际保荐人所获得的全部收入，也是香港历来金额最高的罚款。为提高违规成本，香港证监会还计划实施保荐人监管新规。2019 年 5 月，香港证监会建议，上市保荐人如在招股说明书中有不真实陈述，须承担民事和刑事法律责任。这将使香港的保荐人监管制度更接近美国模式。在美国模式中，上市保荐人可能会因欺诈和故意违反证券法规定而承担刑事法律责任。但另一方面，涉及自身利益的香港投行界却对该监管建议几乎一致地提出了反对，其中包括高盛、摩根士丹利、瑞信等外资大行以及中银国际、中金证券等中资投行。他们认为，有关保荐人担负刑事责任的建议，将影响 85 家保荐机构及 2800 多名持牌从业员，而且过往之案例对疏忽和串谋的界定并不清晰，也曾有过先坐牢后无罪之案例，因此，该建议必须全面研究才可推行。多家投行的联名反对是否能够再次扭转局势，现在仍有待观察。不过早在 2005 年，“欧亚农业”虚假账目事件也曾促使香港证监会提出让保荐人承担刑事责任的提议，但最终因业界强烈反对而作罢。因此，有市场人士认为，投行的建议可能会被证监会采纳部分，但在目前的市况下，强推新规的可能性更大。

总之，自保荐人制度实施以来，对保荐机构及保荐代表人法律责任的认定及追究，总的趋势是越来越严，从开始时仅是暂停保荐业务申请、取消保荐资格、市场禁入等行政处罚为主的方式，到开始追究民事责任且金额不断扩大，再到设想追究刑事责任，这或许对治理当前保荐人市场的乱象具有积极的作用。

3.2 保荐人制度的相关理论

与本书研究内容相关、涉及保荐人制度的专业理论应有不少，我们仅选择声誉理论、IPO定价理论、盈余管理理论等概而述之。

3.2.1 声誉理论

“声誉”（reputation）是声名、声望和荣誉的叠加，来自公众的心理认知和社会的认可，也是某人或某物在他人看来的形象与印象。声名来自口碑，如“流芳百世”或“遗臭万年”；荣誉来自行善事、不败德、长学识、高能力、快发展、多成功和好评价等。《史记·三王世家》有记：“‘臣不作福’者，勿使行财币，厚赏赐，以立声誉，为四方所归也。”唐骆宾王《答员半千书》有云：“而欲图侥幸于权重之交，养声誉于众多之口。”因此，声誉靠积淀，靠培养，靠珍惜和靠维护。

美国传统字典（AHD）对声誉的定义是：“声誉是公众对某人或某物的总体评价，是归属于某人或某物的独特的特征或特质。”牛津英语字典对于声誉的定义更为具体：“声誉是公众对于某人性格或其他品质的总体评价，是对某人或某物的相对评价或尊重。”

声誉的特点有三：一是来自社会评价，但又给大众以信赖、依靠及信心；二是声誉代表软实力，是无形资本，也是声誉拥有者其特征或特质，尤其是其潜在素质、品德和能力的外在表现；三是“成也声誉，败也声誉”，它是决定事务成败的重要因素。

声誉可分为集体声誉和个人声誉：集体声誉是一个组织或机

构所具有的形象和荣誉，如企业声誉、银行声誉、学校声誉、家族声誉，甚至行业声誉、国家声誉等；个人声誉是个体品德、能力和行为所形成的社会评价，如企业家声誉、独立董事声誉、律师会计师声誉、保荐代表人声誉等。

近几十年来，各种研究声誉和声誉模型的文献一时兴起。研究声誉的定义、概念框架、形成机制、评价模型及其社会影响与经济效应的理论体系，被称为“声誉理论”。声誉理论可以被用在各个研究领域，用在经济、金融和企业管理领域的则称为“经济学的声誉理论”或“企业声誉理论”。

最初将声誉概念引入经济学领域的是美国著名学者法玛（Fama），他在 1980 年提出了“经理市场竞争”作为激励机制的想法，认为即使没有企业内部的激励，经理们出于对今后职业前途及外部市场的压力（即声誉）的考虑，也会努力工作。霍姆斯特姆（Holmstrom，1982）采用市场声誉模型进一步阐述了法玛的思想并加以严格的证明，说明市场上的声誉可以作为显形激励契约的替代物，这一观点也进一步完善了委托代理理论中的经理人激励学说。经济学中标准的声誉模型则是由 Kreps 等人在 1982 年创建的，旨在解决“连锁店悖论”并对有限重复博弈中的合作行为作出解释。在标准的声誉博弈文献中，“声誉能够增加承诺的力度”这一结论具有理论基石的地位。声誉的作用在于为关心长期利益的参与人提供一种隐性激励以保证其短期承诺行动。

Fombrun 等 1997 年在《企业声誉评论》的创刊号上，对经济学、战略管理学、营销学、组织学、社会学和会计学 6 个学科的文献进行了系统梳理，对企业声誉的理论渊源进行了追溯，并从这些文献中提炼出企业声誉的 6 个属性：（1）声誉明晰了企业在组织领域的突出地位；（2）声誉是企业内部识别（如员工对企业社会身份的识别）的外在反映；（3）声誉源于企业发展历史及此前的资源配置，并作为行动壁垒规定企业自身的行为和竞争对手的反应；（4）不同的人使用不同的标准对企业的能力和潜力进行评价，声誉是这些评价的综合；（5）声誉可以简化企业绩效的构造，帮助观察者应对市场的复杂性；（6）声誉体现了评价企业效率（即经济绩效和社会责任履行情况）的两个维度。此后，西方管理学者对企业声誉的研究大都基于Fombrun等的研究成果，并将声誉理论的研究推向深入。

国内学术界一直到21世纪才开始逐渐接触西方声誉理论，尝试从不同角度去梳理并应用声誉理论。近10年来，也有学者开始应用声誉理论分析承销商及保荐代表人的职业声誉对证券发行市场的影响（详见后面的文献综述）。

《证券发行上市保荐业务管理办法》第五条规定："保荐代表人应当遵守职业道德准则，珍视和维护保荐代表人职业声誉，保持应有的职业谨慎，保持和提高专业胜任能力。"显然，保荐人制度认为，在证券发行上市的保荐业务中，保荐业务是否可以规范进行，是否有利于提高上市质量和证券公司执业水平，从而保护投资者的合法权益，促进证券市场的健康发展等，这一切都与保荐代表人个人作用的发挥有很大的关系。而保荐代表人是否具有良好品德、是否遵守了执业道德准则、是否珍惜和维护其职业声誉、是否保持职业谨慎以及是否具备专业胜任能力等，又是保荐代表人个人作用发挥好坏的决定因素。在这里，尤其提到了保荐代表人的"职业声誉"。实际上从广义的角度看，这一"职业声誉"是保荐代表人品德、能力、个人特征、专业操守以及软实力的综合表现，因此在后文的研究中，我们将其看得像保荐机构（承销商）的声誉同等重要。

专业人士和职业经理人的声誉是需要呵护培养的，而不能单靠高薪的宠爱。在证券发行上市的保荐业务中，保荐人作出的担保，靠的不是抵押或质押，而是依赖他们的信誉和声誉向投资者作出的一种承诺，以降低发行人、保荐人与投资者之间的信息不对称。因此，实力强、过往业绩好、信誉高的券商就容易得到市场的青睐。而具有良好品德和诚信记录，又具有较高教育水平及较丰富从业经验的保荐代表人，因为积累了较好的职业声誉而受到大众的欢迎。所以，在后面的研究中，我们不断强化了保荐代表人个人特征及职业声誉能够提高 IPO 效率的观点。

3.2.2 IPO 定价理论

（1）IPO 定价及定价效率的概念。

IPO，是英语“Initial Public Offerings”的缩略语，翻译成中文是“首次公开发行”或“首次募集资金”，即证券发行人第一次向证券市场的非特定投资者公开发行公司股份的行为。发行人在发行销售其股票的同时，一般会向证券交易所申请将其发行的股票进行上市交易，发行人在上市后就成为上市公司。因此，IPO 与公司上市大多是相伴而行的。

IPO 定价，是指股票发行人与承销商为首次发行的股票在上市交易前事先确定的价格。IPO 定价需要考虑发行人的基本条件、发行规模、外部环境、发行方式等许多因素后综合决定。但从理论上来说，IPO 定价应当尽量反映股票的基本面，即它们的“内在价值”。

IPO 所发行的股票在市场上流通后，其市场交易价格会围绕着 IPO 定价出现上下波动，这是市场机制发挥的作用，也是市场对 IPO 股票作出的市场定价。如果股票二级市场反应出现的价格高于 IPO 发行价，则称为股票发行后出现“溢价”（Premium）情况；反之，如果股票二级市场价格低于 IPO 发行价，则称为股票发行后出现了“折价”（Discount）或“破发”的情况。二级市场反应的价格如果离 IPO 定价不远，说明 IPO 定价基本合理。如果相去甚远，则可能是 IPO 定价不够合理，但也有可能是因为市场不够成熟而出现了投资者不够理性的行为，尤其是对新股的大肆炒作，产生了股价暴涨暴跌现象。

IPO 抑价，是考察 IPO 定价是否合理的一个指标。与前述发行后股价出现的“溢价”与“折价”不同，前者讨论的是新股在二级市场的股价表现，而 IPO 抑价考察的是一级市场新股发行的价格是否准确，即定价效率问题。IPO 抑价及抑价率的计算，是根据股票发行价与收盘价的差额及比例加以计算的，根据股票交易首日收盘价计算的，称为 IPO 首日发行抑价或抑价率。因为绝大多数股票首发当日的收盘价都会高于发行价，出现“破发”的情况很少，因此，股票一般是按“抑价发行”定价的，基本上出现的是“抑价”（IPO Underpricing）的情况。IPO 抑价被用来作为衡量 IPO 定价效率的一个通用指标，虽然从市场投资者的角度看，IPO 发行价具有较高的抑价幅度是合理的，这样股票上市交易后才会有溢价空间而使投资者获利，但在理论层面却认为，IPO 抑价越低，说明 IPO 发行定价更接近市场价值，定价就更为合理准确。因此，在当前的理论及实证研究中，都将 IPO 抑价或抑价率视为 IPO 定价效率的关键指标。如果某项政策或举措可以降低 IPO 抑价或者与 IPO 抑价形成了反向关系，则被认为是有效的。比如，在我们的研究中，也需要证明保荐人声誉是否可以降低 IPO 抑价等。

（2）IPO 抑价现象的理论解释。

虽然各国资本市场都普遍存在着新股发行的 IPO 抑价现象，但在我国新兴资本市场中，IPO 抑价问题表现得更为突出。随着我国资本市场的日渐成熟，1990—2016 年，我国新股首日抑价率已从早先最高的 1095% 降低到了 44% 左右，但仍然远高于国外发达市场。不少理论被用来解释这种异常的 IPO 抑价现象，包括信息不对称理论、信号传递理论、赢家诅咒理论、投机泡沫理论、从众理论等。

首先，从信息不对称的角度看，IPO 抑价产生的根本原因是来自发行人、承销商与投资者之间的信息不对称，使得前者按照股票内在价值确定的发行价格与投资者认同的市场价格之间出现了差异。如果市场完全有效，所有信息是充分、透明和无偿的并可以同时被所有的人所掌握，股票价格也能充分反映所有的信息，在这种情况下，投资便成为一个公平的游戏，任何人都不能期望从股票投资中获取高出正常预期收益的超额回报（Fama，1970）。然而，完全理想的市场状态在现实中并不存在，因此信号传递理论就解释了可以通过信号传递的功能减低信息不对称情况，从而对市场缺陷有所改善。

其次，Rock（1986）提出了在拍卖市场中存在的高出价者获得反而更少收益的“赢家诅咒”理论。被用来解释 IPO 抑价现象时，这一理论也能适用。假设将投资者分为完全信息与不完全信息投资者两类，在进行股票投资时，如果 IPO 发行价低于市场价，完全信息投资者因为知道股价已超越了其内在价值而放弃购买，但不完全信息投资者仍然会购买，从而遭受损失；如果 IPO 发行价高于市场价，完全信息投资者和不完全信息投资者都可能会购买，并都获得超额收益。因为不完全信息投资者面临着比完全信息投资者更大的风险，他们要求为这种分配偏差提供风险补偿，否则将作出逆向选择。因此，为了保证 IPO 发行成功，合理的抑价就不可避免。

再次，投机泡沫从新股供求的角度解释了 IPO 高抑价现象的存在。该理论认为，大部分新股的发行都存在供不应求的情况，结果只能通过配额机制进行认购，而在一级市场未能购买成功的投资者相信股票价格会超越发行价继续上升，而纷纷转向在二级市场购买。这种购买行为一旦踊跃，就容易形成投机泡沫，并导致 IPO 高抑价现象的产生。

最后，承销商声誉理论有时也被用来解释 IPO 抑价现象。大多数认为，背景及实力强大的承销商一般具有较好的声誉，在与发行人确定承销价格时也会有更大的决定权，承销商为了维护自己声誉的考虑，不会将新股价格确定得过高或过低，因此在一定程度上可以遏制 IPO 高抑价现象。

（3）IPO 定价的基本原则。

现有研究认为，既然 IPO 抑价不能完全避免，那就应该尽可能对 IPO 的发行价作出科学定价，提高定价效率。因此，提出在我国需要坚持以下 4 项原则：

第一，内在价值原则。股票价格是对未来收益的贴现值，若股价不能反映股票的内在价值，或者说，股票定价与股票内在价值的偏离度过高，就可以认为该股票一级市场的定价机制存在一定的偏差。股票的发行价格应该反映股票的内在价值，一般可用现金流贴现法、相对估价法、经济附加值法等进行计算。

第二，市场化原则。股票的发行价格应以市场化取向为原则来确定，充分反映市场的供求关系，使股票的供给和需求达到均衡，以准确地反映市场对股票价值的认可，也就是说，股票发行价格应考虑发行时整体股票价格水平、供求状况等，兼顾各方利益。新股发行定价在一定程度上也是各方利益博弈的结果。从发行人的角度看，发行人总是希望发行价格定得略高一些，可以筹集到更多的发展资金。从承销商的角度看，发行价格定得高一些，有其有利的一面，既可以缩小 IPO 抑价及新股上市后的上涨空间，也可以增加其承销费用，但也有不利的一面，会增加承销商的压力及风险。从投资者的角度看，如果股价定得过高，就会降低投资者的申购及投资热情，造成交易清淡，股市不够活跃，最终也会损害上市公司的形象，降低上市公司再次增资扩股的能力。一般来说，定价是否合理，在股票上市后一段时期即能表现出来，大幅度地涨落均系不正常。

第三，国际惯例与我国国情相结合的原则。西方发达资本市场发展历史悠久，有许多成熟的经验可供我国借鉴，但我国正处于“新兴加转轨”的经济发展阶段，资本市场还不够成熟，国外的一些做法不能盲目照搬，需要照顾我国国情的特殊需要。

第四，定性与定量相结合的原则。影响 IPO 定价的影响因素众多，有些还不可定量。因此在确定新股发行价时，要综合考虑各种因素，将定量分析和定性分析有机结合起来，才能进一步提高新股定价的合理性与有效性。

（4）IPO 定价方法及影响因素。

为了给 IPO 发行价作出准确定价，理论与实务界均设想通过建立股票内在价值的估值模型来达到这一目的。常用的方法包括：

①收益折现法。这是基于上市公司未来经营情况而对公司内在价值作出估值的一种方法。常用的估值模型如未来现金流折现模型（DCF）与未来股利折现模型（DDM）等。这种方法的好处，是根据人们对公司未来发展前景的预测而对公允价值作出的一种判断，是面向未来的前瞻法，可以不受公司最近几年经营业绩的束缚，并且也与投资者买卖股票时的预期方式相一致。这种方法的缺点是，对公司未来价值的判断存在较大的不确定性，且 DCF、DDM 估值模型中的未来现金流、未来股息派发以及折现率都难以准确估计。

②类比法。这是参考同行业、同类别上市公司的一些比率指

标对发行股票作出估值的一种方法，最经常参考的指标如“市盈率”（P/E）、“市净率”（P/B），还有“市销率”（P/S）、“市现率”（P/C）等。这一方法的好处是简便易用，但缺点是其他公司的情况与本公司不可能完全相同，而且参考的指标是根据被参考公司或行业的往期业绩确定的，不能反映未来，还有可能被参考的指标是经过盈余管理等手段加以粉饰过的，也不一定完全可信。

③综合法。基于以上两种方法各有优缺点，因此可以参考这两种方法，再综合考虑各种影响股价的因素，结合发行询价机制所了解的信息，最终来确定新发股票的发行价格。

现有的理论和实证研究结果均表明，能够影响新股定价的因素可以有很多。既有公司内部的因素，也有公司外部的因素；既有确定的因素，也有不确定的因素；既有可定量的因素，也有不可定量的因素等。因此，不少文献通过问卷调查法、主成分分析法、回归统计方法等对相关因素作出精选用于研究。决定 IPO 定价的因素首先是公司本身的内在因素，如公司的经营业绩、财务状况、未来预测前景、公司治理及管理能力、新股发行规模等；而影响股票定价的外部因素就更多，包括宏观经济形势、财政货币政策、利率汇率走势、行业竞争情况、突发事件、证券发行制度改革与监管政策变化，以及证券中介机构等方面的影响。后文所涉及的承销商声誉，也会是影响 IPO 定价效率的一个因素。

3.2.3　盈余管理理论

（1）盈余管理的含义。

所谓盈余管理（Earnings Management），是指上市公司及管理层为了谋取自身利益而对公司盈余数字（报告净收益）作出刻意调节的行为。

美国著名会计学者凯瑟琳·雪珀（Katherine Schipper, 1989）较早对盈余管理的含义作出以下解释：盈余管理是企业管理者为了获取一些私人利益，而有目的地干预对外财务报告的过程，实质上是一种披露管理。而反对这一说法者强调，盈余管理的目的仅为便利报告程序的中性运行。

长期在加拿大滑铁卢大学任教的另一位著名学者斯科特（William K. Scott, 1997）在《财务会计理论》中认为：盈余管理是指在“公认会计原则”（GAAP）允许的范围内，通过会计政策选择使经理人自身利益或公司市值达到最大化的行为。之后，斯科特又在《财务会计理论》最近几次的修订版（2009, 2012, 2015）中，扩充其对盈余管理的认识，并对盈余管理重新下出以下定义：“盈余管理是经理人通过会计政策选择或实际行动来影响盈余，以达到某些特定报告盈余的目标。”

还有另一种被广为认可的是 Healy 和 Wahlen（1999）对盈余管理所作出的解释：当管理者在编制财务报告和构建经济交易时，运用判断改变财务报告，从而误导一些利益相关者对公司根本经济收益的理解，或者影响根据报告中会计数据形成的契约结果，盈余管理就因此产生。

根据以上定义可以看出，盈余管理实施的主体是管理者或经理人（Manager）以及其所在的公司；盈余管理的对象是公司的盈余数据（Earning）或财务报告中的“净收益”（Net Income）；盈余管理的主要手段一是利用会计政策的选择，二是采取真实的行动（Real Actions）；盈余管理的目的是经理人或公司谋取私利。

（2）应计盈余管理与真实盈余管理。

起初的盈余管理只是在会计准则所允许的会计政策选择范围内，利用会计“权责发生制”或“应计制”（Accrual Basis）的缺陷，从财务报告的若干“应计项目”（如应收、应付项目及资产减值项目等）入手，对会计收益作出调节，从而达到盈余管理的目的。这种通过“洗大澡”“收益平滑”等方式进行的盈余管理，并不发生公司实质交易的变化，也不会改变公司的现金流情况，只是利用会计手段将收入、费用以及资产负债中的计提项目在不同的会计期间作出分配性调节，而经调节的项目又会在以后的会计期间发生应计额的反转（Accrual Reverse），因此这种盈余管理的实质仅是对会计的应计项目作出调节性管理，故称为“应计盈余管理”（Accrual Earnings Management，AEM）。应计项目根据是否容易被操控或加以酌量性考虑，区分为“可操控的应计项目”（Discretionary Accrals，DA）与“不可操控的应计项目”（Non－discretionary Accruals，NDA）。通过盈余管理调增会计净收益的称为“向上盈余管理”（Upward Earnings Management）；相反，调减会计净收益的，称为“向下盈余管理”（Downward Earnings Management）。应计盈余管理是传统的盈余管理，也是狭义的盈余管理。

应计盈余管理相对比较简单，但也容易被发现，稍有经济和会计知识背景的分析师和投资者都容易识别这种盈余管理行为。如果资本市场比较成熟，基本上不会对这种盈余管理行为产生太大的市场反应。因为应计盈余管理没有从根本上改变公司业绩，甚至都不能改善公司的现金流动性而增强公司的偿债能力，仅是“会计游戏”而已。于是，更加隐匿、不易识别且对公司业绩影响更大的“真实盈余管理”（Real Earnings Management，REM）就应运而生。真实盈余管理则是通过非正常的生产、库存、销售、资产处置方式，以及非正常的投融资行为、并购重组、非正常关联交易，以至于组织机构重新设计等手段，刻意达到增加或减少某一会计期间经营业绩的目的。这种盈余管理虽然一般有实质性的交易性行为发生，并伴随现金流量的改变，但因为它们大多是公司在某一时期采取的特别行动，并非正常经营所需，因此可能会对公司的持续经营与健康发展形成伤害。同时，真实盈余管理已经脱离了会计准则所允许的会计政策选择范围，如果行为不当，还会触及法律风险。

真实盈余管理的出现，使得盈余管理的含义从狭义变成广义。广义的盈余管理包括应计盈余管理与真实盈余管理两个方面。

（3）盈余管理与盈余操纵。

因为之前传统的盈余管理只是借用了会计上的权责发生制手段，在会计准则的许可范围内对会计政策作出不同的选择（比如提高应收账款的坏账计提比例、增加固定资产折旧年限等），虽然也会对市场发送非积极的信号，但还是属于合法合规的范围。就如避税的合法性与逃税的非法性一样，应计盈余管理本身并不触犯法律，斯科特等甚至还认为它具有良性的一面（Good Side）。但因为真实盈余管理的出现，盈余管理一旦超越合法的限度，就会走向盈余操纵。

盈余操纵（Earnings Manipulation）是与盈余管理意义相近但性质又完全不同的一种非法行为，因为它不再是对盈余作出的一种调节性“管理”，而是对盈余作出的一种赤裸裸的“操纵”。盈余操纵基本上是恶意行为，包括无中生有、篡改证据、制造假账、利用虚假信息操纵股价等，同时盈余操纵还使用大量的非会计手段，已不再是简单的会计行为。最近 10 多年来美国发生的“安然事件”“世界通讯事件”，以及我国发生的“银广夏”“蓝田股份”“康美药业”等事件，均是典型的盈余操纵与财务造假案件，是应该坚决反对和制止的。

然而，因为真实盈余管理的出现，使得盈余管理容易滑向盈余操纵的边缘，因此，从监管层的角度看，无论是盈余管理还是盈余操纵，两者的界限经常难以清楚划分，都会给证券市场带来许多非理性因素，为其健康发展埋下隐患，所以在总体原则上对盈余管理都持不支持的态度。正因为如此，会计理论界也有学者将盈余管理看成是操纵行为。例如，Goel 和 Thakor（2003）认为盈余管理是一种欺诈性的行为，属于会计造假。陆正飞等（2008）认为盈余管理是上市公司为了特定的目的而对财务报表进行操纵的一种行为。

（4）盈余管理的动机。

从20世纪80年代开始，中西方大量文献研究了盈余管理的各种动机。主要包括契约动机、资本市场动机、迎合政治与监管动机、避税动机等。

Healy（1985）发表的《奖金计划对会计决策的影响》，是最早对盈余管理的契约动机进行研究的论文。Healy 观察到，在进行盈余管理前，公司管理人员拥有外部利益集团甚至是董事会都可能无法准确了解到的关于公司净收益的内部信息。为了使其在公司薪酬计划中的奖金最大化，公司管理人员会对净收益作出管理。

1986年出版的第一部《实证会计理论》的两位作者瓦兹和齐默尔曼（Watts 和 Zimmerman）从经理人机会主义的视角提出了著名的关于实证会计理论的三大假说，即管理人员会遵从自身利益的最大化来选择会计政策：（1）分红计划假说，即在其他条件相同的情况下，在实施分红计划的公司中，管理人员更有可能选择将报告盈余从未来期间转至本期的会计程序；（2）债务契约假说，即在其他条件相同的情况下，公司越有可能违反基于会计数据的债务契约，其管理人员就越有可能选择将报告盈余从未来期间转至本期的会计程序；（3）政治成本假说，即在其他条件相同的情况下，公司的政治成本越高，其管理人员就越有可能选择将报告盈余从本期递延至未来期间的会计程序。实际上，管理人员因分红（即奖金）、债务契约及政治成本的考虑而作出的会计程序选择，恰好也就是盈余管理三个方面的动机。这三大实证会计假说，日后也被大量的研究文献所证实。

斯科特（1997）在讨论盈余管理的动机时，首先从契约动机出发，将契约分为显性契约（Explicit Contracts）与隐性契约（Implicit Contracts）两类。前者包括薪酬契约与债务契约；后者虽不是正式契约，却产生于公司与利益相关者（如雇员、供应商、贷款人、客户等）之间的持续关系，并代表一种基于过去商业交易的预期行为。无论是显性契约还是隐性契约，都可能成为盈余管理的动机。接着，斯科特还从满足投资者的盈余预期、维护管理者声誉以及首次公开募集资金（IPO）等资本市场的角度，讨论了盈余管理的其他动机。

在国内，近 20 年来也有不少文献从 IPO 募集资金、增发、配股、ST 公司保壳、管理层激励、税务筹划、迎合监管规定等角度，多方面论证了盈余管理的动机，取得了丰硕的成果。例如，蒋义宏（1998）从我国上市公司为了获取配股资格，以及为避免公司出现连续亏损导致公司股票被摘牌等角度，研究了上市公司可能会进行财务包装的盈余管理动机。陆建桥（1999）从上市公司亏损前后年度的数据出发，运用实证分析方法，对我国上市公司有亏损现象的盈余管理行为进行检验，结果发现，上市公司在出现亏损前后及其出现亏损当年有盈余管理的行为。吴联生等（2007）从避免亏损的角度对企业盈余管理进行了研究，实证研究结论显示，非上市公司虽然没有像上市公司那样面临资本市场的压力，但仍有进行盈余管理的动机，以防止公司出现亏损现象。但是，对于上市公司而言，进行盈余管理的程度和频率都会更大和更频繁。

（5）盈余管理的两面性。

虽然众多学者研究了盈余管理的各种动因，但最根本的原因还是在于信息不对称造成的内部人代理问题。一些学者进一步得出了盈余管理产生的两个基本条件：一个是“契约摩擦”（Contracting Frictions）；另一个是“沟通摩擦”（Communication Frictions）。并认为，如果委托人与代理人之间没有契约摩擦，他们之间的沟通也是完全透明的话，委托人可以掌握并使用充分信息，盈余管理也就不可能发生。

虽然现在大多数观点认为，盈余管理助长了公司管理人员“机会主义”的倾向，使他们具有滥用会计准则的可能，并会导致对公司持续盈利能力的高估，给市场投资者造成决策误导，但 Demski 和 Sappington（1987，1990）、Subramanyam（1996）等人的研究均发现，市场对可操纵应计项目作出了积极的反应。斯科特（1997）总结了盈余管理具有三个方面的好处：首先，当契约具有刚性和不完备时，管理人员可以利用盈余管理对未预期的状况作出灵活反应，使更有效率的契约成为可能，从而降低契约的不完备性；其次，盈余管理可以作为一种减少沟通摩擦的工具，鼓励管理人员向市场传递内部信息；最后，可以为有效证券市场和实证会计理论的有效契约观提供证据，说明在市场有效的情况下，理性的投资者越有能力识别盈余管理的信息。

综上所述，盈余管理的研究成果告诉我们，盈余管理现象从根本上来说，来自于现实世界广泛存在的信息不对称。只要处于非理想化的资本市场，经济学家眼中的“真实收益”（True Income）就不可能存在。而现实中的公司盈余，一方面是现行监管制度和会计准则下的产物；另一方面也是公司内部人与外界监管机构、大众媒体、广大投资者博弈的结果。在会计准则具有政策弹性的情况下，应计盈余管理就不可避免；而在缺乏内部人监管及约束的情况下，逆向选择与道德风险就会时常产生，公司内部人为了达到获取私人利益的目的，就有可能进行真实盈余管理甚至财务造假。因此，从制度层面，加强对公司财务报告的监管，进一步完善会计准则，缩小公司自有选择会计政策的空间；在市场层面，鼓励上市公司充分披露，促进信息透明，并增强投资者对盈余管理行为的判别能力，这一切都是很有必要的。在我们的保荐人制度研究中，完全可以预料的是，公司为了在资本市场发行股票并且实现 IPO 上市，一定程度的盈余管理必然会存在，这也是不少公司上市后随即发生“业绩变脸”的重要原因之一。虽然在公司 IPO 项目中存在保荐人的督导，但在保荐人不够勤勉尽职的情况下，一则保荐人可能会对公司的盈余管理行为监督不力，产生疏忽和松懈；二则保荐人作为经济人，其本身也有可能为谋取私利而参与公司的盈余管理甚至盈余操纵。因此，在本书后面的研究中，我们将探讨并验证保荐机构及保荐代表人在公司 IPO 前后与盈余管理的关系，为加强监管提供经验证据。

3.3 文献综述

前已叙及，在我国目前保荐业务的实际操作中，保荐人与承销商几乎都由同一家证券公司来担任，因此研究保荐人制度时就不可能撇开承销商的影响。相反，现有涉及承销商的研究，许多相关文献都可以为研究保荐人制度提供参考和借鉴。以下综述的文献主要集中于可能影响证券发行上市的承销商声誉、承销商行为等方面。

3.3.1　关于承销商声誉及其影响的研究

就承销商的研究而言，承销商声誉无疑是学术界最为关注及探讨最多的一个话题。既有文献围绕着承销商的声誉是否存在、如何建立，以及承销商声誉如何影响证券发行企业的 IPO 定价、上市公司质量、承销商费用等问题展开了相应的研究。

（1）承销商声誉的存在性及形成机制。

Chemmanur（1994）提出了关于承销商声誉的经典模型。该模型主要解释了为什么承销商的声誉能够在 IPO 市场中发挥信息认证的作用。研究认为，投资者能够通过承销商过去在行业中的历史业绩对其声誉进行考察。因此，承销商为了建立和维护良好的声誉，必须在其执业过程中制定严格的标准，并一直遵照标准执行。

Pure（1999）的研究对此观点进行了验证。他的研究发现，声誉良好的承销商有更高的积极性对其声誉进行维护，这体现在拥有良好声誉的承销商在对 IPO 公司的价值进行评估时会采用更加严格的评估标准，因而其负责的发行公司的信息更加真实可靠。在这样的机制背景下，高声誉的承销商承揽的证券发行业务通常质量较高，所以承销商的声誉能够作为一个发行公司质量的信号传递给投资者，成为投资者判断企业质量的标准。

结合我国的市场环境，我国学者对中国市场上承销商声誉是否存在也进行了有关研究。例如，张维迎（2001）认为，我国证券市场中并不存在明显的声誉机制。他从管制角度分析了声誉机制缺失的原因，认为监管机构管制过多加大了证券市场的不确定性，带来了垄断和寻租等腐败行为，这些行为扭曲了市场投资者的预期，从而削弱了声誉的作用。由此，他提出，在我国证券市场上建立起有效声誉机制的关键是放松管制以及对企业产权进行改革。何剑（2009）则采用了实证研究的方法，对 1332 家我国证券市场建立以来到 2005 年底成功发行新股的上市公司进行了研究，考察了在证券市场建立初期、审批制阶段、通道制阶段以及保荐制阶段中承销商与 IPO 抑价的关系。他的研究发现我国市场上承销商声誉的确会影响 IPO 抑价。另外，承销商和证券咨询机构对 IPO 新股的宣传同样能够影响 IPO 抑价。同时他还指出，声誉良好的承销商能够缩短上市等待时间。

然而，随着我国资本市场的逐渐发展，市场行为日益规范，越来越多的文献证明，声誉机制在我国资本市场不仅存在，而且发挥的作用也日益明显。王雄元和高开娟（2017）探讨了大客户在公司债发行定价中的作用以及承销商的调节效应。研究发现：第一大客户销售占比与公司债发行价差显著正相关，说明大客户对公司债发行定价具有风险效应。这种效应主要体现在承销商市场排名较低、承销费率较高、非承销团承销、承销商分类评级较低以及承销商不同时承销 IPO 组，说明承销商声誉能抑制大客户对公司债发行定价的风险效应。

陈运森和宋顺林（2018）首次利用证监会处罚事件作为声誉受损度量，系统地检验承销商声誉机制的有效性。结果发现当承销商声誉受损后：（1）其之前承销的关联公司有显著负向的市场反应；（2）其之后承销的 IPO 项目过会率显著降低；（3）其在 IPO 环节的市场份额明显下降、所承销客户再融资时更可能更换承销商。其研究结论支持了“资本市场诚信数据库”，对即将推行的强调市场声誉的注册制改革有重要启示。

（2）承销商声誉与 IPO 抑价的关系。

早在 1973 年，Logue（1973）就对证券承销商声誉与首次公开发行绩效的关系进行了检验。Baron（1982）提出，相较发行人，承销商更加了解资本市场和发行定价的制定，因此，在承销商、发行人和市场投资者的博弈中，发行人的选择是将发行定价权交给承销商。由于承销商缺乏对发行公司的有效监督，承销商为保证发行成功以及为其自身建立起良好的声誉，更倾向于选择采用抑价的方式进行股票发行。

Booth 和 Smith（1986）则提出了承销商声誉在缓解发行公司与投资者信息不对称当中的作用。他们指出，承销商作为证券发行中发行公司与投资者之间的第三方，要向投资者传递有关发行公司的内部信息，必须以其良好的声誉作为基石。承销商要发挥其认证中介功能，缓解发行公司以及投资者之间的信息不对称，都要以其声誉作为前提条件。由于一般观点普遍认为发行公司与投资者之间存在的信息不对称是导致 IPO 抑价的主要原因，所以能够对信息不对称水平产生影响的承销商声誉和 IPO 抑价之间必定存在着内在的联系。

Rock（1986）与 Carter 和 Manaster（1990）通过将投资者分为了解信息的投资者与不了解信息的投资者构建了关于证券承销商声誉与 IPO 抑价关系的模型，并得出了相似的结论：较高的 IPO 抑价是为了弥补市场中不了解信息的投资者所面临的更大的交易风险。Carter 和 Manaster（1990）认为 IPO 抑价越高时，投入市场中的了解信息的投资者越多，因为这些投资者获取信息需要一定的成本，如果他们不能从 IPO 中获取足够高的回报，则他们不会选择参与到投资中来。他们认为，高声誉的承销商意味着更多获取信息的活动，所以高声誉承销商的 IPO 首日超额回报较低。McDonald 和 Fisher（1972）、Logue（1973）、Tinic（1988）的研究也得出了类似的结论。

Beatty 和 Welch（1996）却从另一个角度提出了观点。他们提出，以上的理论都有一个基本的前提条件，即承销商与发行人之间不存在利益冲突，两者的利益相一致，然而事实并非如此。

发行定价较高会增加发行失败的风险，这可能会降低承销商声誉，是承销商所不愿意承担的。发行定价较低则会减少发行公司融资的金额。因此，在发行定价问题上，承销商和发行公司之间存在着利益矛盾。尤其是当承销商在发行活动中不够努力，或是承销商为特定投资者谋取利益时，发行公司与承销商之间的矛盾就更加明显。而在这个发行公司与承销商的博弈之中，哪方能胜出则取决于两者之间谈判能力的较量。当发行公司是一个新企业或是一个规模较小的公司时，它们处于谈判中的弱势地位。尤其是当它们与声誉高的承销商进行合作时，承销商就占据了谈判中的优势地位，他们会尽可能地保证发行成功，从而使得 IPO 抑价程度相对较大。同时，承销商也能通过压低股票发行价格，将财富从发行公司转移到与其有长期合作的特殊关系的投资者。在他们的分析中，承销商的声誉与 IPO 抑价之间的关系为正相关关系，因为承销商更倾向于高抑价发行。这种观点也得到了 Logue et al.（2002）的支持。

我国另有学者则认为，承销商声誉与 IPO 抑价无关。刘江会（2004）通过对我国 A 股市场上 1994 年至 2003 年上市的公司进行研究，实证检验了我国市场上承销商声誉和 IPO 抑价水平之间的关系。研究结论表明承销商声誉和 IPO 抑价水平虽然表现出了负相关关系，但是并不显著。这说明无论以上两派学者的哪一种观点，在我国证券发行市场上都得不到证据支持。

田嘉和占卫华（2000）也通过实证分析研究了我国 IPO 承销商声誉与 IPO 抑价之间的关系。同样的，他们的实证研究结果也并未能支持承销商声誉和 IPO 抑价之间呈负相关关系的观点。与张维迎（2004）的观点类似，他们也认为我国发行市场上所采用的计划经济管理方式以及过多的政府干预是导致我国承销商声誉与 IPO 抑价关系出现扭曲的重要原因。郭泓和赵震宇

(2006) 同样采用实证研究的方法，考察了承销商声誉对我国上市公司的 IPO 定价、初始回报以及长期回报的影响。他们的研究结论表明，无论是在自由定价还是管制定价的机制当中，承销商声誉都只对 IPO 公司的长期回报有显著影响，而不会影响公司的 IPO 定价和初始回报。具体来说，承销商的声誉与 IPO 公司的长期回报正相关。邢星宇（2010）以我国 2005—2008 年沪深两市首次公开发行的上市公司作为研究对象，考察了包括上市公司所属的行业类别、公司总股本规模、流通股本规模以及负责发行的主承销商声誉在内的各项因素对 IPO 抑价的影响。结果表明，公司所属的行业类别以及主承销商声誉并不会显著影响 IPO 抑价，但是限售股对新股发行定价有显著影响。郭海星等（2011）从信息不对称理论的角度出发，研究了我国创业板市场上承销商声誉与 IPO 定价的关系。他们的研究结论也认为，我国证券市场上的声誉机制存在着一定的缺陷，因而无法对承销商的机会主义行为起到有效的约束作用。承销商的机会主义行为带来了发行公司与承销商之间的利益趋同，这导致我国市场中的承销商无法完全发挥其作为独立第三方的认证作用，难以降低发行公司和投资者之间的信息不对称程度，从而降低了创业板市场上新股发行的定价效率，使新股发行价格偏离了上市公司的内在价值。

另一方面，也有学者发现了承销商声誉和 IPO 抑价关系的实证证据。徐浩萍和罗炜（2007）从“事后的” IPO 抑价、投行市场份额的增长和发行公司质量等多个角度检验了中国投资银行声誉机制的有效性。他们采用了上市公司会计业绩的“变脸”率作为投资银行执业质量的替代指标，并从投行执业质量以及市场份额两个维度来衡量主承销商的声誉，研究其对 IPO 抑价的影响。他们首先单独对投行执业质量和市场份额的影响进行了分别考察，并未发现这两项指标对 IPO 抑价的显著影响。但当他们检验这两项指标的交互作用时，则发现了承销商声誉能够显著影响 IPO 抑价。

邵新建等（2013）同时考虑了投资者情绪因素的影响。他们的理论分析认为，由于我国采用的是 IPO 询价体制，承销商在遇到投资者情绪过度乐观的情况时，最佳方案是利用这种过度乐观的情绪抬高发行价格，由于承销费用往往与融资金额成正比，此时他们能够最大化收取承销费用以实现其利益。他们同时通过利用强制披露的询价机构网下全部报价数据，对他们提出的这种询价制下承销商选择新股发行定价的机理进行了检验。检验结果表明，承销商选择的发行价格显著高于机构报价形成的股票需求曲线，这支持了他们的理论。同时他们发现，承销商声誉能够在一定程度上抑制这种拔高新股发行价格的行为。

龚光明和田源（2016）利用我国创业板 2009—2015 年上市公司数据，在区分一级和二级市场的基础上，实证检验了风险资本、承销商声誉对 IPO 定价效率的影响。研究发现：一级市场上风险资本持股比例能显著削弱 IPO 定价效率，说明在我国追求“声誉假说”比“认证假说”对 IPO 定价效率的影响更大，而这一关系在二级市场中并不成立；一级市场上风险资本的声誉越高，IPO 定价效率越高，而二级市场上的结论则相反；一级市场上高声誉的承销商能削弱风险资本持股比例与 IPO 定价效率之间的负相关关系，但二级市场上并没有得到类似结论。总之，风险资本和承销商声誉对 IPO 定价效率的影响在一级和二级市场上不同，这一结论有助于我们更好地理解创业板一级、二级市场的定价效率。

吴继忠和莫忆微（2017）针对我国证券市场异常突出的高 IPO 抑价率问题，以 2009—2015 年在中小板上市的 214 个私募股权投资基金支持企业的数据为样本，探讨了股权结构与中介机构声誉对IPO抑价率的影响作用。实证结果表明，第一股东持股比例与抑价率呈现显著的倒“U”形非线性关系，主承销商声誉与抑价率显著负相关，而会计事务所声誉、律师事务所声誉、第一私募机构声誉及持股比例、董事会持股比例、高管持股比例、第二大股东至第十大股东持股比例之和、流通股持股比例与抑价率并没有显著的相关性。

张学勇等（2020）以我国被发审委拒绝后重新申请上市（IPO）的公司为研究对象，借助2004—2017年A股市场上市公司数据，考察重返IPO的市场表现。理论研究表明，重返IPO可以通过更换声誉更高的承销商来降低信息不对称程度，从而有利于公司成功IPO，降低IPO抑价率，提升公司上市后股价的长期表现。实证研究显示，与首次申请IPO公司相比，重返IPO公司的抑价率、超募比例、首日换手率及投资者意见分歧程度更低，长期股票回报率更高，表明重返IPO公司的信息不对称程度有所降低。进一步研究发现更换声誉更高的承销商是重返IPO公司缓解信息不对称问题的重要途径，这与理论研究相符。此外，在核准制下首次IPO时因实质审核类问题被否决的公司，倾向于借助有政治关联的承销商来成功重返IPO，但并没有降低信息不对称程度，这折射出推行注册制的必要性。

通过以上研究文献可以看到，虽然承销商声誉与IPO抑价之间关系的研究结论目前尚未取得统一，但随着我国资本市场的进一步发展，承销商声誉机制的作用逐渐得到显现，并被越来越多的实证研究所证明。

（3）承销商声誉与承销费用的关系。

一般认为，一级资本市场上，承销商收取的新股承销的服务费用会直接受到其声誉的影响。相对其他承销商，高声誉的承销商不仅能够吸引更多的IPO承销业务，也能够帮助提高其承销的新股在投资者心中的价值预期，使其更加畅销。所以，承销商有动力保持和提高承销服务与保荐服务的质量，使其在投资者和融资方心目中都维持良好的形象。承销服务费用与承销商声誉之间的关系也是学术领域颇受关注的话题。

然而与前述理论不符的是，实证检验发现，市场上存在高声誉承销商收取的承销费低于低声誉承销商的异象。如 Fang（2005）采用实证研究的方法，在控制了包括发行规模、发行难度、发行企业的特征、发行时机等因素后，检验了证券承销商声誉与其收取的承销费用之间的关系，发现证券承销商的声誉与服务费用之间呈负相关关系。该现象可以由 James（1992）的理论进行解释。James（1992）研究了承销商和上市公司之间的专用性关联资产对承销费用的影响。他采用了分析式方法，通过模型说明了专用性关联资产的存在降低了进行再次发行股票即 SEO 的上市公司在 IPO 过程中支付的承销费用，从而解释了高声誉承销商收取的承销费用反而低于低声誉承销商的异象。

除此以外，也有学者得出了不同的实证结果。如 Krigman et al.（2001）发现承销费用与承销商及其分析师的声誉并无显著关联。Chen 和 Ritter（2000）的研究也证实了这一点。

（4）承销商声誉的其他影响研究。

还有一些研究关注了承销商声誉的其他方面。

Beatty 和 Ritter（1986）的研究指出，声誉较高的承销商在选择 IPO 业务时，出于维护其自身形象的考虑，往往会选择更加安全的 IPO 项目。因此，风险较大的发行公司只能选择声誉相对较低的承销商。但是随着时间的推移，该现象逐渐出现了变化。Carter et al.（1992）分别研究了 20 世纪 80 年代与 90 年代之后的 IPO 公司以及承销商。他们发现，Beatty 和 Ritter（1986）所指出的现象仅发生在 20 世纪 80 年代中。在此期间，有声望的投资银行主要通过选择更加安全的发行项目来维护其声誉，声誉较低的投资银行则倾向于选择更多风险较大的项目。然而在90年代后，高声誉的投资银行所选择的发行公司与低声誉的投资银行所选择的发行公司之间的显著差异逐渐消失了。

我国学者针对中国市场的研究则发现了相反现象。金晓斌等(2006)采用构建投资银行声誉模型的方式，分析了投资银行所承销的IPO业务质量与IPO抑价之间的关系。同时他们也采用了实证检验的方法对相关结论进行了实证检验。他们的实证结果表明，1999年之前，投资银行声誉与其承销的IPO项目质量之间并未表现出显著的相关性。但是在1999年之后，有声望的投资银行承销的IPO项目质量显著优于其他的投资银行。进一步的研究表明，投资银行的声誉主要取决于其综合竞争力，投资银行所承销的发行公司总资产规模与其声誉显著正相关。另外，他们也发现，IPO上市后五日的回报率并不受到公司业绩的影响，而是主要取决于上市公司规模、发行比率、中签率、上市地点、上市时间以及新股定价的管制程度等因素。他们的研究结果还显示，我国对发行市盈率的管制不仅没有提高IPO抑价，反而使其有所降低。

刘江会等（2005）利用我国证券市场的数据，对承销商声誉与IPO企业质量之间的关系进行了实证检验。他们的研究表明，在我国的证券发行市场中，认证中介理论和Chemmanur(1994)模型所提出的承销商声誉与IPO公司质量之间所存在的正相关关系在我国市场上并不成立，所以投资者无法以承销商声誉作为发行公司质量的信号对发行公司进行识别。他们认为承销商的这种认证中介职能的缺失是导致我国IPO市场严重的信息不对称以及投资者逆向选择行为问题的重要原因之一，这也使得我国IPO市场上充斥着大量低质量发行企业。他们提出，监管机构应该通过市场化 IPO 企业的筛选机制以及承销费用，改善保荐代表人制度，促进承销商股权结构多元化和分散化等方面来应对我国 IPO 市场上目前存在的这种承销商认证中介职能缺位的问题。

Dunbar（2000）针对承销商声誉、IPO 抑价和承销商市场份额三者之间的关系进行了研究。他指出，有声望的承销商在发行公司的市场价值评估以及了解投资者意愿方面能够起到良好的信息中介作用。相对于低声誉的承销商，高声誉的承销商能够更准确、全面地利用信息来确定发行价格，因此，其所确定的发行价格会更接近市场均衡价格，IPO 抑价水平更低。由于发行公司在发行定价较高时能够筹集到更多的资金，因此，为了发行公司的自身利益，他们更愿意选择有声望的承销商进行承销，这就使得有声望的承销商能够在市场上获得更高的市场份额。由此，Dunbar（2000）提出，市场份额能够作为承销商声誉的一个显性替代指标。

黄春龄（2007）则运用了案例研究的形式，对“麦科特事件”进行分析，并解释了证券监管对承销商声誉资本的影响。其研究认为，证券监管会影响目标承销商未来的市场份额，从而给承销商的声誉带来负面影响。但成熟市场上显示的承销商声誉和 IPO 客户声誉的关联性在本文的案例分析中没有得到验证。作者认为我国证券监管在信息传递方面的缺陷以及投资者对承销商声誉的不关注，导致监管行动对承销商声誉的间接惩罚效应不足。作者的另一篇文章（黄春龄和陈峥嵘，2007）则对 IPO 市场承销商声誉机制的形成机理进行了实证检验。该研究提出，虽然我国 IPO 市场上承销商声誉机制已完成了初步累积阶段，但尚欠缺明朗的分化，承销商声誉机制仍然有待进一步完善。

于富生和王成方（2012）研究了 IPO 公司的承销商声誉对

审计师选择的影响，并发现，承销商的声誉越高，IPO 公司越倾向于选择高审计质量的审计师，且这种关系主要体现在国有企业中。

吴超和薛有志（2017）以 2009—2014 年 IPO 公司上市前信息市场为研究对象，研究了公司上市前一年媒体报道与 IPO 首日换手率之间的相关关系。结果发现媒体关注度会显著正向影响 IPO 首日换手率，但该状况仅在承销商声誉较低时适用，当承销商声誉较高时这种相关关系会被高声誉的承销商所释放的强信号所减弱。

毕金玲和成艳丽等（2017）试图构建承销商声誉、定增折价与公司业绩之间的一个理论框架。研究发现，承销商声誉与定增折价之间存在反向关系，并且大股东参与定增能够强化二者之间的反向关系；同时承销商的鉴证效应进一步表现在定增后公司业绩表现上，承销商声誉与公司业绩之间存在正向关系。该研究结论有助于投资者和上市公司从承销商声誉的视角更深入地理解定向增发问题，也为新兴市场中定向增发的监管提供了新的视角。

柳建华等（2017）以 2001—2011 年处于中国制度环境下的 IPO 公司为样本，考察了券商声誉与 IPO 公司盈余管理之间的关系。研究发现，券商声誉越高，其所承销 IPO 公司的盈余管理程度也就越高，但券商声誉与 IPO 公司盈余管理程度之间的正向关系只有在投资者法律保护较差的地区才显著。进一步研究还发现，高声誉券商纵容或协助 IPO 公司盈余管理的重要动因在于获取更高的经济收益。尽管高声誉券商确实能够降低 IPO 公司的抑价率，但这是通过提高 IPO 公司盈余管理程度的途径来实现的。本文的结论表明，要使我国资本市场中的券商声誉机制发挥作用，还需要大力提高券商机会主义行为所面临的法律风险。

3.3.2 关于承销商托市行为的研究

承销商托市行为是承销商研究的另一个热点主题，涉及承销商托市的动机及效果等多个方面。

Carter 和 Manaster（1990）认为托市有利于提高承销商的声誉，并能建立固定良好的客户关系。Ruud（1993）、Tinic（1988）、Carter et al.（1998）也持有相同的观点。他们认为，承销商一般通过空头头寸投标惩罚和超额配售权的选择等方法从事稳定价格活动。Ruud（1993）通过对 1982—1983 年美国股市的 463 只新股进行的估计，发现初始收益率分布呈右偏态（偏度大于零），在零收益率左边的分布似乎给人为地截去了。但是随着上市时间的延长，右偏态的情况逐渐减弱，在第四周，收益率分布趋近于正态分布。在分析 IPO 市场存在明显系统性的 IPO 首日抑价问题时，Ruud（1993）首次从新股上市后的交易价格的角度，逆向观察了新股的高初始收益率问题。他认为承销商的价格支持可能导致 IPO 首日平均收益的分布发生偏移，这就意味着以前学术界假设承销商故意抑价的假定可能存在问题。

Aggarwal 和 Wu（2003）的研究则发现上市后的托市行为不明显，即便是常用的空头回补刺激需求，通过惩罚抛售股份等稳定价格的行为也没有得到实证的支撑。超过半数（22 笔交易）的 IPO 案例中，持有平均 10.75% 空头仓位的承销商，在上市后的 16.6 天内就进行了回补，承销费损失了 3.61%。

Muscarella 和 Vetsuypens（1989）、Barry et al.（1991）及 Chowdhry 和 Nanda（1996）均认为承销商稳定价格的行为是新股抑价发行的替代方式。其中 Muscarella 和 Vetsuypens（1989）实证证明了抑价和托市行为的替代关系。Barry et al.（1991）则认为用承销商托市的方式来防止投资者的毁约行为，只是针对于规模小、风险大的股票。Chowdhry 和 Nanda（1996）认为承销商托市行为是作为抑价的替代方式，来提高不知情投资者对一级市场申购的参与激情，这种办法比抑价更有效率。他们还指出，在新股发行的旺季，保持损失准备金的成本更大，因此，承销商在二级市场的旺季期间托市力度较小，但抑价的程度则较大。

在我国学者的研究中，徐文燕和武康平（2001）认为承销商托市是影响新股发行抑价的重要原因，也是保证资本市场健康运作、保护投资者利益的关键。通过建立股市的收益率偏度模型，他们证实了沪市中承销商托市的存在，发现了托市的行为模式、主要托市对象，并分析了托市对股市的影响，为我国新股抑价提供了解释依据。黄鑫和沈艺峰（2002）以 1999 年在深市和沪市发行并上市的 91 家公司为样本，研究上市后 20 个交易日的收益率分布情况，发现 A 股市场的新股上市首日收益率明显存在正的偏态分布，一段时间之后，收益率分布近似正态。由此作者认为，应从新股发行上市过程中各个参与者（如发行企业、承销商以及投资者）的行为及其背后的动机来解释我国股票发行和市场高抑价现象，并根据承销商自利性特征得出了新股上市后承销商存在托市动机的结论，认为新股初始收益率过高的现象就是其托市行为的表现。他们还认为我国的承销商托市的价格一定高于发行价，与国外发现的托市价格为发行价的研究结果不同。

谢赤和康萃娟（2005）认为 IPO 发行后承销商存在对新股托市的行为，并对其托市动机进行了分析，通过股票市场交易数据证明存在 IPO 新股发行后的托市情况。范小勇等（2005）运用博弈理论分析了托市行为的内在机理，证明托市是承销商与投资者均衡策略的必然结果。这一结论表明，证券监管层应积极面对事实上已经存在的承销商托市问题，建立相应的信息披露制度和操作规范，防止承销商的价格操纵，发挥托市对稳定证券市场价格、增强市场流动性的积极作用。

潘越等（2011）搜集了新股上市一年之内的分析师报告数据，并考察我国承销商利用分析师报告进行托市的行为特征以及投资者对于承销商分析师具有托市性质的报告的市场反应。他们的研究发现，承销商会利用乐观但又带有偏颇的分析师报告为市场表现不佳的新股进行托市。同时他们还发现，声誉机制在新股解禁期后才能有效约束承销商利用分析师报告托市的利益冲突行为。另外，市场投资者总体上能够识别承销商的托市意图，并对承销商分析师报告的系统偏误进行自我调整。

3.3.3 其他相关的研究文献

除了以上讨论承销商声誉及承销商托市行为的研究文献之外，还有其他一些研究文献也与承销商同时也与保荐人的行为有关。

胡淑娟（2007）运用博弈论分析了 IPO 市场各利益相关者在定价过程中的行为，用各个利益相关者可能的行动作为策略空间，构建了不同状态下的支付函数，讨论了在定价过程中各个利益相关者的行为是否存在一个均衡解。最后作者认为市场中的不正当行为是由于政府进行监督的成本比较高，而处罚的力度又相对较小造成的，在这种监管环境下对提供虚假信息者没有威慑作用。

詹欣等（2009）对拥有配股权的承销商和两种极端报价的询价对象在询价过程中的博弈行为进行分析，建立了一个动态的博弈模型。作者根据该模型，寻求配股权对 IPO 定价的影响程度，并讨论了抑价率水平目标和询价区间之间的均衡关系。他们认为，通过赋予承销商相应的配股权，剔除在询价过程中询价对象的极端报价，可以达到特定的抑价率水平，从而提高询价效率。

林珊（2010）对我国创业板市场的新股的高价发行现象进行了研究，将 IPO 新股定价过程分为两部分，一是确定合理的估值模型，二是选择合适的发行方式来体现市场的供求，并最终确定价格。在此基础上，根据股票发行的程序和发行时各方的行为选择特点，建立了动态的不完全信息博弈模型，并以之为创业板新股高价发行的解释基础。基于此，作者分析了监管者和上市公司之间的混合战略纳什均衡，并针对创业板新股定价提出一些建议。

原红旗和黄倩茄（2007）以 2003—2004 年进行上市融资的公司为样本，考察券商承销业务对证券分析师独立性的影响。他们发现承销商分析师普遍比非承销商分析师更乐观，承销商分析师的盈利预测和投资评级均显著高于非承销商分析师；承销商分析师并没有因为拥有信息优势而作出比非承销商分析师更准确的预测，相反，由于与承销商有较大的关联性，其过分乐观的盈利预测误差显著大于非承销商分析师；承销商分析师的意见对非承销商分析师产生的影响较大。

刘钰善和刘海龙（2009）认为，新股询价发行中如果没有对配售权的限制，承销商和关联机构投资者有可能利用自由配售权和信息不对称进行市场操纵。他们研究了承销商和关联投资者如何在 IPO 累计投标询价过程中进行策略性配售并在二级市场中实施交易操纵，用逆推法求出操纵的混同均衡解，分析了混同均衡操纵存在的条件并考察了各个因素对操纵存在的影响，发现当新股未来可能的价值差异足够大时不存在操纵，而当价值差异较小时可能存在操纵，且操纵存在的概率与未来价值较高的概率、关联投资者长期持股成本、动量交易者数量以及承销商从关联投资者处获取的提成比例正相关，与操纵者进入市场的先验概率、流动性交易者申购量对发行价的敏感度、市场价格对需求量的敏感度、承销商从发行公司处获得的佣金比例以及发行规模负相关。

除此之外，也有学者将 IPO 过程中会计师事务所的特征与承销商相联系。在 IPO 市场实施保荐人制度后，保荐人（承销商）需要核查律师和会计师的工作并作实质判断，这是证监会在制度设计方面进行的监管转移。在这种制度下，保荐人不仅需要认真完成对上市企业的尽职调查，还要更慎重地选择专业会计师事务所和律师事务所等相关中介机构，责任的加重使承销商不仅会慎重选择上市发行人，也会敦促发行人慎重选择会计师事务所等中介机构。

尹蘅（2006）认为，在 IPO 市场上，承销商在很大程度上要依靠会计师事务所的工作，有较高声誉的会计师事务所会减少承销商的风险。会计师事务所的声誉机制如果发挥作用，效果之一便是如果企业聘请了高声誉的会计师事务所，承销商所收取的费用将会减少。但是，其实证研究并不支持这一推论，因此该文认为，在我国会计师事务所声誉机制并未发挥作用，IPO 市场的效率较低。

3.3.4 文献评述

Yong（2007）在对亚洲国家有关 IPO 的研究综述中指出，亚洲国家以往的大部分研究主要集中在发行抑价以及相关的影响因素上。在 IPO 的长期表现方面，亚洲国家与美国的差别很大。总体来说，亚洲国家对 IPO 的研究，尚处于初级阶段。由于我们的研究主要针对的是国内 A 股的 IPO 保荐业务，因此仅对国内 IPO 市场中承销商行为研究中存在的不足进行分析。

首先，从国内实证文献的研究成果来看，无论是采用 Rock 模型、信号模型还是承销商风险规避假说，都很难准确解释我国股市 IPO 的高抑价现象。并且，究竟是“抑价”还是“溢价”，也需要有一个客观标准加以衡量。从现实情况来看，我国 IPO 制度的改革比较频繁，极大影响了 IPO 发行定价及首日收益率。因此，对我国 IPO 过程的抑价与溢价现象的研究仍需加大力量。

其次，国内对于 IPO 市场的承销商行为研究主要依据的是西方资本市场理论，处于效仿套用阶段，自身的研究创新不足。大多数文献对国内市场环境、资本实际运行状况等考虑得不够充分，特别是对国内 IPO 市场的背景及市场深层机制的规律性还把握得不够准确，对主承销商承销心理定价策略的挖掘深度亦需加强。在部分文献中，还存在硬性套搬国外成熟的市场理论，忽视国内经济环境、国内股票市场运行特征的现象，以致于一些研究结论比较牵强，与实务界真实情况相去甚远。

最后，也是我们需要说明的重点问题，现有研究文献对于我国 IPO 中普遍施行的保荐人制度缺乏深入研究。尤其是对保荐人制度的实施成效，还缺乏采用有效的方法对其作出实证检验。由于在我国目前所有的 IPO 项目中，保荐人与承销商几乎均为同一机构，在进行研究时也很难将保荐人与承销商的作用加以区分。因此在过往的大多数研究尤其是在有关的实证研究中，都将保荐人和承销商混为一谈。前已叙及，从本质上来说，保荐人与承销商在 IPO 项目具有不同的职责分工，所需完成的使命也不同，保荐机构及保荐代表人是否能够如同保荐人制度所设计的那样，很好地发挥尽职推荐和持续督导作用，并有效提高 IPO 公司的定价效率，促使公司规范运作、信守承诺和信息透明，这一切都还有待于作出进一步的探索。

第4章 企业 IPO 中保荐代表人个人效应的存在性

4.1 引言

如前文所述，证券发行的保荐人制度自2004年起正式在我国内地实施后，该制度对于促进我国资本市场的健康发展，规范企业运作和信息披露，提高上市公司质量，保护投资者利益，均发挥了积极作用。为规范证券保荐行为，证监会于2003年12月发布了《证券发行上市保荐制度暂行办法》（简称《保荐暂行办法》），后被证监会2009年4月发布的《证券发行上市保荐业务管理办法》（简称《保荐管理办法》）所取代。2005年我国在修订《证券法》时，第一次将保荐人制度的相关条款写入法律，提高了该制度的法律地位。2019

年底为配合证券发行的注册制改革，我国对《证券法》再次做出修订，但依然保留了保荐人制度的相关条款。这表明保荐人制度一时不会被取消，科创板等新兴市场或许更需要保荐人的专业服务而获得更大的发展空间。

在我国证券保荐事业获得较大成功的同时，不可否认，保荐人制度受到的批评和争议也一直不断。这里既有制度本身需要根据证券发行改革的推进而不断加以完善的因素，也有保荐人制度在执行中存在的问题。主要包括保荐机构及其相应的责任人与发行人合谋图利、徇私舞弊、不勤勉尽职、违规违纪，以及出现“只荐不保”“荐后不督”等情况。有鉴于此，保荐人制度在历次修订中不断加强了对保荐业务的监管要求。从《保荐暂行办法》到《保荐管理办法》，再到《证券法》的有关修订，保荐人制度的发展主要体现在以下方面：一是《保荐管理办法》加强了对“保荐职责”的规定，要求保荐机构及其保荐代表人“恪守业务规则和行业规范，诚实守信，勤勉尽责，尽职推荐发行人证券发行上市，持续督导发行人履行规范运作、信守承诺、信息披露等义务”。二是《保荐管理办法》将对保荐机构中具体负责保荐业务的代表（即保荐代表人）从保荐机构中分离出来，将《保荐暂行办法》原第四条仅针对“保荐机构”作出的保荐职责规定，改成针对“保荐机构以及保荐代表人”的规定；同时《保荐管理办法》还专门增加了对保荐代表人“应当遵守职业道德准则，珍视和维护保荐代表人职业声誉，保持应有的职业谨慎，保持和提高专业胜任能力”，以及关于“信息保密”“独立”“客观”“公正”“杜绝非法或欺诈性行为”等职业操守方面的要求。三是在监管措施和违规处分上，《保荐管理办法》对保荐人自身违规以及因发行人违规应该承担的连带责任，区分保荐机构和保荐代表人两种责任主体，分别作出更严格和更详细的规定。因此，对保荐业务监管来说，总的倾向是更重视保荐代表人的作用，对其违规的处罚也更为严厉。

从保荐代表人制度自 2004 年实施以来的实际情况看，与保荐机构相比，保荐代表人通常也承担着更大的责任和风险。保荐代表人一旦发生违规行为，证监会对其处罚的方式包括将保荐代表人除名，或在一定期限内不让该保荐代表人继续受理项目。但保荐机构却经常免于处罚或者仅受到较强的处罚。例如，2010 年 8 月发生了首例篡改招股书的事件，华泰联合证券两位保荐代表人雷文龙、张邈成在武汉高德红外公司的 IPO 保荐项目中，未向证监会报告，擅自修改了招股说明书，受到证监会出具警示函的处罚。然而，雷文龙和张邈所在的华泰联合证券却没有因此而承担任何责任而遭受处罚。

与证券监管机构更加重视代表人的职责和责任不同，学术界对保荐代表人独特作用的研究却相对不足。既有文献在研究保荐人制度的有效性时，较多关注保荐机构或承销商声誉对 IPO 项目成效的影响，比如对过会率、过会时间长短、IPO 抑价、IPO 上市后业绩表现、盈余管理等方面的影响。虽然保荐机构的成就中也少不了保荐代表人的贡献，但对保荐代表人履职能力的发挥以及独自应该承担责任风险的研究却较少，缺乏这方面实证研究数据的支持。因此，本章拟研究的问题是，在企业 IPO 保荐项目中，在控制了保荐机构的影响后，保荐代表人是否具有其独自的个人效应？换言之，也就是保荐代表人在企业 IPO 过程中其边际个人效应存在性的研究。因为保荐代表人个人作用的发挥，又受到保荐代表人的个人素质、专业胜任能力、职业声誉等多方面因素的影响，这些因素也是保荐代表人的个人特征发挥影响的作用机制，因此在本章研究保荐代表人个人效应存在性的基础上，下一章还将进一步研究保荐代表人的个人特征又是如何影响企业

IPO 过程，尤其是对 IPO 抑价及后期业绩表现所产生的影响机制。

4.2 理论分析与研究假设

4.2.1 既有研究文献回顾

保荐人制度自 2004 年起在我国实施后，学术界和实务界对其发挥的作用毁誉参半。正面的观点认为，保荐人制度对股票发行市场各方面都作出了积极贡献。它营造了一种发行人、券商和投资者多方博弈的局面，为优质公司上市创造了更多的机遇，达到了其“规范证券发行上市行为，提高上市公司质量和证券经营机构执业水平，保护投资者合法权益，促进证券市场健康发展”的目的。但同时，保荐人制度是否真正行之有效，依然被许多人质疑。保荐人制度的研究先前大多集中在经验总结与理论探讨等方面，包括保荐人制度的引进和借鉴，中西方保荐人制度的比较，我国保荐人制度的沿革，我国保荐人制度的相关法律条文介绍和解读，保荐人制度实施过程中存在的问题及其纠正，我国证券发行制度改革对保荐人制度的影响，保荐人制度的未来发展等。在保荐人制度实施了一段时间且积累了较多经验数据后，这一领域的实证研究文献开始出现。相关的实证研究起先主要关注由我国证券发行制度的变迁（如审批制到核准制的变化）以及保荐人制度实施本身对我国新股发行定价效率带来的影响。如蒋顺才等（2006）利用 1991—2005 年首次公开发行并在上海和深圳交易所上市的 1230 家 IPO 样本进行研究，发现证券发行制度变迁是影响我国 A 股 IPO 首日收益率的主要因素。周孝华等

(2006) 则对 1995—1999 年和 2001—2005 年两个期间两种不同发行制度下沪深市场的 IPO 数据进行了比较。结果表明，审批制下新股发行价只能反映发行公司的盈利能力、偿债能力和该股票在二级市场的供求状况，说明 IPO 定价效率有限；而核准制下新股发行价不仅反映了新股定价的上述影响因素，而且反映了发行公司的规模、未来的成长能力和该股票的发行方式，说明核准制下 IPO 定价效率提高，IPO 定价趋于合理。周猛麟和刘伟巍 (2008) 运用多元回归方法分析了 2000 年 1 月至 2007 年 12 月在中国证券市场上首次公开发行的新股在不同发行管理制度下抑价的影响因素，发现保荐人制度的实施对降低新股发行抑价率有显著的作用。

继而保荐人制度有效性的研究开始聚焦于作为保荐机构的承销商或投资银行身上，尤其关注承销商声誉对保荐项目的成效 (包括过会率、过会速度、IPO 定价、上市后业绩表现、盈余管理等方面) 的的影响。在 IPO 定价效益方面，国外的研究大多认为，承销商声誉能够显著影响企业 IPO 抑价 (Logue, 1973; Baron, 1982; Booth 和 Smith, 1986; Rock, 1986; Carter 和 Manaster, 1990; Beatty 和 Welch, 1996; Logue et al., 2002)。而在我国证券市场，却得出正反两种不同的研究结果。徐浩萍和罗炜 (2007) 检验了中国投资银行声誉机制的有效性，得出较为正面的结果。他们的研究从市场份额和执业质量两个维度衡量投资银行声誉，并用投行承销的 IPO 公司会计业绩 “变脸率” 来衡量投行执业质量。研究发现，尽管单纯考虑市场份额或执业质量时，这些变量对 IPO 发行抑价均无显著影响，但若同时将两者纳入分析框架并考虑其交互作用，投行声誉的作用就能显著表现出来。但也有不少学者通过研究认为，我国的承销商声誉对 IPO 抑价并无显著影响。刘江会 (2004) 选取了 1994—2003 年上市的

A 股公司数据，实证研究了承销商声誉和 IPO 抑价水平之间的关系。他们的研究发现承销商声誉和 IPO 抑价水平虽然呈负相关关系，但是并不显著。这说明声誉越高的承销商越趋于降低证券发行市场中信息不对称的程度从而使其承销的 IPO 价格折让越低的结论，在我国证券发行市场上得不到证据支持。郭泓和赵震宇（2006）研究了承销商声誉对在沪深两市上市的公司的 IPO 定价、初始回报和长期回报的影响，发现不论是自由定价还是管制定价，承销商声誉对 IPO 定价和初始回报都没有影响，但是承销商声誉对 IPO 公司的长期回报具有显著的影响。承销商声誉越高，IPO 公司的长期回报也越高。邢星宇（2010）基于发行公司不同的行业类别、主承销商声誉、总股本规模以及流通股本规模，对沪深两市 2005—2008 年上市公司的 IPO 抑价进行了实证研究。研究发现公司的行业归属以及主承销商声誉对发行定价并无显著影响，而通过对 A 股流通比例与实际流通比例对发行价格的影响的分析，发现限售股对 IPO 定价有显著影响。郭海星等（2011）基于信息不对称理论，对我国创业板 IPO 过程中承销商的定价效率进行了实证研究。研究结果也表明，我国证券市场不完善的声誉机制无法约束承销商的机会主义行为，导致承销商第三方认证功能弱化，发行价格偏离内在价值，不能有效降低发行人和投资者的信息不对称程度。承销商的机会主义行为造成发行人和承销商的利益趋同。

对于我国承销商声誉不能像西方成熟市场那样对 IPO 抑价发挥显著作用的原因，有关学者也作出了相应探讨。如黄春玲等（2013）认为，我国 IPO 市场监管制度的缺陷以及由此导致的监管效率低下、市场约束机制弱化是阻碍承销商声誉发挥作用的主要原因，而制度的市场化改革取向和外部约束力量的加强，则是我国承销商声誉阶段推进的动力。

近年来，随着保荐制度实施的逐渐深入以及保荐代表人个人信息的公开，部分学者将研究视角投向履行保荐职责并决定 IPO 项目成败的另一主角，展开了对保荐代表人作用的相关研究。如罗党论和汪弘（2013）调查了保荐代表人声誉对拟上市公司过会时间的影响，发现保荐代表人声誉越高，其申请到过会时间越短。罗党论和杨毓（2013）的研究则发现，保荐人声誉对上市公司 IPO 抑价具有一定影响。具体而言，保荐人经验值越高，所保荐公司 IPO 折价越低，如果保荐人或所在机构有被证监会处罚过的经历，所保荐公司 IPO 折价也会越低。但他们的研究并未对“保荐人”与“保荐代表人”的不同含义作严格区分，也未对保荐代表人所在的保荐机构的影响进行控制，因此无法排除保荐机构作用所带来的内生性问题。戴亦一等（2014）从保荐机构和保荐代表人双重保荐声誉的视角探究了这两者对 IPO 过会率的影响，并发现在企业上市申请过程中，保荐机构的作用并不明显，真正起到关键作用的是保荐代表人。此外，学者也从 IPO 企业上市后保荐代表人的更换现象（白云霞等，2014；易阳等，2016）以及保荐代表人受罚情况及经济后果（易阳等，2019）等角度对保荐代表人的作用进行了讨论。

显然，既有研究对承销商（保荐机构）声誉是否能够有效提高 IPO 定价效率的结论还未取得一致，而鲜有的对保荐代表人声誉对 IPO 抑价及后期业绩表现影响的研究，也不够全面深入，并且还未能控制保荐机构的影响因素而分离出保荐代表人的个人效应。此外，对能够体现保荐代表人职业声誉、专业胜任能力以及职业操守等方面的个人背景特征（如教育水平、从业经历、性别、更换保荐机构频率以及受处罚情况等情况）对保荐代表人履行保荐职责及个人效应的发挥，也缺乏进一步的研究。

4.2.2　理论分析与假设提出

保荐代表人认真履职和进一步发挥效应的动力及压力，一方面来自保荐人制度对他们独自的保荐职责及素质、能力、声誉等提出的越来越高的要求，另一方面也来自证券监管机构对他们违规行为作出更加严厉的处罚。

首先，作为保荐项目的实际负责人，他们的遵纪守法和勤勉尽职对于保荐项目的质量和成败具有甚至超越保荐机构的作用。如前所述，在证券发行市场，实际存在着发行人、保荐人和监管机构多方的博弈。保荐代表人作为保荐机构指定的项目代表，需要尽职调查、认真核查发行人的条件及相关材料，保证信息透明且不能有任何弄虚作假，并精心辅导发行企业，对其作出尽职推荐，而当发行企业 IPO 成功上市后，还要担负持续督导的义务，对发行人的违法违规行为需要承担除保荐机构以外的个人连带责任。同时，保荐代表人在具体的保荐项目中又作为保荐机构与证监会之间的信息沟通者，更贴近证监会的直接监管。在持续督导阶段，保荐代表人还不能随意更换，将继续督导发行企业规范运作、信息透明和信守承诺，所以被称为保荐项目的“第一看护人”。虽然发行企业的 IPO 定价效率及后期业绩表现是由发行企业本身状况、保荐机构和保荐代表人保荐职责的履行情况以及市场环境和监管力度等多方面的因素决定的，但保荐代表人的重要作用确实不容忽视。保荐代表人的尽责尽职，可以减少发行人与投资者之间的信息不对称，增加投资者的信心，因此降低企业 IPO 抑价。

其次，从近年来证监会加强监管以及对保荐代表人日益严厉的违规处罚来看，保荐代表人确实也不敢松懈责任，掉以轻心。表 4－1 统计了 2004 年 6 月至 2015 年 4 月这段期间保荐机构和保荐代表人的违规及处罚情况。该表显示，保荐代表人违规并受到处分的案例总数（201 例）远多于保荐机构（63 例）。从处分类型来看，保荐代表人受到暂停受理推荐处分的时间更长，有的长达 12 个月，甚至还有保荐代表人受到撤销保荐资格以及终身证券市场禁入的处分。而保荐机构被暂停受理推荐的时间通常只有 3 个月，也仅有一例被撤销证券服务业务许可。从罚款情况来看，虽然保荐机构受到罚款处分的次数及金额多于保荐代表人个人，但考虑到保荐机构和保荐代表人本身经济能力与资产水平的差异，对保荐代表人的处罚力度并不比保荐机构轻。总体来看，当 IPO 项目出现问题受到证监会处分时，尽管理论上保荐机构和保荐代表人都应对该问题项目承担责任，但实际上保荐代表人个人受到处分的概率更大，多个案例中都存在只处罚保荐代表人个人而保荐机构被免于处分的情况。显然，对保荐代表人个人处分的力度越大，对其威慑力也就更强。因此，相对于保荐机构，保荐代表人在 IPO 项目中面临的风险越大，他们就有更多的动机认真履行其个人职责，以降低潜在的风险。

表 4－1　保荐机构及保荐代表人违规及处分情况统计

处分措施	保荐机构	保荐代表人
罚款情况		
罚款	13 例	11 例
未罚款	50 例	190 例
罚款总金额	7702 万元	840 万元
其他处分措施		
3 个月不受理推荐	4 例	29 例
6 个月不受理推荐	—	8 例

续表

处分措施	保荐机构	保荐代表人
9 个月不受理推荐	—	4 例
12 个月不受理推荐	—	13 例
撤销保荐代表人资格	—	12 例
撤销证券服务业务许可	1 例	4 例
出具警示函	26 例	39 例
公开谴责	4 例	5 例
监管谈话	5 例	34 例
警告	3 例	7 例
没收业务收入	9 例	1 例
谈话提醒	5 例	32 例
通报批评	3 例	17 例
责令改正	5 例	—
终身证券市场禁入	—	7 例
违规案例总数	63 例	201 例

注：数据来源于 WIND 数据库，有部分违规案例存在多重处分。

综合上述分析，无论是从保荐人制度本身对保荐代表人提出更高的要求来看，还是从保荐代表人个人所面临的法律风险来看，保荐代表人都有责任及动机履行其在上市公司 IPO 项目中的保荐职责，对其参与的保荐项目进行监督与把控。因此，本章提出以下的基础假设：

假设 4－1：在保荐机构的作用之外，保荐代表人对于企业首次公开发行有额外的个人效应。

4.3 研究设计与样本选取

4.3.1 研究设计

为了检验除去承销商（即保荐代表人所在的证券公司）层面的影响后，保荐代表人作为项目的实际负责人，其个人的作用是否能够对企业 IPO 的结果产生影响，本章参照 Gul et al.（2013）的研究方法，设计了以下模型，对保荐代表人个人的作用进行检验：

$$y_i = \alpha_0 + \beta X + \sum \gamma_j Firm_j + \sum \delta_k SPN_k + \varepsilon$$

该模型中，y_i 为 IPO 结果的代理指标。在本章的检验中，y_i 主要包括两大类，一类为 IPO 抑价的代理指标。本书主要采用企业上市首日（*DAY*1）以及上市 6 个月的回报率（*DAY*180）来衡量 IPO 抑价。之所以选择两个不同期间的交易回报率来进行检验，是希望同时对企业 IPO 之后短期以及长期的市场表现进行一个较为全面的探讨和分析。一般而言，IPO 抑价可反映短期的定价合理性和长期的价格稳定性，短期的 IPO 抑价越低则说明定价越合理，长期 IPO 抑价越低则反映出股价的稳定性和投资者预期的稳定性。主要检验的另一个因变量 y_i 为企业 IPO 后业绩变脸的情况（*GROWTH*）。一般认为，过度包装甚至造假上市是公司 IPO 后业绩变脸的重要原因。参照已有文献，本章采用上市公司 IPO 前后一年净利润的变化作为 IPO 后业绩变脸的指标。

在自变量中，本章的研究为每一家不同的券商和每一位不同的保荐代表人分别设置了一个虚拟变量，表示为 $Firm_j$ 及 SPN_k。而它们的系数 γ_j 及 δ_k 则分别反映了该券商或该保荐代表人在 IPO 项目中对企业 IPO 结果的影响。当一家券商或者一名保荐代表人所对应的系数 γ_j 及 δ_k 显著为正时，则说明该券商或该保荐代表人负责的 IPO 项目更有可能出现 IPO 抑价。

在过往的研究中，影响抑价的因素众多，其中既包括市场层面的因素，也包括公司层面的因素。借鉴以往的文献（Balvers et al.，1988；Beatty，1989；Datar et al.，1991；Su，2004；王兵等，2009）并结合本章研究的实际情况，我们对以下因素进行了控制，包括企业规模（*SIZE*）、企业杠杆率（*LEV*）、第一大股东持股比率（*FIRSTSH*）、企业年龄（*AGE*）、首次招股日与上市日时间间隔（*GAP*）等。

（1）企业规模（*SIZE*）。

SIZE 是发行公司 IPO 前一年的总资产取自然对数，用来控制公司规模、风险水平和信息不对称水平。过去研究中，企业规模与 IPO 抑价主要体现为负相关关系，即企业规模越大，IPO 抑价越低。

（2）企业杠杆率（*LEV*）。

LEV 是发行公司 IPO 前一年的资产负债率，用来控制公司的财务风险。过往研究显示，通常当企业杠杆率越高时，IPO 抑价也越高。

（3）第一大股东持股比率（*FIRSTSH*）。

FIRSTSH 表示 IPO 公司第一大股东及其关联方的持有股份占 IPO 后总股本的比例。Leland 和 Pyle（2012）认为，公司的内部人可以通过留存股份比例的高低向外部投资者传递公司价值的信号，留存比例越高说明内部人对公司价值越有信心。因此，当第一大股东持股比例较高时，更符合信号假说，IPO 抑价也应

越高。

（4）企业年龄（*AGE*）。

AGE 表示企业成立年份与上市年份的时间间隔的自然对数。

（5）时间间隔（*GAP*）。

GAP 表示首次招股日与上市日时间间隔天数的自然对数。

以上各变量的名称与具体定义概括如表 4－2 所示。

表 4－2　　主要变量的定义与解释

变量名	变量解释
*DAY*1	（上市首日收盘价－发行价）/发行价×100
*DAY*180	（上市 6 个月后收盘价－发行价）/发行价×100
GROWTH	（上市第一年净利润－上市前一年净利润）/上市前一年净利润
SIZE	IPO 前一年总资产的自然对数
LEV	IPO 前一年资产负债率，取总负债/总资产
FIRSTSH	IPO 公司第一大股东及其关联方的持有股份占 IPO 后总股本的比例
AGE	企业成立年份与上市年份的时间间隔的自然对数
GAP	首次招股日与上市日时间间隔天数的自然对数

4.3.2　样本选择

本章选取 2004—2014 年深沪两市首次公开上市的 A 股公司为研究对象。选择 2004 年作为起始年份是由于我国从 2004 年开始正式引入保荐代表人制度。保荐代表人的个人信息来源于中国证监会以及中国证券业协会的网站。由于 2012 年以前我国保荐代表人资格由证监会负责批准登记，自 2012 年 10 月 15 日以后，则由中国证券业协会进行自律管理。因此我们在获取数据时将两者的信息进行了结合整理。IPO 抑价及相关数据来自 WIND 数据库，其他相关数据来自 CSMAR。文章剔除了金融类企业数据以及部分保荐代表人信息缺失的观测，最终得到 1291 家上市公司 2560 个保荐代表人的样本，该样本包含了来自 91 家证券公司的 1108 名不同保荐代表人。也就是说，在本书的样本中，每一名保荐代表人平均参与完成了 2.31 项保荐业务。本书样本的年度分布情况如表 4－3 所示。由表 4－3 可以看出，本书的样本分布在除 2005 年及 2013 年以外的年度之间。经国务院批准，证监会在 2005 年 4 月 29 日发布了《关于上市公司股权分置改革试点有关问题的通知》，因此在 2005 年，我国的 IPO 市场暂停了一年。自 2012 年 11 月开始，我国的证券市场再一次经历了逾一年的 IPO 停摆。因此，本研究中未包含 2005 年和 2013 年的样本。

表 4－3　　研究样本的年度分布情况

年份	频次	百分比
2004	50	1.95%
2006	118	4.61%
2007	195	7.62%
2008	160	6.25%
2009	172	6.72%
2010	663	25.90%
2011	562	21.95%
2012	327	12.77%
2014	313	12.23%
总计	2560	100%

4.4 实证检验过程与结果分析

4.4.1 主要变量的描述性统计及相关性分析

表4-4列示了本章主要变量的描述性统计结果。从该表的情况来看，我国的IPO市场存在着明显的IPO抑价现象，上市首日的回报率平均高达55.13%，这与过往的研究结论相类似。尽管随着我国证券发行制度的不断变化，IPO定价效率有所提高，但相对来说我国的IPO抑价率依然维持在一个较高的水平。首日回报率的最小值为-26.33%，这说明我国的IPO市场也存在着新股“首日破发”的现象，这种现象几乎都出现于2009年以后。首日回报率的最大值达到了626.74%，这个数字相较于我国采用“审批制”和“核准—通道制”时期（最高首日回报率达到26倍以上）已有显著降低，但同时也说明部分上市企业依然

表4-4　　主要变量的描述性统计

变量名	观测数	平均值	中位数	标准差	最小值	最大值
*DAY*1	2560	55.1326	38.4320	73.3506	-26.3333	626.7442
*DAY*180	2560	52.8310	20.6304	118.0249	-75.0000	1830.0270
GROWTH	2560	0.1912	0.1519	0.5050	-1.1837	7.9094
SIZE	2560	20.4525	20.0568	1.6351	18.0985	29.8151
LEV	2560	0.4797	0.4782	0.1820	0.0464	0.9784
FIRSTSH	2560	0.3897	0.3773	0.1519	0.0010	0.8855
AGE	2560	1.9393	2.0794	0.7223	0.0000	3.3322
GAP	2560	2.4068	2.3979	0.2767	1.7918	3.9120

有很高的 IPO 抑价率。从较长期间来看，上市 6 个月的平均回报达到 52.83%，由此看来发行商对 IPO 股票价格确实存在一定的低估。本章研究的另一个因变量 *GROWTH*，即 IPO 前后净利润的变化率均值为 0.1912，这意味着从总体来看，企业 IPO 之后的净利润相较 IPO 之前已有所提高。*GROWTH* 的最小值为 -1.1837，这说明有部分企业在 IPO 之后的第一年净利润就为负值，表现出了极为明显的业绩变脸现象。

表 4-5 报告了本章主要变量的相关系数。表中显示，*DAY*1 和 *DAY*180，即上市公司 IPO 后的首日回报率与其上市后 6 个月的回报率具有较高的相关性。这说明企业 IPO 首日的股票回报率能够在一定程度上反映该企业上市稳定后的长期股票回报率。*GROWTH* 即企业 IPO 后第一年的净利润增长率与 IPO 首日及 6 个月回报率均呈显著正相关，说明企业净利润增长越快，上市后的股票回报越高。表 4-5 的相关系数同时显示，自变量间的相关性系数均不超过 0.5，说明之后的回归模型不会存在严重的多重共线性。

表 4-5　　　　主要变量的相关性分析

	1	2	3	4	5	6	7	8
1. *DAY*1		0.595 ***	0.127 ***	-0.142 ***	0.083 ***	0.02	-0.192 ***	0.276 ***
2. *DAY*180	0.605 ***		0.216 ***	-0.061 **	0.069 ***	0.023	-0.194 ***	0.276 ***
3. *GROWTH*	0.051 ***	0.227 ***		0.012	0.035	0.035	-0.113 ***	0.083 ***
4. *SIZE*	-0.058 ***	0.041 **	0.177 ***		0.478 ***	0.192 ***	0.011	-0.049 **
5. *LEV*	0.092 ***	0.093 ***	0.055 ***	0.442 ***		0.084 ***	-0.089 ***	0.063 ***
6. *FIRSTSH*	0.073 ***	0.038 *	0.052 ***	0.275 ***	0.070 ***		-0.041 *	0
7. *AGE*	-0.108 ***	-0.119 ***	-0.151 ***	-0.050 **	-0.090 ***	-0.027		-0.189 ***
8. *GAP*	0.201 ***	0.220 ***	0.009	-0.095 ***	0.051 **	-0.026	-0.174 ***	

注：表格右上角为 Pearson 相关系数，左下角为 Spearman 相关系数。*、**、*** 分别表示在 10%、5% 和 1% 的水平上显著。

4.4.2 保荐代表人个人作用的回归检验结果

根据前述的研究方法，我们以 *DAY*1、*DAY*180 和 *GROWTH* 作为因变量，在控制了上市公司特征的基础上，在模型中逐步加入保荐机构与保荐代表人的虚拟变量进行回归，并考察加入保荐机构与保荐代表人的虚拟变量后，模型的解释力度是否得到了显著提高。表 4－6 报告了加入保荐机构与保荐代表人的虚拟变量之后的回归结果。表 4－6 的结果显示，公司规模与上市公司 IPO 抑价显著负相关，即公司规模越大，IPO 抑价程度越低。造成该结果的原因一方面是大型企业在 IPO 过程中的风险较小，因此可以获得较高的发行价；另一方面则是因为相较规模较小的企业，大型企业在与券商的议价过程中享有更强的话语权，从而能够提高发行定价以获取更高的利益。该结果也与过往研究的结果相一致。*FIRSTSH* 即第一大股东持股比例与 IPO 抑价呈显著正相关。如前文所述，当第一大股东持股比例较高时，可以向外部投资者传递公司价值的信号，第一大股东持股比例越高意味着内部人对公司价值越有信心。依据信号假说，此时的 IPO 抑价也越高。公司特征的其他变量中，*LEV* 与 IPO 抑价正相关，也就是说当公司负债水平越高时，IPO 抑价程度越高。从长期来看，*AGE* 与 IPO 后 6 个月的回报负相关，即公司上市时成立年数越长，IPO 后 6 个月的回报率越低；*GAP* 与 IPO 后 6 个月的回报显著正相关，即公司首次招股日到上市日的间隔越长，IPO 后 6 个月的回报率越高。表 4－6 的第（3）列报告了以 *GROWTH* 作为因变量的回归结果。回归结果显示，公司特征变量在回归中都未表现出与企业 IPO 后利润变化的显著相关性。

表 4 - 6　　　保荐代表人个人作用的回归结果

	(1) *DAY1*	(2) *DAY180*	(3) *GROWTH*
SIZE	-14.1890*** (-7.184)	-8.2574** (-2.497)	-0.0017 (-0.115)
LEV	23.1897* (1.912)	5.8500 (0.288)	0.0517 (0.570)
FIRSTSH	38.2715*** (3.562)	33.7940* (1.879)	0.0271 (0.338)
AGE	1.5028 (0.633)	-8.2119** (-2.067)	-0.0044 (-0.250)
GAP	1.7504 (0.278)	45.8321*** (4.340)	0.0255 (0.542)
年度	已控制	已控制	已控制
行业	已控制	已控制	已控制
保荐机构	已控制	已控制	已控制
保荐代表人	已控制	已控制	已控制
_cons	280.3590* (1.837)	-150.4504 (-0.592)	0.4822 (0.420)
N	2560	2560	2560
R^2	0.7371	0.7154	0.6925
Adj. R^2	0.5068	0.4661	0.4226
F	3.2006	2.8693	2.5663

注：*、**、*** 分别表示在 10%、5% 和 1% 的水平上显著。

为了检验在 IPO 公司本身以及保荐机构的作用以外，保荐代表人对于 IPO 公司的发行抑价以及 IPO 之后业绩变脸的情况是否具有增量的个人效应，本书采用了比较解释力度 R^2 的方法。

表 4 - 7 报告了在加入保荐代表人的个人指标之后，相较于加入之前回归模型解释力度即调整后 R^2 的变化情况。表中所列的 F 值是对保荐代表人个人指标进行联合 F 检验的结果。结果显示，三组回归中的 F 值都显著大于 0。在以 *DAY*1 作为因变量进行的回归中，加入保荐代表人个人指标后，模型调整后 R^2 由 0.4899 提高到 0.5068，增加值为 0.0169，增加了 3.44%。针对调整后 R^2 进行的 Vuong（1989）检验表明，在加入保荐代表人个人指标后，模型的解释力度在 1% 的显著性水平上显著增强了。在以 *DAY*180 作为因变量进行的回归中，加入保荐代表人个人指标后，模型调整后 R^2 由 0.3439 提高到 0.4661，增加了 0.1222，即提高了 35.53%。Vuong（1989）检验结果显示，在加入保荐代表人个人指标后，以 *DAY*180 作为因变量的回归模型解释力度同样在 1% 的显著性水平上显著增强了。第三组回归以 *GROWTH* 作为因变量，模型调整后 R^2 在加入保荐代表人个人指标后由原来的 0.1331 大幅度提高到 0.4226，增加了 0.2895，即提高了 217.51%。Vuong（1989）检验结果也显示模型解释力度在加入保荐代表人个人指标后显著增强了。综合以上结果，在控制了上市公司特征以及保荐机构之后，保荐代表人对企业 IPO 抑价及 IPO 后业绩变脸情况依然有显著的个人作用，这验证了本章的基础假设。

表 4 - 7　加入保荐代表人个人作用指标后回归模型解释力度的变化

	*DAY*1	*DAY*180	*GROWTH*
F - statistics	1.08	1.51	2.13
(p - value)	0.0787	0.0000	0.0000
ΔR^2_{IS}	0.0169	0.1222	0.2895
[Vuong χ^2 statistics]	9.3626 ***	6.4290 ***	5.9358 ***
% ΔR^2_{IS}	3.45%	35.53%	217.51%

注：*** 表示在 1% 的水平上显著。

4.4.3　稳健性检验及进一步研究

(1) 随机分配结果的对比。

为了验证上述实证结果，即加入保荐代表人个人指标后回归模型的解释力度得到了显著提高并非由模型中自变量个数大量增加导致的，本节依据 Dyreng et al.（2010）和 Gul et al.（2013）采用的模拟方法，随机为每一个 IPO 项目重新分配保荐代表人，并使用随机分配后的数据进行了前面部分的检验。该随机分配与重新回归的过程重复了 1000 次。理论上来看，采用随机分配方法模拟的数据进行回归不应体现出显著的保荐代表人个人效应，因此，本书将使用实际数据进行回归所得到的结果与使用随机分配数据进行回归得到的结果相比较。模拟结果表明，在采用 *DAY*1、*DAY*180、*GROWTH* 三个指标作为因变量的回归中，加入随机分配的保荐代表人个人指标后，所有 1000 次模拟结果均显示出小于采用实际数据获得的调整后 R^2。模拟数据的检验结果与实际数据的检验结果比较如表 4 - 8 所示。表中显示加入随机分配的保荐代表人个人指标对 *DAY*1 即公司 IPO 后首日回报率进行回归后，模型的调整后 R^2 平均反而降低了 1.50%，其与采用实际数据获得的回归结果比较显示，采用实际的保荐代表人个人指标对模型解释力度的提高在 1% 的显著性水平上大于模拟数据的结果。采用随机分配的保荐代表人个人指标对 *DAY*180 进行回归，模型的调整后 R^2 均值同样降低了。在以 *GROWTH* 作为因变量的模型中，加入随机分配的保荐代表人个人指标后，调整后 R^2 平均提高了 21.02%。但与实际数据产生的结果比较后，仍显示采用实际数据对调整后 R^2 的提高在 1% 水平上显著大于模拟数据。以上结果说明，本章的实证结果，即加入保荐代表人个人指标后回归模型的解释力度显著提高，并非是由于在回归中加入大量虚拟变量产生的，从而进一步证明了保荐代表人个人效应的存在。

表 4-8　实际数据检验结果与模拟数据检验结果比较

$\% \Delta R^2_{IS}$	*DAY*1	*DAY*180	*GROWTH*
实际结果	3.45%	35.53%	217.51%
模拟结果（均值）	-1.50%	-1.02%	21.02%
t 检验（实际-模拟）	55.30***	86.58***	37.13***

注：*** 表示在 1% 的水平上显著。

（2）指标的重新选择。

为了进一步加强本章结论的稳健性，我们还采用了一系列替代指标来对回归模型进行了重新检验。首先，使用公司 IPO 后 5 日及一年的股票回报率来代替 IPO 首日回报率与 6 个月后的回报率作为 IPO 抑价的指标，对前两个模型进行了重新回归。检验的结果与原结果基本一致。其次，使用营业收入变化率作为业绩变脸的指标，代入第三个模型中进行了重新回归，也得到了与上文类似的结果。最后，由于企业 IPO 时的市场环境存在差异，IPO 后的股票回报率可能在一定程度上受到市场环境的影响，因此，我们也参照过往 IPO 定价相关的文献，同时使用经市场回报调整后的股票回报率作为 IPO 抑价的指标，检验的结果并未改变本章的主要结论。

（3）对双签字保荐代表人作用的进一步研究。

《证券发行上市保荐业务管理办法》规定，单个 IPO 项目必须经由两位具有资格的保荐代表人签字。该规则的原有意图是希望两位签字保荐代表人能够相互监督配合完成保荐项目的审核，从而更好地发挥其中介作用，提高上市公司质量。但是实际上，由于具有签字资格的保荐代表人数量有限，这种双人签字的执行情况常常受到质疑。一种可能的现象是一个保荐项目由一名保荐代表人主要负责，而另一名签字人则仅仅对前一人的工作进行复核。更有甚者，亦有人指出市场上存在第二名保荐代表人仅仅行使签字权，而几乎不参与保荐项目的项目运作。2009 年证监会曾出台《发行证券的公司信息披露内容与格式准则第 27 号——发行保荐书和发行保荐工作报告》，其中要求保荐机构应“详细说明本次证券发行项目执行的主要过程，包括项目执行成员构成、进场工作的时间、尽职调查的主要过程、保荐代表人参与尽职调查的工作时间以及主要过程等”。但是实际查阅上市公司保荐机构披露的发行保荐工作报告，仅有部分项目对保荐代表人的分工情况进行了披露。即便在选择披露保荐项目执行成员分工的发行保荐工作报告中，对两位签字保荐代表人的具体职责也很少有清晰的区分与阐述。因此，本节试图检验两位签字保荐代表人在保荐项目中由一人主要负责，而另一人仅仅行使“橡皮图章”的签字职能的现象是否普遍存在。鉴于前文所述的发行保荐工作报告并未对两位保荐代表人具体分工进行披露的情况，我们只能依据保荐代表人的签字顺序来对保荐代表人在项目中的参与程度及重要性进行衡量。在中国的签字习惯中，若两位签字人职位相同，则一般由在项目中负有更多职责、占主导地位的签字人首先签字。若两位签字人职位存在上下级关系，则通常情况下由职位较低的保荐代表人负责项目的实际执行，职位较高的保荐代表人主要负责进行审核，而签字时则通常为实际执行人在前，职位较高的审核人在后。因此，综合两种情况，如果两位签字保荐代表人存在分工及职位的差异，前一位签字保荐代表人更有可能是项目的实际主要负责人与执行者。我们将所有保荐代表人分为第一签字人和第二签字人两个子样本，并采用两个子样本分别对保荐代表人的个人作用进行了检验。检验结果显示，在两个子样本中，加入保荐代表人个人虚拟变量对 *DAY*1、*DAY*180、*GROWTH* 进行回归，都能够显著提高模型的调整后 R^2。这表明，无论是第一签字人还是第二签字人，对其保荐的公司的 IPO 抑价以及上市后的业绩变脸情况都有显著的个人影响。该结论也在一定程度上支持了双保荐代表人制度的合理性与必要性。

4.5 保荐代表人对 IPO 前盈余管理及 IPO 后业绩变脸影响的拓展检验

过往的研究表明，IPO 公司会进行盈余管理，以达到提高 IPO 报告的会计盈余从而增加发行收益的目的（Teoh et al.，1998）。但是由于应计项目具有反转效应，企业 IPO 前的应计利润和 IPO 后的经营业绩之间往往呈现负相关关系（Xie，2001）。因此，企业 IPO 之前的盈余管理行为被认为是造成 IPO 后业绩变脸的重要原因之一。陈晓和戴翠玉（2004）发现上市前的盈余管理是导致上市公司上市后亏损的主要原因之一。以应计项目进行操控的盈余管理是基于会计处理的，没有改变企业的生产经营实质，对其长期业绩没有作用，在时间上必然存在反转效应。另一方面，Chapman 和 Steenburgh（2009）也指出，真实活动盈余管理更是使企业经济行为偏离了最优决策，破坏了企业的可持续发展，导致企业随后几年业绩显著下降。因此，对于 IPO 公司而言，为达到上市标准或发行更高的价格，若 IPO 之前实施盈余管理，其业绩将出现反转，表现为上市后的业绩变脸。因此，本节进一步对保荐代表人在盈余管理与业绩变脸关系中的作用进行考察。

本节对可操控性应计项（*KDA*）的衡量，参照 Kothari et al.

(2005) 采用的业绩匹配的琼斯模型。除此之外，参照 Roychowdhury (2006)、李增福等 (2011) 和逯东等 (2015) 的方法，本节从销售操控程度 (*EM_CFO*)、生产操控程度 (*EM_PROD*)、酌量性费用操控程度 (*EM_DISEXP*) 三个方面对真实活动的盈余管理进行衡量。Dechow 等 (1995) 认为，可以根据企业销售收入和销售收入的变化来估算正常的经营活动现金流 (CFO_t)，三者之间的关系如下式：

$$\frac{CFO_t}{TA_{t-1}} = \alpha_0 + \alpha_1 \frac{1}{TA_{t-1}} + \beta_0 \frac{SALES_t}{TA_{t-1}} + \beta_1 \frac{\Delta SALES_t}{TA_{t-1}} + \varepsilon_t$$

产品成本包括产品销售成本 (*COGS*) 和存货变动额 (ΔINV) 两部分。两者的正常值分别可由以下两式估算得到：

$$\frac{COGS_t}{TA_{t-1}} = \alpha_0 + \alpha_1 \frac{1}{TA_{t-1}} + \beta_0 \frac{SALES_t}{TA_{t-1}} + \varepsilon_t$$

$$\frac{\Delta INV_t}{TA_{t-1}} = \alpha_0 + \alpha_1 \frac{1}{TA_{t-1}} + \beta_0 \frac{\Delta SALES_t}{TA_{t-1}} + \beta_1 \frac{\Delta SALES_{t-1}}{TA_{t-1}} + \varepsilon_t$$

结合以上两式，可由下式估算出正常的产品成本 (*PROD*)：

$$\frac{PROD_t}{TA_{t-1}} = \alpha_0 + \alpha_1 \frac{1}{TA_{t-1}} + \beta_0 \frac{SALES_t}{TA_{t-1}} + \beta_1 \frac{\Delta SALES_t}{TA_{t-1}} + \beta_2 \frac{\Delta SALES_{t-1}}{TA_{t-1}} + \varepsilon_t$$

同理，也可由下式估算正常的酌量性费用 (*DISEXP*)：

$$\frac{DISEXP_t}{TA_{t-1}} = \alpha_0 + \alpha_1 \frac{1}{TA_{t-1}} + \beta_0 \frac{SALES_{t-1}}{TA_{t-1}} + \varepsilon_t$$

由以上三式估算出正常的经营活动现金流、产品成本和酌量性费用，用实际数值减去估算出的正常值，即得到估算的异常经营活动现金流 (*EM_CFO*)、异常产品成本 (*EM_PROD*) 和异常酌量性费用 (*EM_DISEXP*)。由于企业可能同时采用三种方式进行真实活动的盈余管理，本节参照以往文献进一步加入三个指标的综合指标（*EM_PROXY*）对企业真实活动盈余管理的整体情况进行衡量，该指标计算方法如下：

$$EM\_PROXY_t = EM\_PROD_t - EM\_CFO_t - EM\_DISEXP_t$$

该指标为正时说明企业进行了正向的真实活动盈余管理，且该值越大说明正向真实活动盈余管理的程度越大。

依照上一节的检验方法，本节以上述盈余管理指标为因变量，对加入保荐代表人个人虚拟指标前后的回归模型解释力度进行比较。由于涉及公司的盈余管理水平，本节的回归模型中额外加入了 IPO 公司审计师的虚拟指标 *BIG*4，当公司审计师为四大会计师事务所时，该指标取 1，否则取 0。回归模型调整后 R^2 的比较结果如表 4 -9 所示。在对可操纵性应计和真实活动盈余管理指标的回归中，加入保荐代表人个人指标对回归模型的解释力都有显著提升，说明保荐代表人个人对 IPO 企业在 IPO 之前的盈余管理水平有显著的个人作用。从真实盈余管理的三种手段详细来看，保荐代表人个人对于企业销售操控和生产成本操控程度的解释力提升相对较弱，但是依然在 1% 水平上有显著提升；加入保荐代表人个人指标对酌量性费用操控程度模型的解释力度则有较大水平的提升（51. 10%）。总体来看，表 4 -9 的检验结果表明，保荐代表人对于公司 IPO 之前的盈余管理水平有显著的个人影响，这种个人影响在可操纵性应计和真实活动的盈余管理两方面都有所体现。

表 4 -9　　保荐代表人对盈余管理的个人影响

R^2_{IS}	*KDA*	*EM_PROXY*	*EM_CFO*	*EM_PROD*	*EM_DISEXP*
加入保荐代表人个人指标前	0. 0846	0. 1994	0. 1722	0. 2048	0. 0589
加入保荐代表人个人指标后	0. 0903	0. 2120	0. 1766	0. 2085	0. 0890

续表

R_{IS}^2	*KDA*	*EM_PROXY*	*EM_CFO*	*EM_PROD*	*EM_DISEXP*
[Vuong χ^2 statistics]	15. 1048 ***	15. 4659 ***	17. 3640 ***	13. 3400 ***	13. 0881 ***
% ΔR_{IS}^2	6. 74%	6. 32%	2. 56%	1. 81%	51. 10%

注：*** 表示在 1% 的水平上显著。

表 4 - 10 报告了上述盈余管理指标对公司 IPO 后业绩变脸情况的回归结果。回归结果显示，本节所选择的盈余管理指标 *KDA*、*EM_PROXY* 均对企业 IPO 之后业绩变脸情况有显著影响。两项指标的系数均显著为负，说明公司在 IPO 前进行了越大程度的正向盈余管理，IPO 之后发生业绩变脸的可能性越高。真实盈余管理的三种方式中，公司进行正向盈余管理会呈现出更低的经营活动现金流、更高的生产成本和更低的酌量性费用。因此，理论上 IPO 之前有更低的异常经营活动现金流、更高的异常生产成本和更低的异常酌量性费用的公司，在 IPO 及上市之后更有可能发生业绩变脸。表 4 - 10 的结果显示，公司上市前异常的经营活动现金流和异常酌量性费用与 *GROWTH* 显著正相关，异常生产成本与 *GROWTH* 显著负相关，均与预期一致。

表 4 - 10　公司上市前的盈余管理对 IPO 后业绩变脸影响的回归结果

	(1) *GROWTH*	(2) *GROWTH*	(3) *GROWTH*	(4) *GROWTH*	(5) *GROWTH*
SIZE	0. 0248 ** (2. 031)	- 0. 0038 (- 0. 364)	- 0. 0040 (- 0. 377)	- 0. 0035 (- 0. 332)	- 0. 0022 (- 0. 211)
LEV	0. 0606 (0. 719)	0. 1123 (1. 552)	0. 1080 (1. 484)	0. 0946 (1. 315)	0. 0788 (1. 125)
FIRSTSH	0. 0964 (1. 214)	0. 1245 * (1. 896)	0. 1241 * (1. 888)	0. 1264 * (1. 922)	0. 1276 * (1. 943)

续表

	(1) GROWTH	(2) GROWTH	(3) GROWTH	(4) GROWTH	(5) GROWTH
AGE	-0. 0624 *** (-3. 698)	-0. 0364 *** (-2. 594)	-0. 0356 ** (-2. 531)	-0. 0367 *** (-2. 616)	-0. 0383 *** (-2. 728)
GAP	-0. 0935 ** (-2. 054)	-0. 0160 (-0. 420)	-0. 0118 (-0. 310)	-0. 0174 (-0. 455)	-0. 0150 (-0. 393)
BIG4	-0. 1039 (-1. 608)	0. 0267 (0. 496)	0. 0278 (0. 517)	0. 0285 (0. 528)	0. 0253 (0. 470)
KDA	-0. 1675 * (-1. 737)				
EM_PROXY		-0. 0663 ** (-2. 557)			
EM_CFO			0. 1619 ** (2. 202)		
EM_PROD				-0. 0844 * (-1. 842)	
EM_DISEXP					0. 1878 ** (2. 311)
年度	已控制	已控制	已控制	已控制	已控制
行业	已控制	已控制	已控制	已控制	已控制
保荐机构	已控制	已控制	已控制	已控制	已控制
保荐代表人	未控制	未控制	未控制	未控制	未控制
N	1668	1668	1668	1668	1668
R^2	0. 2442	0. 2506	0. 2498	0. 2491	0. 2500
Adj. R^2	0. 1971	0. 2033	0. 2024	0. 2017	0. 2027
F	5. 1769	5. 2965	5. 2739	5. 2543	5. 2804

注：*、**、*** 分别表示在 10%、5% 和 1% 的水平上显著。

表 4－11 报告了在回归模型中对可操纵性应计和真实活动盈余管理指标进行控制之后，加入保荐代表人个人指标对模型调整后 R^2 的影响。表中结果显示，在对盈余管理指标进行了控制之后，加入保荐代表人个人指标依然能够显著提高模型调整后 R^2，这说明，保荐代表人的个人作用不仅体现在其对 IPO 公司盈余管理水平的影响上。除了影响 IPO 公司的盈余管理水平，保荐代表人个人还会通过影响 IPO 公司的其他因素影响公司上市之后的业绩变脸情况。

表 4－11　盈余管理在保荐代表人与公司业绩变脸关系中的中介作用

控制变量	(1) *GROWTH*	(2) *GROWTH*	(3) *GROWTH*
	KDA	*EM_PROXY*	*KDA* *EM_PROXY*
其他变量	已控制	已控制	已控制
加入保荐代表人个人指标前 R^2	0.1971	0.2033	0.2039
加入保荐代表人个人指标后 R^2	0.4816	0.2607	0.2611
[Vuong χ^2 statistics]	6.2560***	11.7532***	11.8119***
$\% \Delta R^2_{IS}$	144.34%	28.23%	28.05%

注：*** 表示在 1% 的水平上显著。

4.6　本章小结

保荐代表人作为保荐业务成败的一个关键因素，在保荐人制度的实践中，其作用却屡屡遭受质疑。许多人认为，部分保荐代表人利用其在发行上市环节中特定的角色和独特便利谋取利益，并未达到勤勉尽责的要求，甚至还有少数保荐代表人仅签字、不实际参与项目而玩忽职守。事实上，保荐代表人作为辅导、推荐公司上市的核心主角和项目负责人，在 IPO 公司上市前的尽职推荐与上市后的持续督导过程中，都具有其独立的保荐职责并需要承担其相应的责任，他们的工作努力对公司 IPO 的定价效率及上市后的业绩均会产生较大的影响。

本章利用我国沪深 A 股市场 2004—2014 年的数据，首先对保荐代表人在控制了保荐机构的影响之后是否存在其额外的个人效应作出了实证检验，并为下一章的进一步研究奠定了基础。本章参照 Gul et al.（2013）的研究方法，为参与 IPO 项目的每一位保荐代表人均设置了独立的虚拟变量，检验加入保荐代表人的个人虚拟变量后，是否有助于提高研究上市公司 IPO 抑价及上市后业绩表现的回归模型的解释力。在本章的拓展研究中，还对保荐代表人在公司 IPO 前的盈余管理以及这些盈余管理行为对公司 IPO 后业绩变脸的影响中的作用，作了进一步检验。

本章的研究结果表明，在控制了保荐机构的作用之后，加入保荐代表人个人虚拟变量能够帮助解释上市公司 IPO 的抑价情况及上市后业绩变脸的现象。这表明，保荐代表人在上市公司 IPO 项目中，能够在保荐机构之外，发挥一定的个人作用。除此之外，进一步的研究表明，在双签字保荐代表人制度中，位于第一签字顺位和第二签字顺位的两位保荐代表人都具有明显的个人作用。另外，本章还对保荐代表人影响上市公司 IPO 后业绩变脸情况的路径进行了初步探究，文章主要检验了保荐代表人是否会通过公司 IPO 之前盈余管理的情况影响上市后业绩变脸现象。检验结果表明，保荐代表人对于上市公司 IPO 前的可操纵性应计和真实活动盈余管理均有显著的个人作用，而上市公司 IPO 前的盈余管理水平接着又会影响公司 IPO 后的业绩变脸现象。检验结果同时还表明，盈余管理水平不是保荐代表人影响公司 IPO 后业绩变脸情况的唯一路径，除了该路径以外，保荐代表人个人还会通过影响上市公司的其他因素从而影响公司 IPO 后的业绩变脸情况。

本章研究结论所带来的启示意义是，可以为监管部门在完善保荐人制度时更加重视保荐代表人的职责及责任提供经验证明，既要承认有些保荐代表人不能勤勉尽职甚至有违规违纪现象存在的现实，也要肯定保荐代表人对提高公司 IPO 定价效率、督促公司在 IPO 上市后规范运作、信息透明和信守承诺等方面所能发挥的作用。另外，还要防止保荐代表人为了谋取私利、获取高额报酬不惜在公司 IPO 上市前帮助它们造假或进行过度的盈余管理，从而导致这些公司在 IPO 上市后就迅速变脸，不仅损害了投资者利益，也破坏了证券市场的健康运行。

保荐代表人个人特征对公司 IPO 的影响

5.1 引言

上一章的研究结果表明，除开保荐机构的作用之外，保荐代表人对公司 IPO 的前后过程，尤其是对公司 IPO 抑价以及上市后的业绩表现，均有额外或边际的个人效应。这种效应即使在现行保荐人制度要求两位保荐代表人实行“双签字”的情况下，不管这两位保荐代表人的签字顺位如何，他们的作用都同样存在。在上一章研究的基础上，下一步研究的逻辑思路自然就是要探索保荐代表人发挥作用的机制何在，即保荐代表人的个人素质、道德水平、专业胜任能力、勤勉尽职程度等是如何进一步影响公司 IPO 过程的，它们之间呈现什么样的相关关系。

中国证监会 2008 年 10 月颁发的《证券发行上市保荐业务保荐管理办法》第五条单独对保荐代表人的素质和行为提出以下要求："保荐代表人应当遵守职业道德准则，珍视和维护保荐代表人职业声誉，保持应有的职业谨慎，保持和提高专业胜任能力。"第五条还要求："保荐代表人应当维护发行人的合法利益，对从事保荐业务过程中获知的发行人信息保密。保荐代表人应当恪守独立履行职责的原则，不因迎合发行人或者满足发行人的不当要求而丧失客观、公正的立场，不得唆使、协助或者参与发行人及证券服务机构实施非法的或者具有欺诈性的行为。"因此，可以将保荐代表人职业声誉和专业胜任能力看成是保荐代表人应该具有的个人禀赋或个人特征，而"遵守职业道德准则""保持职业谨慎""信息保密""独立、客观、公正"以及"不能有欺诈性行为"等，则成为保荐代表人必备的职业操守和行为道德准则。

保荐代表人的个人特征包括其所受的教育程度、性别、年龄、工作经历、所受过的荣誉或处罚以及由此建立的职业声誉等，这些个人特征势必影响保荐代表人工作的开展，从而影响证券保荐项目的质量和成败。本章将在上章研究的基础上，进一步研究保荐代表人的个人特征对公司 IPO 抑价以及上市后业绩的影响。

5.2　理论分析与研究假设

5.2.1　相关文献回顾

个人特征，是指个人所具有的先天禀赋（样貌、身材、基因、智商等）及以后的生活、教育、工作经历所培养的各方面综合能力的外在表现，是他所具有的与别人呈现出异质性的特殊品质，又称个人特质或个体特征。个人特征包括的范围可以很广，如人口统计特征（年龄、性别、学历、出身地、职业、婚姻、收入等)、样貌特征（面相、身材等)、心理特征（乐观情绪、过度自信、自大夸张等)、政治信仰特征（政治党派、宗教信仰等)、专业背景特征（金融法律、从政从军、学者背景等)、权力特征（控制权、股权、管理者权力、话语权等)、关系特征(政治关联、董事联结、媒体关系等)、能力特征以及荣誉特征等。这些特征决定了一个人的综合实力及社会声誉，也是决定其事业成败的基本因素。同样，保荐代表人的个人特征也必然会影响保荐项目的质量。

个人特征影响的研究，起先主要应用在医学健康、心理学、社会学、人口统计学等领域，自 Hambrick 和 Mason 于 1984 年建立了“高阶梯队理论”（Upper Echelons Theory）以后，则被广泛应用于经济学和管理学领域。经济学中传统的经济人理性假设认为，对于企业战略的选择或具体的决策，其决策制定者、管理者以及实施者一般均为理性人，属于同质的个体，其认知能力和风险偏好也大多是相同的，决策的异同只会受到经济因素（如产业结构、企业竞争力、定价策略等）的影响。经济人理性假设的观点忽视了管理者个体特征因素差异的存在及其影响，这显然是不合理且有缺陷的。事实上，企业的决策制定是一个复杂的动态过程，面对复杂的决策环境，管理者不可能获取决策所需的全部有用信息，而信息获取的不全面性又会导致管理者决策的偏差。于是，高阶梯队理论就以人的有限理性为前提，建立了一个在复杂环境及管理者有限理性的情况下，企业应该如何作出最佳决策进而最终影响其运营绩效的理论框架。其要点是：（1）面对内外环境的复杂性及掌握信息的不完全性，管理者能够利用其既有的认知结构、价值判断及风险偏好，对相关信息进行分析并作出相应决策，从而对决策结果产生影响。换言之，在企业层面，高层领导及管理团队的个人特质可以影响企业的战略决策过程及相应的绩效结果。（2）然而管理者心理结构与价值观等方面的个体特征难以直接度量，于是能够反映管理者心理认知与价值观的一些人口特征指标（如年龄、性别、任期、职业、教育等），就可以用来作为高管特征影响决策行为最终影响企业绩效的解释因素，由此建立了高管个人特征影响机制的分析框架。（3）相对于管理者的个体特征而言，高管团队人口特征以及异质性，对企业绩效的影响更具有解释力。随着 Hambrick 和 Mason 的“高阶梯队理论”的提出，国内外学术界已陆续开展了有关管理者背景特征或高管团队异质性与公司治理、投资决策行为等方面的研究，包括企业高管（董事长、CEO、CFO、独立董事及董事会其他成员等）的个人背景特征，管理者的过度自信、政治联系、个人声誉等，以及高管团队结构及变更对企业决策行为的影响等方面。

在国外，早在 20 世纪中期，就开始关注到决策过程中的个人效应以及个人特征所引起的决策过程差异等问题。Cyert 和 March（1963）的研究发现，项目多样化和多重选择机会都会对管理者决策选择产生影响，并不能完全满足完全理性理论。这就说明，受管理者个体异质性的影响，不同的管理者面对相同的情境也会做出不同的反应。Mischek（1977）认为，面对众多纷繁复杂的信息，管理者并不能全面客观地对所有信息进行把握，而只能顾及其中的一部分。在 Child（1972）提出战略选择理论之后，学术界开始关注企业高层管理者与企业战略选择和经营绩效之间的关系，并在高管特征与企业绩效以及高管特征与企业战略方面的研究上取得了丰硕成果。之后，Hambrick 将高层管理者特质、企业战略决策与经营绩效三个变量放在高阶理论的理论框架中进行分析，以有限理性为前提，提出了基于高层管理者人口特征表征的认知模式，研究其对企业战略选择和决策的作用，进而影响企业绩效。此后一系列实证研究的结论也都支持了高阶梯队理论（Eisenhardt 和 Schoonhoven，1990）。Carpenter 和 Fredrick（2001）通过实证研究发现，在考虑了管理者的人口特征，以及高管团队的任期、学历、年龄等的异质性，并将这些因素纳入分析模型后，能够显著提高模型的解释能力。此外，还有研究发现，高管团队的多样性可以有效改善战略决策的效率（Knight et al.，1999）；美国中小企业高管团队的变更会影响企业绩效（Hema et al.，1998）；具有政治关联的企业比非政治关联企业可以具有更高的负债比例，企业与政府之间建立的紧密联系有助于企业突破阻碍，进入某些垄断行业或政府管制行业，从而获得丰厚的利润（Faccio，2006）等。

近年来，国内学术界也出现了类似的研究。魏立群和王智慧（2002）对沪、深两市 114 家上市公司高管的有关特征与其业绩之间的关系进行了实证分析，得出了有关中国企业高管的几个人口特征指标与公司绩效之间的不同于西方研究的结论，并认为鉴于中国企业所处的特定制度和文化环境，需要对检验结果进行更具体的解释和讨论。

文芳和胡玉明（2009）对中国上市公司高管个人特征与 R&D 投资的关系展开研究，论文以中国上市公司 1999—2006 年的 R&D 投资数据为样本，实证检验公司第 t-1 期董事长和总经理的个人特征对公司第 t 期 R&D 投资强度的影响。结果发现：高管技术职业经验与其所受教育水平都对公司 R&D 投资强度有显著的正向影响；高管任期特征对公司 R&D 投资的影响因高管年龄的不同而有差异，青年组的高管任期与公司 R&D 投资强度显著正相关，而高龄组的高管任期却对公司 R&D 投资强度有负面影响；股权激励机制对公司 R&D 投资的影响也因高管年龄的不同而不同。

姜付秀等（2009）以沪深 A 股上市公司 2003—2005 年的数据作为研究样本，实证检验了管理层和董事长的背景特征对企业过度投资的影响。研究结果表明，管理层的教育水平、管理层平均年龄与过度投资之间存在显著的相关性。董事长个人的背景特征对过度投资的影响主要表现在学历、年龄、教育背景、工作经历上。进一步区分企业性质后的研究发现，国有控股企业和非国有控股企业中，管理者（管理层以及董事长）的背景特征对企业过度投资的影响具有一定的差异性。

黄继承和盛明泉（2013）以 2002—2009 年中国上市公司高管变更事件为研究样本，通过检验高管背景特征对股价反应的影响，研究了高管背景特征是否具有信息含量，以检验高管背景特征的价值相关性。研究结果表明，高管变更事件的宣告效应与高管背景特征具有显著相关性，具体表现在：高管的年龄与股价反应负相关，学历与股价反应呈倒“U”形关系，相比于内部提拔，高管为外部选聘时股价反应更好；在控制了离任高管背景特征的影响以及对继任与离任高管背景特征的差异进行的检验中，上述关系仍然稳健地成立，从而表明高管背景特征具有显著的信息含量。

吴德军（2013）以我国 A 股市场 2010—2011 年发布社会责任报告的 709 家公司为样本，对高管特征对公司环境绩效的影响进行了实证研究。研究发现，高管性别同环境绩效正相关，女性担任高管的公司环境绩效更好；高管的长期薪酬与公司环境绩效正相关。

孙海法和姚振华等（2006）运用中国纺织业和信息技术业上市公司的实证数据进行研究后发现，高管团队组成特征比CEO 个人特征解释更多的企业绩效变异，其中公司短期绩效的正相关因素有团队规模和平均任期，公司长期绩效的正相关因素是平均教育水平，公司长期绩效的负相关因素是团队规模。在信息技术公司，高管团队的平均任期与公司的长期绩效负相关，任期异质性与公司的长期业绩正相关，高管团队平均年龄与企业当期绩效显著负相关。在孙海法等（2011）的另一篇论文中，还研究了高管团队组成特征、沟通频率与组织绩效的关系。研究发现，CEO 性别与团队沟通频率正相关，但高管团队人口统计特征比 CEO 个人特征对团队沟通频率的变异有更多解释；高管团队男性比例、平均受教育程度、平均组织任期以及平均团队任期与团队沟通频率正相关，团队的平均年龄与沟通频率负相关；高管团队沟通频率与组织绩效显著正相关。分步回归结果还表明，高管团队男性比例和平均团队任期对组织绩效有显著正影响，且受到团队沟通频率的完全中介作用。

吕怀立和杨聪慧（2019）利用承销商和审计师个人层面的独特数据，检验了二者的固定搭配行为对债券发行定价的影响。研究发现，承销商经办人员与签字审计师的固定搭配次数越多，债券信用利差越高，即符合合谋假说。进一步研究发现，承销商经办人员的人力资本对二者的合谋行为具有缓解作用，表现为当承销商经办人员的人力资本较高时，能够降低合谋行为对企业融资成本的不利影响，尤其当与其搭配的签字审计师具有高学历、为合伙人以及具备行业专长时，这种现象更为明显。

此外，还有较多文章从企业高管的财务经历（姜付秀等，2012，2013，2016，2018）、银行背景（苏灵等，2011）、海外经历（宋建波等，2017；柳光强，2018）、家乡背景（胡珺等，2017；

杜兴强和熊浩，2017）、学者型背景（姜付秀等，2019；张永奎等，2019）、政治联系（罗党论等，2008，2009；雷光勇等，2009；吴联生，2010；杜兴强等，2009，2010，2011，2012，2013）、过度自信（姜付秀等，2009；黄连琴等，2011；余明桂等，2013）等个体特征角度，研究了高管及其团队特征对企业决策与组织绩效等方面的影响，也都丰富了高阶梯队理论的成果。

近几年，国内外学术界标新立异，还引入了人体样貌特征对企业决策影响的研究。例如，沈艺峰等（2017）认为，目前，高管特征的研究仅关注于个人生活经历和工作经历等“后天”因素，缺乏高管先天特征的研究。因此他们以我国创业板公司在 IPO 网上路演中的推介高管为研究对象，检验了高管的长相和语音对 IPO 市场的影响。研究发现，投资者偏好高管长相较好的公司，公司高管长相好，IPO 申购中签率低，首日换手率低。高管长相在 IPO 市场中存在“美貌溢价”，即高管长相较好的公司，IPO 折价率低；而高管长相较差的公司，则并无显著结论。IPO 市场对高管的“低音偏好”具体表现为：高管语音的音量越低，IPO 热度越高，IPO 折价率也越低；并且，声音低沉的高管所管理的公司价值较高。对比发现，语音特征的作用比长相特征的作用稳定。该论文利用机器学习的方法获取客观数据，将高管特征的研究从“后天塑造”的角度拓展至“先天遗传”的领域，为先天特征与公司财务之间关系提供了直接证据。

高阶梯队理论以及上述企业高管个人特征影响的中外研究文献，为我们研究保荐代表人个人特征对企业 IPO 的影响提供了启发与借鉴。目前，这一方面的研究还比较匮乏，即使有少量的研究，也存在着维度不广、研究不够深入的缺陷。本章开始将对参与 IPO 项目的保荐代表人的个人特征进行详细分析，深入探索保荐代表人个人对于上市公司 IPO 情况的作用机制。具体来说，结合所能有效获取的保荐代表人个人信息，本章对保荐代表人个人特征的研究将从以下几个方面展开：保荐代表人在证券行业的从业经验、保荐代表人的个人教育水平、保荐代表人性别、保荐代表人更换保荐机构的频率、保荐代表人过去所在保荐机构的受罚情况等。

5.2.2 理论分析与假设提出

在证券发行市场尤其是IPO市场上，有效的信息传递是市场效率的基础。Brealey et al.（1977）的金融中介理论表明，金融中介在信息搜寻、鉴别以及股票发行的价格判断方面具有成本优势，因此能够在一定程度上起到缓解股票发行市场中的信息不对称的作用。一般而言，投资者可通过衡量保荐代表人的声誉特征，判断其所提供的上市公司信息的真实和准确程度，从而判断上市公司质量及其IPO后的市场表现。因为一方面，声誉良好的保荐代表人有能力更好地起到监督作用，从而为投资者提供更加真实准确的上市公司信息；另一方面，为了维护其声誉，声誉良好的保荐代表人也会采取更加审慎的执业态度，为其保荐的项目质量提供保障。但保荐代表人的声誉特征又与保荐代表人的工作经验和教育程度等密切相关。相对于受教育程度较低、经验较少的保荐代表人，受教育程度高、从业经验丰富的保荐代表人能够更准确地掌握适合上市的公司的情况和相关信息，具备更强的市场分析能力和定价能力。其积累的声誉也较高，能够向投资者传递更高的声誉信号。同时在声誉机制良性循环的作用下，他们也更加珍惜自己的声誉，会采取更加积极谨慎的工作态度，推荐更多高质量的公司上市。因此，教育程度高、从业经验丰富的保荐代表人可以降低其保荐项目的IPO抑价。而从性别这个人口学统计指标上来考虑，与其他行业的情况相类似，女性保荐代表人的处事风格相对于男性保荐代表人而言，一般会更加谨慎保守，在决策时更容易受到情感、舆论和伦理道德的影响，因此在执业过程中通常会更加保持应有的勤勉尽职和职业谨慎，在保荐过程中与发行方合谋造假牟利的可能性也较低。

综合以上分析可知，保荐代表人的某些人口统计学特征如受教育水平、工作经历或经验以及性别等，均会影响保荐代表人的职业声誉，进而影响企业 IPO 的定价效率及上市后业绩表现。一般而言，IPO 抑价可以反映短期定价的合理性和长期的价格稳定性，短期的 IPO 抑价越低则说明定价越合理，长期 IPO 抑价越低则反映出股价的稳定性和投资者预期的稳定性。声誉较高、从业经验较丰富、职业素养较高的保荐代表人，市场分析能力和定价能力一般也较出色，所作出的股票定价较能反映市场预期，IPO 上市后的股价也会较为稳定，IPO 抑价较低。并且这部分保荐代表人往往能够在 IPO 公司上市后的一段时间内发挥其持续监督的作用，公司上市后立即发生业绩变脸的概率也较低。因此，我们提出以下假设：

假设 5－1：保荐代表人学历越高，其保荐公司 IPO 抑价越低，公司上市后发生业绩变脸的概率也越低。

假设 5－2：保荐代表人从业经验越丰富，其保荐公司 IPO 抑价越低，公司上市后发生业绩变脸的概率也越低。

假设 5－3：保荐代表人为女性时，其保荐公司 IPO 抑价越低，公司上市后发生业绩变脸的概率也越低。

自从保荐代表人制度实施以来，由于保荐代表人的“稀缺性”，市场上始终存在着非常普遍和频繁的保荐代表人离职与更换保荐机构的现象。综合媒体报道以及业内人员的评论，保荐代表人离职的原因主要有以下几点：首先，投行人才市场上存在的“挖角”现象极为普遍。尤其是在保荐代表人制度实行初期，由于市场上具有签字资格的保荐代表人数量极为稀少，且在 2012

年以前，我国采用的是“双人单签”制度，即每位签字保荐代表人在同一时期只能负责一个 IPO 项目，因此市场上对于拥有签字权的保荐代表人的争夺十分激烈。这种现象直到 2012 年证监会发布《关于进一步加强保荐业务监管有关问题的意见》，将“双人单签”制度改为“双人双签”，即每位保荐代表人可以同时负责两个 IPO 项目时，才得到一定程度的缓解。但是保荐代表人依然是 IPO 市场上的“稀缺资源”与各大券商“争夺”的对象。而在所有拥有签字权的保荐代表人中，能力更强、更能够对 IPO 项目进行把控的保荐代表人会收到更为频繁、待遇更为优厚的邀约，这些保荐代表人更换保荐机构的概率可能就更高。为此，我们提出以下假设：

假设 5-4a：保荐代表人更换保荐机构的频率越高，其保荐公司 IPO 抑价越低，公司上市后发生业绩变脸的概率也越低。

但是另一方面，频繁更换保荐机构削弱了保荐代表人与保荐机构及项目团队之间的联系。在一个 IPO 项目中，除两名签字的保荐代表人以外，通常还包括一名项目协办人以及数名项目组成员。当保荐代表人在一家保荐机构持续任职时间较长时，更有可能建立起相对固定的项目团队。项目团队通过长时间的磨合不仅能够提高工作效率，而且更有可能达成一致的目标，这也是市场上存在不少保荐项目团队被集体“挖角”的原因。然而尽管有此种现象的存在，频繁更换保荐机构的保荐代表人相对于长期在一家保荐机构工作的保荐代表人来说，依然更难建立起稳定高效的项目团队。因此，频繁更换保荐机构也有可能对保荐代表人的工作效率及能力产生负面的影响。所以，我们提出与前一假设具有竞争性的假设：

假设 5-4b：保荐代表人更换保荐机构的频率越高，其保荐公司 IPO 抑价越高，公司上市后发生业绩变脸的概率也越高。

在本书的第 4 章中，我们曾对保荐机构和保荐代表人受到证监会处罚的情况进行了统计。在 2004 年 6 月至 2015 年 4 月间，共有 201 例保荐代表人个人以及 63 例保荐机构违规并受到证监会处分的案例。从声誉理论的角度来看，保荐代表人所在的保荐机构或者其在保荐机构中的同僚曾经受到过证监会的处分，可能会对保荐代表人的声誉产生负面的影响。除此之外，保荐机构中出现违规受罚的现象也说明保荐机构的内部控制制度存在一定的不足，未能对保荐代表人负责的保荐项目做到有效的监管。但是从另一角度看，保荐代表人过去所在的保荐机构或者保荐机构中的同僚曾经受到过证监会处罚，或许能够对保荐代表人起到一定的警示作用。如前所述，证监会对于保荐代表人的处分措施包括暂停受理推荐项目、撤销保荐代表人的资格，乃至证券市场的终身禁入等。保荐代表人一旦受到这些处罚，其经济利益甚至职业生涯都有可能受到巨大的影响。因此，保荐代表人过去所在的保荐机构如出现过被证监会处罚的案例，应该能够在一定程度上为保荐代表人的后续工作提供警示，促使保荐代表人在其后的项目中更加审慎，更加负责地完成证监会的要求。由此，我们提出以下假设：

假设 5－5：保荐代表人过去所在的保荐机构中出现过被证监会处分的情况，其保荐公司 IPO 抑价越低，公司上市后发生业绩变脸的概率也越低。

5.3　研究设计与样本选取

5.3.1　研究设计

本章研究的目的，是要检验保荐代表人的五项个人特征，即保荐代表人的受教育水平、保荐代表人的从业经验、保荐代表人的性别、保荐代表人更换保荐机构的频率以及保荐代表人过去所在保荐机构是否出现过被证监会处分的情况，会否影响其负责的上市公司的 IPO 抑价以及上市后业绩变脸的情况。

为了达成以上目的，本章延续采用上一章的模型，并将其中的保荐代表人的虚拟变量替换为保荐代表人的个人特征指标，本章采用的检验模型具体如下：

$$y_i = \alpha_0 + \beta X + \sum \gamma_j Firm_j + \delta_1 EDU + \delta_2 FEMALE + \delta_3 TURN + \delta_4 EXP + \delta_5 FINE + \varepsilon$$

该模型中，y_i为 IPO 结果的代理指标。延续上一章的研究，这里的 y_i主要包括两大类，一类为 IPO 抑价的代理指标（*DAY*1 和 *DAY*180），另一类为企业 IPO 后业绩变脸的情况（*GROWTH*）。

在自变量中，本章将需要检验的五项保荐代表人个人特征的指标具体定义如下：

（1）保荐代表人的受教育水平（*EDU*）。

采用 1 至 5 的数字大小来度量保荐代表人的教育水平 *EDU*，并用学历来加以代表。当保荐代表人的学历为高中或中专时，*EDU* 取 1；当保荐代表人的学历为大学专科时，*EDU* 取 2；当保荐代表人学历为大学本科时，*EDU* 取 3；当保荐代表人的学历为硕士研究生时，*EDU* 取 4；当保荐代表人学历为博士研究生时，*EDU* 取 5。

（2）保荐代表人的性别（*FEMALE*）。

采用虚拟变量 *FEMALE* 来表示保荐代表人的性别，当保荐代表人为女性时，*FEMALE* 取 1，否则取 0。

（3）保荐代表人的从业经验（*EXP*）。

由于保荐代表人从进入证券行业起就有可能作为非签字保荐代表人参与一系列 IPO 项目并从中获取相关经验，而目前证监会规定的保荐代表人申请条件中，也要求申请人应当“具备 3 年以上保荐相关业务经历”，因此我们选择了保荐代表人进入证券行业的时间作为起始点计算保荐代表人的从业经验，将变量 *EXP* 定义为保荐代表人进入证券行业的年数。在后续的稳健性检验中，我们还将使用保荐代表人取得保荐资格后的年数作为 *EXP* 进行重新验证。

（4）保荐代表人更换保荐机构的频率（*TURN*）。

参照保荐代表人从业经验的度量方法，我们采用保荐代表人入行以来更换保荐机构的次数除以保荐代表人入行年数，来计算保荐代表人更换保荐机构频率的指标 *TURN*。

（5）保荐代表人曾经所在机构受罚的情况（*FINE*）。

在前文的假设中，对于保荐代表人曾经所在机构受罚情况影响的讨论，主要是基于证监会的处罚可能会给保荐代表人后续工作提供警示作用的考虑。因此，我们将保荐代表人曾经所在机构受罚情况的指标 *FINE* 定义如下：当保荐代表人在某家保荐机构的任职期内，该保荐机构或保荐机构中的保荐代表人由于违规受到过证监会的处分，则认为出现了其曾经所在保荐机构受罚的情况。只要该保荐代表人过往经历中出现过一次或以上这样的情况，就将 *FINE* 定义为 1，否则为 0。

除此之外，本章沿用上一章的方法，为每一家不同的券商分别设置了一个虚拟变量，表示为 $Firm_j$。而它们的系数 γ_j 则反映了券商作用的发挥对企业 IPO 结果产生的影响。同样参照上一章的方法，本章依然借鉴以往的研究（Balvers et al.，1988；Beatty，1989；Datar et al.，1991；Su，2004；王兵等，2009），对上市公司规模（*SIZE*）、杠杆率（*LEV*）、第一大股东持股比例（*FIRSTSH*）、上市公司年龄（*AGE*）、首次招股日与上市日时间间隔天数（*GAP*）等因素进行了控制。

本章所使用变量的名称与具体定义概括如表 5-1 所示。

表 5-1　　变量定义与解释

变量名	变量解释
DAY1	（上市首日收盘价-发行价）/发行价×100
DAY180	（上市 6 个月后收盘价-发行价）/发行价×100
GROWTH	（上市第一年净利润-上市前一年净利润）/上市前一年净利润
SIZE	IPO 前一年总资产的自然对数
LEV	IPO 前一年底的资产负债率，取总负债/总资产
FIRSTSH	IPO 公司第一大股东及其关联方的持有股份占 IPO 后总股本的比例
AGE	企业成立年份与上市年份的时间间隔的自然对数
GAP	首次招股日与上市日时间间隔天数的自然对数
EDU	保荐代表人受教育水平：1-高中或中专 2-专科 3-本科 4-硕士 5-博士
FEMALE	保荐代表人性别的虚拟变量，保荐代表人为女性时取 1，否则取 0
TURN	保荐代表人入行以来更换保荐机构的频率，取保荐代表人更换保荐机构次数/保荐代表人入行年数
EXP	保荐代表人入行年数
FINE	保荐代表人所在保荐机构受罚的虚拟变量，保荐代表人有过在受到证监会处罚的保荐机构工作的经历时取 1，否则取 0

5.3.2　样本选取

本章继续选取 2004—2014 年深沪两市首次公开上市的 A 股公司为研究对象。选择 2004 年作为起始年份是由于我国从 2004 年开始正式引入保荐代表人制度。保荐代表人个人信息来源于中国证监会以及中国证券业协会网站。由于 2012 年以前我国保荐代表人资格由证监会负责批准登记，自 2012 年 10 月 15 日以后，则由中国证券业协会进行自律管理。因此本章在获取数据时将两者的信息进行了结合整理。IPO 抑价及相关数据来自 WIND 数据库，其他相关数据来自 CSMAR。文章剔除了金融类企业数据以及部分保荐代表人信息缺失的观测，最终得到 1291 家上市公司 2560 位保荐代表人的样本。样本总量与分布情况与上一章相同，在此不再重复描述。

5.4　实证检验过程与结果分析

5.4.1　主要变量的描述性统计及相关性分析

表 5 - 2 列示了本章主要变量的描述性统计结果。表中因变量 *DAY*1、*DAY*180、*GROWTH*，以及控制变量中的 *SIZE*、*LEV*、*FIRSTSH*、*AGE*、*GAP* 的情况与上一章相同，不再赘述。在本章所要检验的保荐代表人个人特征的指标中，*EDU* 的均值为 3.7836，中位数为 4，表明大部分保荐代表人具有硕士研究生及以上的学历。*FEMALE* 均值为 0.1410，说明样本中仅有 14.1% 的保荐代表人为女性。*EXP* 均值为 5.6918，表明样本中保荐代表人的平均入行年数为 5.6918 年，中位数为 6，说明多数保荐代表人至少有 6 年以上的入行经历。需要指出的是，*EXP* 最小值为 0，与前文所述的证监会对保荐代表人应当具有一定的保荐业务相关工作经历的要求不符。这是由于我们研究的样本是从最初引入保荐人制度的 2004 年开始的，而最早的一批保荐代表人在 2004 年就取得了保荐代表人的资格，又因为我们将保荐代表人入行经历的统计也始于 2004 年，因此就出现了最早一批保荐代表人在保荐人制度引入之初虽然已有过参与 IPO 项目的经历，但其入行经历仍然显示为 0 的情况。所以这里的计算方法并不违

背实际情况。*TURN* 的均值为 0.1303，这说明保荐代表人平均 7.6 年就会更换保荐机构。*TURN* 的最小值为 0，最大值为 1，说明有部分保荐代表人每年都会更换保荐机构。*FINE* 的均值为 0.4922，说明样本中有 49.22% 的保荐代表人有过曾经所在保荐机构或保荐机构中的个人受到证监会处罚的情况。

表 5－2　　　　主要变量的描述性统计

变量名	观测数	平均值	标准差	中位数	最小值	最大值
*DAY*1	2560	55.1326	73.3506	38.4320	－26.3333	626.7442
*DAY*180	2560	52.8310	118.0249	20.6304	－75.0000	1830.0270
GROWTH	2560	0.1912	0.1519	0.5050	－1.1837	7.9094
SIZE	2560	20.4525	1.6351	20.0568	18.0985	29.8151
LEV	2560	0.4797	0.1820	0.4782	0.0464	0.9784
FIRSTSH	2560	0.3897	0.1519	0.3773	0.0010	0.8855
AGE	2560	1.9393	0.7223	2.0794	0.0000	3.3322
GAP	2560	2.4068	0.2767	2.3979	1.7918	3.9120
EDU	2560	3.7836	0.5155	4.0000	2.0000	5.0000
FEMALE	2560	0.1410	0.3481	0.0000	0.0000	1.0000
EXP	2560	5.6918	2.2349	6.0000	0.0000	11.0000
TURN	2560	0.1303	0.1491	0.1250	0.0000	1.0000
FINE	2560	0.4922	0.5000	0.0000	0.0000	1.0000

表 5－3 报告了本章主要变量的相关系数。表中显示，*EDU*、*EXP*、*FINE* 均与 *DAY*1、*DAY*180 显著负相关，说明保荐代表人受教育水平越高、从业经历越长以及有过曾经所在的保荐机构或保荐机构中的个人受到证监会处罚的情况，其负责保荐的上市公司 IPO 抑价越低，这与前面的假设相一致。*TURN* 与 *DAY*1 显著正相关，说明保荐代表人更换保荐机构越频繁，其负责保荐的上

市公司 IPO 抑价越高，这支持了假设 5－4b。除此之外，*EXP*、*FINE* 与业绩变脸指标 *GROWTH* 显著负相关，说明保荐代表人经验越丰富，有过曾经所在的保荐机构或保荐机构中的个人受到证监会处罚的情况，其负责保荐的上市公司 IPO 后发生业绩变脸的可能性越大。另外，保荐代表人性别的指标 *FEMALE* 与 IPO 抑价及业绩变脸指标 *DAY*1、*DAY*180、*GROWTH* 均未表现出显著相关性，初步说明公司 IPO 绩效与保荐代表人的性别没有显著关系。表 5－3 的相关系数同时显示，自变量间的相关性系数均不超过 0.5，说明本章后面的回归模型不存在严重的多重共线性。

5.4.2　保荐代表人个人特征影响的检验结果

根据 5.3 节所述的研究方法，本节以 *DAY*1，*DAY*180 和 *GROWTH* 作为因变量，控制了上市公司基础特征、保荐机构等因素之后，对以保荐代表人个人特征作为自变量的回归模型进行了检验。表 5－4 报告的回归结果显示，保荐代表人的教育水平、从业经验以及过去所在保荐机构的受罚情况均与上市公司首日 IPO 抑价显著负相关。这说明，保荐代表人的受教育水平越高，保荐代表人的从业经验越丰富，越有利于降低其负责保荐项目的 IPO 抑价。这都与本章提出的假设一致。保荐代表人过去曾有所在保荐机构及个人受到证监会处罚的经历，其负责项目的 IPO 抑价同样较低，这也支持了本书提出的警示假说。保荐代表人更换保荐机构频率的指标 *TURN* 系数显著为正，说明保荐代表人更换保荐机构越频繁，其负责项目的 IPO 抑价越高。这支持了本章提出的假设 5－4b，即保荐代表人频繁更换保荐机构不利于保荐项目团队的稳定构建与磨合。值得指出的是，保荐代表人更换保荐机构的频率与上市公司 IPO 后半年内股价的变化呈显著负相关。这可能与保荐代表人频繁跳槽对其后续督导作用产生的影

表 5-3　　主要变量的相关性分析

	1	2	3	4	5	6	7	8	9	10	11	12	13
1. *DAY1*		0.595 ***	0.127 ***	−0.142 ***	0.083 ***	0.02	−0.192 ***	0.276 ***	−0.005	−0.017	0.057 **	−0.471 ***	−0.197 ***
2. *DAY180*	0.605 ***		0.216 ***	−0.061 **	0.069 ***	0.023	−0.194 ***	0.276 ***	−0.011	−0.011	−0.012	−0.367 ***	−0.152 ***
3. *GROWTH*	0.051 ***	0.227 ***		0.012	0.035	0.035	−0.113 ***	0.083 ***	−0.023	0.036	−0.011	−0.129 ***	−0.100 ***
4. *SIZE*	−0.058 ***	0.041 **	0.177 ***		0.478 ***	0.192 ***	0.011	−0.049 **	0.059 **	−0.005	−0.012	0.037	0.006
5. *LEV*	0.092 ***	0.093 ***	0.055 ***	0.442 ***		0.084 ***	−0.089 ***	0.063 ***	0.074 ***	−0.037	0.026	−0.151 ***	−0.123 ***
6. *FIRSTSH*	0.073 ***	0.038 *	0.052 ***	0.275 ***	0.070 ***		−0.041 *	0	0.011	−0.017	0.041 *	−0.052 **	−0.02
7. *AGE*	−0.108 ***	−0.119 ***	−0.151 ***	−0.050 **	−0.090 ***	−0.027		−0.189 ***	−0.035	0.001	−0.013	0.294 ***	0.120 ***
8. *GAP*	0.201 ***	0.220 ***	0.009	−0.095 ***	0.051 **	−0.026	−0.174 ***		−0.008	0.017	0.02	−0.289 ***	−0.163 ***
9. *EDU*	−0.052 ***	−0.038 *	−0.02	0.065 ***	0.070 ***	0.014	−0.03	−0.009		−0.045 *	−0.001	−0.029	0.027
10. *FEMALE*	−0.007	−0.016	0.017	−0.001	−0.03	−0.017	−0.004	0.017	−0.046 **		−0.050 **	−0.008	0.060 **
11. *TURN*	0.092 ***	−0.006	0.045 **	−0.004	0.036 *	0.028	−0.02	0.033 *	−0.009	−0.052 ***		0.014	−0.141 ***
12. *EXP*	−0.408 ***	−0.403 ***	−0.149 ***	−0.058 ***	−0.170 ***	−0.057 ***	0.244 ***	−0.273 ***	−0.026	−0.016	−0.02	2	0.268 ***
13. *FINE*	−0.161 ***	−0.162 ***	−0.110 ***	−0.050 **	−0.123 ***	−0.022	0.104 ***	−0.175 ***	0.026	0.060 ***	−0.142 ***	0.287 ***	

注：表格右上角为 Pearson 相关系数，左下角为 Spearman 相关系数。*、**、*** 分别表示在 10%、5%和 1%的水平上显著。

响有关，本书第 6 章将对此问题进行详细的分析和讨论。对业绩变脸指标 *GROWTH* 的回归中，*EXP* 的系数显著为负，这说明保荐代表人从业经验越丰富，其负责的公司上市后发生业绩变脸的可能性越大。该结果与假设 5－2 的后半条有所不同。一个可能的原因是经验丰富的保荐代表人更了解如何对其保荐项目进行包装以使其通过证监会的审核。而经过业绩包装的上市公司在 IPO 之后更有可能出现反转，出现业绩变脸的现象。

表 5－4　　保荐代表人个人特征影响的回归结果

	(1) *DAY1*	(2) *DAY180*	(3) *GROWTH*
SIZE	－8.0788*** (－5.689)	1.4989 (0.600)	0.0358*** (2.878)
LEV	28.3911*** (2.921)	11.1574 (0.653)	0.0339 (0.401)
FIRST	32.4493*** (3.451)	41.7066** (2.523)	0.0685 (0.848)
AGE	－1.8985 (－0.943)	9.4152*** (2.660)	－0.0747*** (－4.559)
GAP	19.5437*** (3.812)	52.7508*** (5.853)	－0.0149 (－0.345)
EDU	－5.9502** (－2.270)	－6.5083 (－1.413)	－0.0303 (－1.381)
FEMALE	－1.5998 (－0.416)	－4.6154 (－0.683)	0.0155 (0.493)
TURN	30.1279*** (3.041)	－38.0647** (－2.186)	0.0925 (1.164)

续表

	(1) *DAY*1	(2) *DAY*180	(3) *GROWTH*
EXP	-8.4949*** (-11.662)	0.2710 (0.212)	-0.0279*** (-4.029)
FINE	-23.5162*** (-5.821)	-11.9455* (-1.682)	-0.0092 (-0.261)
年度	已控制	已控制	已控制
行业	已控制	已控制	已控制
保荐机构	已控制	已控制	已控制
_cons	216.1385*** (6.236)	-71.3971 (-1.172)	-0.2004 (-0.653)
N	2560	2560	2560
Adj. R^2	0.2123	0.0601	0.1647
F	7.9681	2.6537	4.5316

注：*、**、***分别表示在10%、5%和1%的水平上显著。

5.4.3 稳健性检验及进一步研究

（1）变量指标的替代检验。

为了进一步加强上述回归结论的稳健性，我们采用了一系列替代指标来对基本回归模型进行重新检验。首先，使用公司IPO后5日及一年的股票回报率来代替IPO首日回报率与6个月后的回报率作为IPO抑价的指标，对前两个模型进行了重新回归。检验的结果与原结果基本一致。其次，使用营业收入变化率作为业绩变脸的指标，代入原模型中进行了重新回归，也得到了与前文类似的结果。再次，由于企业IPO时的市场环境存在差异，IPO 后的股票回报率可能在一定程度上也受到市场环境的影响，因此，参照过往 IPO 定价相关的文献，同时使用经市场回报调整后的股票回报率来作为 IPO 抑价的指标，检验的结果并未改变本章的主要结论。最后，针对保荐代表人从业经历相关的指标 *EXP* 及 *TURN*，我们尝试采用了保荐代表人取得保荐资格作为从业经历的起始点重新计算，检验结果也不影响本章结论。

（2）对双签字保荐代表人的进一步检验。

如同本书第 4 章所述，《证券发行上市保荐业务管理办法》规定，单个 IPO 项目必须经由两位具有资格的保荐代表人签字。因此，延续上一章的方法，本章同样将所有保荐代表人分为第一签字人和第二签字人两个子样本，并采用两个子样本分别对保荐代表人个人特征的影响进行了检验。检验结果如表 5 - 5 所示（表中省略了其他控制变量，仅报告了本章所检验的保荐代表人个人特征指标）。表中结果显示，对第一签字保荐代表人与第二签字保荐代表人的检验均与本章的主要结论基本一致。*EDU*、*EXP*、*FINE* 均与 IPO 抑价指标 *DAY*1 负相关，且除第二签字保荐代表人的教育水平 *EDU* 外，都在 1% 的水平上显著。*TURN* 在两个子样本中也均与 *DAY*1 正相关，但是仅在第二签字保荐代表人中较为显著。对 *GROWTH* 的回归结果中，两个子样本的 *EXP* 系数都显著为负，这与本章的主要结论也相同。综合来看，第一签字保荐代表人和第二个签字保荐代表人的个人特征均对其保荐公司的 IPO 抑价以及上市后的业绩变脸情况产生显著影响，且影响的方向基本一致。该结论也进一步支持了双保荐代表人制度的合理性与必要性。

表 5-5　对第一签字保荐代表人和第二签字保荐代表人的分样本检验

	第一签字保荐代表人			第二签字保荐代表人		
	(1) *DAY1*	(2) *DAY180*	(3) *GROWTH*	(4) *DAY1*	(5) *DAY180*	(6) *GROWTH*
EDU	-10.6113*** (-2.722)	-6.2389 (-0.924)	-0.0156 (-0.474)	-1.0490 (-0.279)	-6.9024 (-1.026)	-0.0357 (-1.144)
FEMALE	-5.5031 (-0.904)	2.2062 (0.209)	0.0086 (0.167)	0.9172 (0.174)	-12.3658 (-1.313)	0.0226 (0.540)
TURN	13.0129 (0.873)	-79.3714*** (-3.074)	0.0900 (0.750)	47.8244*** (3.374)	0.7106 (0.028)	0.0793 (0.713)
EXP	-9.3652*** (-8.588)	2.8893 (1.529)	-0.0329*** (-3.140)	-8.0257*** (-7.796)	-1.8848 (-1.024)	-0.0173* (-1.822)
FINE	-20.1866*** (-3.503)	-17.5891* (-1.761)	0.0124 (0.252)	-27.8426*** (-4.693)	-6.7567 (-0.637)	-0.0383 (-0.732)
其他控制变量	已控制	已控制	已控制	已控制	已控制	已控制
_cons	190.7678*** (3.801)	-81.0144 (-0.931)	0.0763 (0.171)	249.7406*** (4.900)	-22.1366 (-0.243)	-0.3172 (-0.715)
N	1269	1269	1269	1291	1291	1291
Adj. R^2	0.1997	0.0399	0.2113	0.1936	0.0361	0.0921
F	4.3308	1.5546	3.5577	4.2260	1.5035	1.9391

注：*、**、*** 分别表示在 10%、5% 和 1% 的水平上显著。

5.5　不同监管环境下保荐代表人个人特征对公司 IPO 绩效影响的拓展检验

2010 年股权分置改革结束后，中国证券市场进入了股票的全流通时代。在巨大财富效应的诱惑下，很多企业开始走向上市之路，各大投行业务量急剧增加，但却缺乏与之相匹配的风险控制机制。于是在 2010 年，集中爆发了多个证券市场丑闻。案件频发后，证监会也加强了对保荐代表人的监管力度。为了进一步督促保荐代表人勤勉尽责，证监会在 2010 年修改了发审会答辩陈述要求，保荐代表人取代发行人代表成为答辩陈述的主讲，且两位签字保荐代表人都需要进行发言。2011 年 4 月 6 日，证监会发行监管部发布《关于保荐项目尽职调查情况问核程序的审核指引》，开始对首发项目实施问核程序，要求保荐代表人向证监会说明对发行人 37 项重要事项实施的具体尽职调查程序，如果预审员在审核过程中发现疑点的，可以要求保荐代表人作出专项说明。其后不久，创业板也开始实施该问核程序。问核程序实施后，证监会对很多事项提出了具体的量化要求，保荐代表人的尽职调查工作不再是形式化的流程。这些举措一方面督促了保荐代表人熟悉项目，勤勉尽职，杜绝了保荐代表人仅起到“签字机器”作用的可能，另一方面也进一步提高了保荐代表人在保荐项目中的作用和话语权。

在此制度变更背景下，本节进一步检验了监管制度变化对保荐代表人个人特征发生作用的影响。该检验一方面能够帮助我们更加详细准确地了解保荐代表人个人特征在不同制度环境中所起到的作用，同时更重要的是能够提供保荐代表人外部监管与本身内在特征之间关系的实证证据。具体来说，我们将总样本分成了2011年证监会开始实施问核程序之前与之后的两个子样本，并针对两个子样本中保荐代表人个人特征对于上市公司IPO抑价以及IPO之后业绩变脸情况的影响进行了分别检验。检验结果如表5-6所示。

表5-6 问核程序实施前后保荐代表人个人特征作用的分样本检验

	问核程序实施前			问核程序实施后		
	(1) *DAY1*	(2) *DAY180*	(3) *GROWTH*	(4) *DAY1*	(5) *DAY180*	(6) *GROWTH*
EDU	-8.3074 ** (-2.559)	-9.5236 *** (-2.691)	-0.0348 (-1.400)	3.5443 (1.096)	14.8733 (1.174)	-0.0040 (-0.106)
FEMALE	-0.6127 (-0.133)	-7.1038 (-1.410)	0.0326 (0.926)	9.6661 * (1.857)	21.4751 (1.053)	-0.0776 (-1.407)
TURN	42.0162 *** (3.677)	7.1798 (0.576)	0.0709 (0.823)	-16.7459 (-0.932)	-1.7e+02 ** (-2.405)	0.0040 (0.020)
EXP	-14.5626 *** (-13.744)	-16.0981 *** (-13.938)	-0.0207 ** (-2.499)	0.1156 (0.123)	14.2592 *** (3.867)	0.0087 (0.696)
FINE	-25.6489 *** (-5.088)	-14.3674 *** (-2.615)	-0.0029 (-0.075)	-3.1322 (-0.474)	20.6377 (0.798)	0.0223 (0.190)
其他控制变量	已控制	已控制	已控制	已控制	已控制	已控制
_cons	292.2743 *** (6.163)	130.5085 ** (2.525)	-0.1366 (-0.389)	-28.6894 (-0.607)	-51.1111 (-0.276)	1.0464 (1.591)
N	1920	1920	1920	640	640	640
Adj. R^2	0.2600	0.2259	0.1766	0.0751	0.2517	0.2007
F	7.9508	6.7740	4.3374	1.7522	4.1154	2.2741

注：*、**、***分别表示在10%、5%和1%的水平上显著。

表 5－6 的检验结果明显表明，本书的主要结论，即保荐代表人个人受教育水平、从业经验以及过去所在保荐机构的受罚情况与 IPO 抑价显著负相关，保荐代表人更换保荐机构频率与 IPO 抑价显著正相关，保荐代表人从业经验与发生业绩变脸的可能性显著正相关只表现在问核程序实施前的子样本中。问核程序实施之后，以上结果均不显著。该检验结果表明，对于保荐代表人外部监管的加强，一定程度上削弱了保荐代表人个人特征对于其所负责 IPO 项目的 IPO 抑价以及上市后业绩变脸情况的影响。

5.6　不同券商规模下保荐代表人个人特征作用的差异性检验

保荐代表人个人作用的发挥除了需要有良好的外部监管环境之外，与其所在的保荐机构的综合实力也有较大的关系。一般来说，担任保荐机构的承销商规模越大，实力越强，其配备的专业人员素质也会较高，有利于保荐项目团队的协作配合，从而可以使保荐代表人的个体效应更好地反映出来。为此，本节对大型券商和中小券商中保荐代表人个人特征的影响进行分组检验，以比较在不同券商规模下保荐代表人个人特征发生作用的差异。我们将券商依照其作为主承销商的总计主承销金额进行排序，排在前 10 位的在本书中被定义为大型券商，这些券商的累计主承销金额均超过了 5000 亿元。其余券商则被定义为中小型券商。以此作为分类标准，我们将总样本分为大型券商和中小型券商两个子样本，分别检验了两个子样本中保荐代表人个人特征对于上市公司 IPO 抑价以及上市后业绩变脸情况的影响。检验结果如表 5－7 所示。

表 5－7　大型券商和中小型券商中保荐代表人个人特征作用的分样本检验

	大型券商			中小券商		
	(1) *DAY1*	(2) *DAY180*	(3) *GROWTH*	(4) *DAY1*	(5) *DAY180*	(6) *GROWTH*
EDU	－15.6248*** (－2.738)	－9.0914 (－0.690)	－0.1112* (－1.852)	－2.7285 (－0.922)	－6.3039 (－1.326)	－0.0232 (－1.000)
FEMALE	－1.1249 (－0.136)	10.1439 (0.532)	0.0226 (0.283)	－2.3829 (－0.545)	－5.6649 (－0.807)	0.0284 (0.840)
TURN	0.3020 (0.012)	－59.0872 (－0.989)	0.8312*** (3.223)	38.0588*** (3.532)	－35.8231** (－2.068)	0.0278 (0.340)
EXP	－9.5932*** (－6.125)	2.3481 (0.649)	－0.0238 (－1.315)	－7.9056*** (－9.376)	－0.4594 (－0.339)	－0.0297*** (－3.959)
FINE	－12.2606 (－1.269)	－5.5970 (－0.251)	－0.1455 (－1.486)	－26.7487*** (－5.998)	－10.7896 (－1.505)	0.0057 (0.154)
其他控制变量	已控制	已控制	已控制	已控制	已控制	已控制
_cons	17.8700 (0.196)	－97.7672 (－0.464)	1.3985* (1.659)	310.8458*** (7.549)	－96.6490 (－1.460)	－1.0015*** (－2.780)
N	544	544	544	2016	2016	2016
Adj. R^2	0.1459	－0.0191	0.1577	0.2595	0.0936	0.2040
F	3.1573	0.7637	2.5535	8.2782	3.1446	4.8136

注：*、**、*** 分别表示在 10%、5% 和 1% 的水平上显著。

表 5－7 的回归结果显示，保荐代表人受教育水平对 IPO 抑价以及上市公司 IPO 后业绩变脸现象的影响在大型券商中较为显著。而与保荐代表人职业经历相关的另外三项个人指标，即从业经验、更换保荐机构频率以及曾经所在保荐机构的受罚情况，均

在中小券商中更为显著。相较于大型券商，中小型券商往往缺乏完善的内部监督与控制制度，因此，保荐代表人个人在行业中获取的经验、所在项目团队的稳定性与工作效率以及个人的工作态度，在小型券商中更有可能影响其所负责项目的 IPO 抑价以及上市后业绩变脸的情况。

5.7　本章小结

通过上一章的理论分析和实证检验，已经提供了保荐代表人个人效应存在性的相关证据。本章则是在上一章基础上展开更进一步的研究，对参与 IPO 项目的保荐代表人的个人特征进行详细分析，并探讨保荐代表人个人特征对其在上市公司 IPO 中作用的影响。本章从五个方面对保荐代表人的个人特征展开相应研究，包括保荐代表人的受教育水平、在证券行业的从业经验、保荐代表人性别、保荐代表人更换保荐机构的频率，以及保荐代表人过去所在保荐机构的受罚情况。检验结果表明，保荐代表人的教育水平、从业经验以及过去所在保荐机构的受罚情况均与上市公司首日 IPO 抑价显著负相关。这说明，保荐代表人的受教育水平越高，保荐代表人的从业经验越丰富，越有利于降低其保荐项目的 IPO 抑价。这与 IPO 抑价理论中的声誉理论相一致，即保荐代表人有较高声誉时，能够降低投资者和上市公司之间的信息不对称性，从而降低 IPO 抑价。另外，保荐代表人过去曾在的保荐机构及个人如有受到证监会处罚的情况，其负责项目的 IPO 抑价反而较低，这支持了我们提出的警示假说。即保荐代表人以前工作过的保荐机构或保荐机构中的同僚如果受过证监会的处罚，足以使保荐代表人吸取教训，提高警惕，尽可能在后来的保荐项目中更加保持其职业谨慎，从而规避风险。于是，也就提高了后来保荐项目的质量，并对 IPO 抑价起到正面作用。

前面的检验还证实，保荐代表人个人特征对 IPO 公司上市后业绩变脸情况的影响，主要体现在其从业经验中。研究发现，保荐代表人从业经验越丰富，其负责的公司上市后发生业绩变脸的可能性反而越大。一个可能的原因是，经验丰富的保荐代表人更了解如何对其保荐的项目进行包装使其更容易通过证监会的审核。而经过业绩包装的上市公司在 IPO 之后就更有可能出现反转，产生业绩变脸的现象。

延续上一章的研究，本章同样对 IPO 项目中两名签字保荐代表人的作用进行了分别检验。结果表明，第一签字保荐代表人和第二个签字保荐代表人的个人特征均对其保荐公司的 IPO 抑价以及上市后的业绩变脸情况产生显著影响，且影响的方向基本一致。

除此以外，根据 2011 年证监会发布《关于保荐项目尽职调查情况问核程序的审核指引》开始对首发项目实施问核程序的情况，本章对实施问核程序前后的保荐代表人个人特征的影响进行了比较。结果发现，本章所研究的保荐代表人的一些个人特征，如保荐代表人的受教育水平、从业经验、更换保荐机构的频率以及过去所在保荐机构曾受处罚的情况等，对 IPO 抑价的显著影响仅体现在问核程序实施前的子样本中。而问核程序实施之后，以上结果均不显著。该检验结果表明，保荐代表人外部监管的加强，在一定程度上削弱了保荐代表人个人特征的作用，对其所负责项目的 IPO 抑价以及上市后业绩变脸情况的影响有所降低。

最后，本章还对大型券商和中小型券商中保荐代表人个人特征的影响进行了分别检验。检验结果显示，保荐代表人教育水平对 IPO 抑价以及上市公司 IPO 后业绩变脸现象的影响在大型券商中较为显著。而与保荐代表人职业经历相关的三项个人指标，即从业经验、更换保荐机构的频率以及曾经所在保荐机构的受罚情况，其产生的影响在中小券商中反而更为显著。这也间接说明，大型券商的综合实力及内控机制比较强，或许可以减弱保荐代表人从业经历方面的一些负面影响。

第6章 持续督导期保荐代表人变更的影响

6.1 引言

本书第 4 章检验了公司 IPO 中保荐代表人个人效应的存在性，第 5 章进一步从保荐代表人的个人特征出发，检验了保荐代表人的若干个人特征包括受教育水平、从业经验、性别、更换保荐机构的频率以及其曾经所在的保荐机构受证监会处罚的情况等，对其负责保荐的 IPO 公司上市后市场绩效的影响作了全面检验，加深了对保荐代表人个人特征所能发挥作用机制的认识。因为保荐人制度规定，保荐机构和保荐代表人对发行公司的保荐职责及义务包括在“尽职推荐”和“持续督导”两个阶段，IPO 公司即使能够成功发行股票并上市交易，也不代表着该公司在上市后就一定能够继续保持规范运作及信息透明，因此证监会的相关规定中均明确在 IPO 公司上市后的一段时间（2—3 年）内，保荐机构以及保荐代表人必须认真履行持续督导的责任。而在持续督导阶段，保荐代表人承担的责任一般比保荐机构更重，负责的工作也更为具体，他们既是监督者也是公司的财务法律顾问，需要促使 IPO 公司沿着健康发展的道路稳步前行。为此，现行保荐人制度还对保荐机构不得在公司 IPO 上市后更换保荐代表人作出了明确的规定。然而，现实情况却是，保荐代表人更换的事件频有发生，在一段时间里还越演越烈，对证券市场发展造成了不良的经济后果。本章将对保荐代表人变更的影响加以检验，并进一步加强人们对保荐代表人个人作用的认识。

我国 2004 年正式实施保荐人制度时所依据的《证券发行上市保荐制度暂行办法》（以下简称《保荐制度暂行办法》）第十九条就对保荐机构（当时没有分离出保荐代表人）在持续督导期间的保荐职责作出如下规定："发行人证券上市后，保荐机构应当持续督导发行人履行规范运作、信守承诺、信息披露等义务。"在第二十八条更明确了持续督导的内容和重点：（1）督导发行人有效执行并完善防止大股东、其他关联方违规占用发行人资源的制度；（2）督导发行人有效执行并完善防止高管人员利用职务之便损害发行人利益的内控制度；（3）督导发行人有效执行并完善保障关联交易公允性和合规性的制度，并对关联交易发表意见；（4）督导发行人履行信息披露的义务，审阅信息披露文件及向中国证监会、证券交易所提交的其他文件；（5）持续关注发行人募集资金的使用、投资项目的实施等承诺事项；（6）持续关注发行人为他人提供担保等事项，并发表意见；（7）中国证监会规定及保荐协议约定的其他工作。也就是说，保荐机构在持续督导期间，还需要继续帮助公司完善内控制度、信息披露制度、关联交易制度的建设，防止大股东侵占、上市公司违规担保、滥用募集资金以及管理层谋取私利等情况的发生。《保荐制度暂行办法》第二十九条接着对持续督导的时间作出以下规定："首次公开发行股票的，持续督导的期间为证券上市当年剩余时间及其后两个完整会计年度；上市公司发行新股、可转换公司债券的，持续督导的期间为证券上市当年剩余时间及其后一个完整会计年度。持续督导的期间自证券上市之日起计算。"为了防止实际负责保荐业务的保荐代表人在公司 IPO 上市之后另谋高就，一走了事，《保荐制度暂行办法》第四十三条规定："发行人证券发行后，保荐机构不得更换保荐代表人，但保荐代表人因调离保荐机构等情形被中国证监会从名单中去除的除外。"这也就明确了原先的保荐代表人在没有特殊情况下就必须继续履行持续督导的职责。

其后在 2008 年 10 月证监会颁发的《证券发行上市保荐业务管理办法》（以下简称《保荐业务管理办法》）及后来的修订中，除了将保荐代表人的保荐职责从对保荐机构的笼统规定中单独分离出来以外，还对持续督导的期间略作了延长。《保荐业务管理办法》第三十二规定："首次公开发行股票并在主板上市的，持续督导的期间为证券上市当年剩余时间及其后 2 个完整会计年度；主板上市公司发行新股、可转换公司债券的，持续督导的期间为证券上市当年剩余时间及其后 1 个完整会计年度。首次公开发行股票并在创业板上市的，持续督导的期间为证券上市当年剩余时间及其后 3 个完整会计年度；创业板上市公司发行新股、可转换公司债券的，持续督导的期间为证券上市当年剩余时间及其后 2 个完整会计年度。"显然，对创业板公司持续督导期间的要求比主板公司更高。同时，《保荐业务管理办法》第四十三条也对保荐代表人的更换作出了与《保荐制度暂行办法》类似的规定:“证券发行后，保荐机构不得更换保荐代表人，但因保荐代表人离职或者被撤销保荐代表人资格的，应当更换保荐代表人。保荐机构更换保荐代表人的，应当通知发行人，并在 5 个工作日内向中国证监会、证券交易所报告，说明原因。原保荐代表人在具体负责保荐工作期间未勤勉尽责的，其责任不因保荐代表人的更换而免除或者终止。”

从我国现行保荐人制度对保荐代表人更换的规定看，似乎仅对保荐机构作出了不得更换的要求，但对保荐代表人主动离职（被撤销保荐代表人资格的除外）的管理却没有更严厉的监管措施，只是在《保荐业务管理办法》中增加了“原保荐代表人在具体负责保荐工作期间未勤勉尽责的，其责任不因保荐代表人的更换而免除或者终止”的条款。这一点也许是后来出现保荐代表人较多离职现象的一个原因。按理说，除非保荐代表人发生工作调动，保荐机构不得随意更换负责的保荐代表人。但是实际上，国内保荐代表人在持续督导期内发生更换的事件却频繁发生。我们对我国 A 股上市公司保荐代表人在持续督导期内发生变更的情况进行了统计，在 2004 年至 2015 年间，A 股上市公司共发布了 3029 项保荐代表人变更公告，部分上市公司在其原定保荐代表人的持续督导期内甚至还发生了多次保荐代表人的变更。因此，在这种保荐代表人频繁更换的情况下，保荐代表人是否还能够在持续督导期内有效地发挥其应有的作用遭到了质疑。一般而言，保荐代表人的更换会给市场带来负面的反应，而对 IPO 公司持续督导的效应也会产生一定影响。本章将根据我国证券市场发生保荐代表人变更的公司样本，对保荐代表人变更的市场反应以及公司上市后的盈余管理等作出实证研究。

6.2 理论分析与研究假设

6.2.1 相关文献回顾

搜集和整理现有的研究文献，发现专门研究保荐代表人变更的论文相当罕见，但研究公司高管变更、CEO 变更、CFO 变更、审计师变更等方面的论文却是汗牛充栋，相当丰富。我们认为，公司 CEO 、CFO 等高管的变更一定会对公司未来的经营管理、投融资行为及财务业绩带来影响，而资本市场对公司高管的变更公告也会产生积极的市场反应，其作用机理与保荐代表人变更所产生的影响是一致的。因此，公司高管变更、审计师变更等现有文献，可以为本章的研究带来启发。

关于高管变更的研究，国外从 20 世纪 70 年代已经开始，在我国则是从 21 世纪初才渐成研究热点。高管变更研究的内容主要有两个方面：一是高管变更的动因或影响因素；二是高管变更所产生的经济后果。关于高管变更的动因，众说纷纭，原因很多，但大致可以归为公司控制权发生转移的原因、公司内部治理机制发生变化的原因、公司外部环境发生变化的原因、公司财务业绩出现滑坡的原因、社会舆论的原因，以及高管个人违纪或自动辞职的原因等。

第一，在发生兼并重组等行为导致大股东实际控制权发生转移的情况下，公司 CEO 及其他高管发生变更的可能性就很大。Martin 和 McConnen（1991）发现，企业并购后，高管人员常常面临大幅度调整，尤其当目标公司的业绩低下时，其高管人员的变换概率会大大提高。Deniset al.（1995）发现，非正常高管变更常常与公司并购活动息息相关。随后，国内学者朱红军（2002）也发现，高管人员的变更与大股东的变更密切相关，但是不同经营业绩水平的公司在变更高管人员上有很大的差异，具体表现为经营业绩低劣的公司更容易发生高管人员的更换。石水平（2010）在研究了上市公司控制权转移后的超控制权与大股东利益侵占之间的关系后发现，控制权转移后的董事变更比例、高级管理人员变更比例和控股股东在目标公司董事会中所占的席位比例，均与大股东利益侵占显著正相关。

第二，公司内部的治理机制、董事会构成、权力分配等发生变化，公司高管也将面临着调整。早在1988年，Weisbachet al.的研究就发现，外部董事、董事会结构的变化会影响企业高管变更。叶若慧和王成方（2010）主要从公司股权性质、股权集中度、机构投资者持股比例、管理者持股等股权结构因素，董事会的规模、构成、董事会会议次数、董事会领导结构、董事的激励政策、董事持股等董事会的特征，以及其他公司内部机制的方面归纳了公司高管变更的原因。近年来随着家族企业研究的兴起，还有学者从代际传承及二代接班的角度论述了家族企业CEO的变更（李新春，2015；汪祥耀等，2015，2017；邓浩等，2016）。

第三，企业外部环境包括监管政策的变化，也会导致公司高管的变更。比如，一些与高管任免的相关法律法规能够加强对公司董事会的监督，从而影响高管变更。尤其在我国，对国有企业领导人的管理规定，以及从加强公司治理的角度对董事长与CEO作出两权分离的要求等，均会对公司高管的更换产生影响（朱红军，2002；蒋荣，2008）。甚至市委书记更替也会导致市委直管国有企业的高管发生非正常变更的可能性显著增加（潘越等，2015）。此外，一些公司的财务丑闻被新闻媒体曝光，会使高管变更概率增加，尤其是那些本身业绩就不佳的公司（Farrell et al. ，2002；醋卫华，2011；瞿旭等，2012）。饶品贵和徐子慧（2017）发现，在外部不确定性高时，企业内部会采取风险对冲的策略，从而降低高管变更的概率，这一情况在风险承担能力弱的企业中更为明显。

第四，公司的战略调整以及财务业绩的变化，会对高管变更产生更直接和重要的影响。前者要求公司选择更符合新的发展战略以及更有能力的 CEO 来担任而导致公司高管团队发生变化，而后者是在财务业绩变化尤其是业绩严重下滑时，需要调整 CEO 及其他高管，以降低企业的风险。Sehmidt（1985）首先研究了企业绩效与高管变更的关系，他们发现上市公司股票价格越低，CEO 变更的概率越大。Jensen 和 Meckling（1988）认为，当公司业绩较差时，公司高管更换的可能性增加。赵震宇等（2007）的研究表明，国有上市公司高管层职位的升迁或降职与公司业绩正向相关。刘星等（2012）研究发现，总体上高管变更与公司业绩负相关，而高管权力的增强会降低其因业绩低劣而被强制性更换的可能性。秦璇等（2019）考察了公司股价崩盘对 CEO 变更的影响。研究发现，公司股价崩盘与 CEO 变更显著正相关，上述现象在盈余管理程度高的情况下更为明显，控股股东产权性质、机构投资者持股比例、股权分置改革、所属地区市场化程度和 CEO 权力都会影响股价崩盘风险的效应。

第五，公司高管变更的原因还可区分为强制更换与主动更换两种情况：前者是按照监管规定或公司管理的要求对 CEO 及其他高管作出的更换决定，不需要经过当事人的同意而强制执行；后者则是在各种情况下发生的高管主动辞职或离职等现象，包括高管因个人的身体状况、工作冲突、已到退休年龄等原因提出的辞职或离职。

第六，还可以进一步分析，高管个人原因的辞职现象所导致的公司高管变更。因为在后面对保荐代表人离职原因的统计中发现，保荐代表人因个人原因离职所占的比重较大，因此对高管个人原因离职的分析对我们的研究或许能够带来启发。

公司高管主动离职还有一个可能的原因，是对当前的薪酬收入或奖金激励不够满意，未能达到其心理预期，即使他们的收入可能已经不低，但是当外部有更高的薪酬或激励向他们招手时，就可能会吸引他们“另谋高就”。此外，如果公司高管团队的薪酬结构不够合理，比如级别较低的其他高管因为与 CFO 或核心高管的薪酬收入存在较大距离而被他们认为现有薪酬设计不能充分体现他们的贡献价值时，这种攀比的心态也有可能让感到不公平的一些高管退出企业。Messersmith et al.（2011）的研究发现，薪酬离散差异与高管人员的流动性增加显著相关，当高管薪酬处于总体高管团队薪酬的较低部分以及他们拥有更多的不确定薪酬时，更有可能出现高管离职。相比之下，公司 CEO 的薪酬一般较高，其离职后的流动风险反而与他们之前的薪酬正相关（Peters 和 Wagner，2014）。与较低级别的高管相比，公司通常会向较高级别的高级管理人员支付更高的薪水，虽然这种方法对于保留组织顶点的人员非常有用，但它也可能会使薪酬金字塔底层的高管看到自己处于的不利地位，从而退出公司（Tröster et al.，2017）。

总之，高管个人因素以及对自身未来利益的考量也会对其离职行为产生影响。卫旭华等（2013）发现同层面特征对高管个人离职行为均有显著影响，从个体层面看，高管与其他成员的年龄差异、学历差异和收入差异越大，高管随后一年的个人离职行为越明显。乔坤元（2013）发现，除了公司业绩或个人身体欠佳之外，套现动机也可能是上市公司高管离职的一个重要因素。高管持股与高管变更也显著负相关（郝云宏等，2010）。

高管变更研究的第二个方面，是高管变更所产生的经济后果。现有文献主要关注的是高管变更公告带来的市场反应、高管变更对公司决策及未来业绩的影响，以及高管变更以后对公司会计信息质量及盈余管理的影响等方面。

首先，对于公司高管的变更是属于好消息还是坏消息，市场对这种消息是作出了积极反应还是没有反应，在有显著反应的情况下作出的是正面反应还是负面反应，国内外的研究都没有取得一致的结果。国外有研究发现，高管变更的消息发布后，出现了正的累计超额报酬（Furtado 和 Rozeff，1987；Weisbaeh，1988；Bonnier 和 Bruner，1989），但同时也有研究发现，高管变更的消息没有产生显著的市场反应（Bierstadt，1985；Reinganum，1985；Warner，1988），还有研究发现产生的是负的累计超额报酬（Furtado，1987）。国内的研究文献同样产生了不一致的结果。朱红军和林俞（2003）的研究表明，从整体来看，市场视高管人员的更换为一个坏消息并减少了股东财富，而且亏损公司的高管变更能够产生显著的市场反应，非亏损公司则不会产生这种影响。之后权小锋等（2009）发现，长期任职董事长被替换是好消息，它对股东财富有提升效应。吴良海等（2013）提出，市场认为高管变更可能是好消息，也可能是坏消息，这取决于市场对高管聘任的态度、企业的性质、高管变更的自愿性、常规与非常规变更等。李华荣和陶维（2017）的研究结果显示，上市公司高管发生非正常变更会被市场解读为好消息，但是并不显著；国有上市公司发生高管变更会被解读为利好消息；董事长或总经理持有公司股份的情况下，上市公司发生高管变更会给市场带来负面影响。秦璇等（2019）在考察了股价崩盘与 CEO 变更的关系后发现，公司股价崩盘与 CEO 变更显著正相关，上述现象在盈余管理程度高的情况下更为明显。进一步研究发现，在CEO被解聘之后，公司的崩盘风险明显下降。王鑫洋（2019）通过对上市公司高管变更公告的股价效应研究后指出，董事长或总经理的变更公告发布以后，证券市场中的投资者会分析这一事件对公司投资价值造成的影响，并根据其判断进行股票的买卖，从而可能导致股价产生异常波动。因此，我国对于高管变更事件的股价效应研究目前尚未形成一致结论。

其次，与股价反应类似的，高管变动对公司未来财务业绩影响的研究结论也不一致。一方面，公司财务业绩的变坏可能会导致对CEO及其他高管的更换，尤其是非常规性的强制更换；另一方面，高管更换后公司业绩是否能够好转，又与很多因素有关，这不仅与原高管的声誉和能力有关，也取决于新高管是否比原高管更有管理能力及更努力等。于是，在高管强制变更后是否能给公司带来业绩的改善，出现了经营管理改善理论、替罪羊理论和恶性循环理论这三种理论的解释。第一种理论认为，恶劣的绩效容易导致高管更换，新继任者通过努力会使公司业绩明显提高。Denis（1995）、Leker和Salomo（2000）、Huson（2004）等的研究均发现强制性的高管更换后会伴随绩效的大幅度改善，一般体现为显著正向的会计业绩回报和市场业绩回报。第二种理论替罪羊理论则认为，经理更换对公司业绩没有显著的改善，在这种情况下，强制性的高管变更只是表明组织对低劣绩效已到不能容忍的地步而已。Reinganum（1985）、Warner（1988）采用事件研究法也纷纷验证了替罪羊假说的合理性。第三种理论恶性循环理论基于另一视角，认为新继任者不仅不会改善绩效，反而会打乱组织内部的行为模式和组织关系的非正式网络，从而增加不稳定性和模糊性，可能造成绩效的持续下滑。当绩效变得更差之后，企业可能再度变更高管人员，如此就陷入了一种恶性循环

(Beatty 和 Zajac，1987)。Khorana (2001)、Shen 和 Lin (2009) 区分了不同高管的情况后发现，业绩表现不佳的高管被更换之后，可能会给公司带来好的业绩；而当业绩表现好的公司高管发生变更后，公司的业绩反而会逐渐恶化。在国内，朱红军 (2002) 发现高管更换与大股东的变更密切相关，并且低劣的公司业绩公司更容易发生高管更换，但高管更换并没有显著改善公司业绩，却导致了盈余管理的产生。丁友刚和宋献中 (2011) 研究发现，在政府控制的情况下，高管非升迁与公司业绩确实存在负相关关系，但这种负相关关系只是在经济业绩比较低迷时才显著。此外，高管更换并没有给公司带来积极的财务业绩改进。刘新民和王垒 (2012) 进一步探讨了不同高管更替模式对企业绩效的影响路径。研究结果表明，上市公司高管强制更替且外部聘任对高管团队重组有正向影响，对战略连续性有负向影响，对企业绩效有负向影响；上市公司高管强制更替且内部聘任对高管团队重组影响不显著，对战略连续性有正向影响，对企业绩效有正向影响。

最后，因为对高管变更带来的公司绩效改善争论不一，于是下一个关注的焦点就落到高管变更后公司的会计行为及盈余管理等方面，探讨公司业绩的提高是否真的提高，还是由盈余管理等行为产生的。一些研究对高管变更后公司会计和经营决策的变化进行了考察，发现继任 CEO 倾向于将不良的公司业绩推卸给前任 CEO，而将改善之功归于其自身。Moore (1973) 研究表明，在 CEO 变更后更可能制定有关减少收入的会计决策。Strong 和 Meyer (1987)、Elliott 和 Shaw (1988) 均有证据表明，高管变更后有更多的动机进行资产核销并迅速下降企业利润等行为，即盈余管理中的“大冲洗”(Big Bath)。朱红军 (2002) 的研究发现，在公司发生高管人员更换的当年，新的继任者很可能实施向下的盈余操纵，并将之前业绩下滑的责任归咎于前任高管；同时，本期的负向盈余管理会在未来期间反转，这样可以为提高未来的经营业绩奠定基础。这一结论之后也被吴德军（2009）、朱星文等（2010）、黄志忠（2015）、张霁若（2017）的研究再次证实，即发生 CEO 变更的公司，其盈余管理程度要显著高于未发生变更的公司，并导致公司会计信息的可比性降低。杜兴强和周泽将（2010）实证检验了高管（董事长或总经理）变更和高管的继任来源两个因素对于盈余管理的影响。在控制了其他可能影响盈余管理的因素之后，实证研究结果表明：高管变更导致了显著的负向盈余管理行为；外部继任者的上市公司相对于内部继任者的上市公司而言更倾向于进行显著的负向盈余管理。林永坚等（2013）还从应计项目与真实活动两个方面分析了高管变更对公司盈余管理的影响，认为新任总经理在上任当年利用应计项目负向盈余管理可以"一举多得"，利用真实活动进行盈余管理却可能会"损公不利己"，而在后续年度利用真实活动正向盈余管理虽会"损公"却可以"利己"，并得到了数据的验证。

总体而言，在高管变更动机的研究方面，没有出现太多的学术分歧。但对于高管变更的经济后果，因为影响因素更为复杂，还涉及新旧高管两个方面，因此除了对高管变更公告市场反应的检验相对比较客观外，高管变更与公司绩效以及盈余管理之间关系的研究结论尚未统一，实际上还存在互为因果的内生性问题。

6.2.2　理论分析与假设提出

与高管变更的情况有所不同，保荐代表人被强制离开其原先负责的保荐项目的情况应该是很罕见的。保荐代表人除非遇到被证监会取消资格或终身禁入证券市场的情况，一般所受到的处分也就是 3 个月到 12 个月内不被证监会受理其具体负责的推荐。

因此，保荐代表人被更换，大多数原因要么是被保荐机构派往负责新的保荐项目，要么是保荐代表人因个人情况主动离职。而主动离职的主要原因又可能是因为保荐代表人的高流动性造成的。由于保荐代表人在 IPO 市场上一直是“稀缺资源”，挖角和跳槽的情况在保荐机构中时有发生。后面的表 6－2 对保荐代表人的变更原因进行了描述性统计，能够说明保荐代表人的变更不必像公司高管变更那样，区分为强制性变更与非强制性变更。同时，因为保荐人制度规定，在保荐项目的持续督导时期不得更换保荐代表人，因此，保荐代表人的更换也难区分是常规或非常规的。换言之，大多数保荐代表人的更换，都不利于对原保荐项目的持续督导。IPO 公司发行上市后，保荐代表人仍然负有持续督导 IPO 公司规范运作、信守承诺及信息透明的责任。原保荐代表人经历了公司 IPO 前的辅导、尽职调查、信息核查、尽职推荐等工作，不仅对 IPO 公司的情况熟悉，还能与公司领导和有关部门以及公司外部的其他中介机构乃至证券监管部门保持良好的沟通与联络，一旦有问题产生也容易迅速获得解决。但是当熟悉情况的原保荐代表人发生变更，无论是出于保荐机构的原因，还是保荐代表人的个人原因，都会向市场传递负面信号，被投资者认为不利于对发行公司的后续监督；而新更换的保荐代表人因为不熟悉原保荐项目的情况或者可能还是新手，一时还不能被投资者信任。在这种情况下，在保荐代表人变更公告发布的窗口期内，投资者可能会“用脚投票”而抛出股票，于是股票市场就会作出产生负面反应。

另一方面，公司高管的变更可能会由信誉和能力差的高管换成更优秀的高管而给市场带来信心和希望，但保荐代表人的变更除了可能会影响对 IPO 公司后续规范运作、会计信息质量以及盈余管理等的监督外，一般不会改变公司的战略决策及经营管理，对公司业绩的真正改善也不会发生关键的作用。因此，市场要对保荐代表人的更换作出积极的回应，这种可能性是极低的。我们认为，保荐代表人的更换，更类似于同为中介机构的公司审计师的变更。对审计师的变更，既有文献大多验证了其对市场的负面效应（谢盛纹和刘杨晖，2016；耀友福等，2017）。

白云霞等（2014）通过对保荐人制度的剖析发现，我国保荐制度中的漏洞使得保荐代表人在面临高风险项目时能够通过变更来规避处罚。当保荐项目风险越大、定增前盈余管理程度越高、保荐机构级别越低时，保荐代表人越容易变更。该研究还发现市场对保荐代表人的变更反应消极，这很可能是因为变更向市场传递了项目质量差的负面信号。

根据以上分析，为了验证保荐代表人变更所产生的市场效应，我们提出以下假设：

假设 6－1：上市公司发布保荐代表人变更公告后，市场会对此作出负面反应。

6.3　研究设计与样本选取

6.3.1　研究设计

我们主要采用事件研究法（Event Study）来分析市场对保荐代表人变更信息披露的反应。事件研究是在事件窗口中，研究投资者对事件的价格反应。一般将事件发生的时间确定为起点，将事件对价格的影响消失的时间确定为终点，此为一个事件窗口，是事件研究的研究对象。事件研究法是建立在有效市场假说上的，在有效市场里，自任何事件发生后，市场可以立即得知并消化信息，然后将信息反映在股票的市场价格中，于是我们可以利用事件前后合适的时间段内可观测到的股票市场价格来度量事件的经济影响及市场敏感性反应的大小。

保荐代表人变更的信息披露后，投资者会结合其所持股票对应公司的板块、风险性、收益性和成长性等因素来考虑是否继续持有信息披露公司的股票，进而影响到累积异常收益的大小。所以本章选取保荐代表人变更披露后的累积超常收益率（Cumulated Abnormal Return，CAR）来作为检验对象。具体来说，我们将采用 CAPM 模型，使用保荐代表人变更信息披露前 60 个交易日的数据来估计正常收益 $E(R_{i,t})$，并采用当日的实际回报 $R_{i,t}$减去正常收益 $E(R_{i,t})$，得到当日的异常收益率 $AR_{i,t}$：

$$AR_{i,t} = R_{i,t} - E(R_{i,t})$$

在计算窗口期内累积超常收益率 CAR 时，对窗口期内交易日的异常回报 $AR_{i,t}$进行加总，即获得本章所检验的市场对于保荐代表人变更反应的代理指标 CAR_i。

6.3.2 样本选择

本章选取 2004—2014 年深沪两市的 A 股公司为研究对象。选择 2004 年作为起始年份是由于我国从 2004 年开始正式引入保荐代表人制度。保荐代表人变更信息披露的数据来自巨潮资讯（http：//www. cninfo. com. cn）发布的上市公司公告。其他相关数据来自 CSMAR。文章剔除了金融类企业数据以及相关数据信息缺失的观测，最终得到 2049 条保荐代表人变更信息。本章的样本年度分布情况如表 6 - 1 所示。表 6 - 1 的数据显示，保荐代表人变更的情况在 2006 年以前发生的频率较低，在 2004 年、2005 年和 2006 年分别发生了 2 次、28 次和 40 次。从 2007 年开始，保荐代表人变更的情况急剧增加，除 2010 年相对较少外，

2007 年至 2014 年样本中发生保荐代表人变更的案例均在 200 次以上。这也说明了保荐代表人变更是我国上市公司中较为普遍存在的现象。

表 6－1　　　　　　　样本的年度分布情况

年份	频次	百分比
2004	2	0.10%
2005	28	1.37%
2006	40	1.95%
2007	222	10.83%
2008	273	13.32%
2009	203	9.91%
2010	137	6.69%
2011	263	12.84%
2012	361	17.62%
2013	279	13.62%
2014	241	11.76%
总计	2049	100%

本章还对保荐代表人变更公告中披露的保荐代表人变更原因进行了统计。统计结果如表 6－2 所示。依照保荐代表人变更公告中披露的信息，保荐代表人变更的最主要原因是保荐代表人个人工作变动和原保荐代表人离职。此外，上市公司再次发行证券以及券商之间发生合并也是保荐代表人变更的重要原因。值得注意的是，券商合并造成的保荐代表人变更中，实际负责项目的保荐代表人大多数情况下并不会发生变化。另外，样本中也包含因原保荐代表人违规被证监会处罚、原保荐代表人持续督导期到期

和原保荐机构因未能通过证监会的审查无法获得保荐资格而发生的保荐代表人变更的情况。

表 6－2　　保荐代表人变更的原因

变更原因	频次	频率
个人工作变动	1128	55.05%
保荐代表人离职	541	26.40%
保荐代表人违规	8	0.39%
到期	2	0.10%
再次发行证券	198	9.66%
原保荐机构无法取得保荐资格	44	2.15%
券商合并	100	4.88%
未说明	28	1.37%
合计	2049	100.00%

6.4　保荐代表人变更信息披露的市场反应

依据上一节所述的方法，我们首先对保荐代表人变更信息披露事件发生的窗口期内累计超额收益（CAR）进行了均值 t 检验。由于保荐代表人变更信息可能发生提前泄露的情况，为了使研究结果更加可靠，我们对多个不同窗口期内的 CAR 均进行了检验。检验结果如表 6－3 所示。我们首先检验了保荐代表人变更信息披露当日至披露后 4 日这 5 天窗口期内的累计超额收益（CAR1）。结果显示 CAR1 在所有发布保荐代表人变更公告的样本中均值为 －0.0080，在 1% 的水平上显著小于 0。这说明市场对于保荐代表人变更信息的披露作出了负面的反应。该结果与前文的假设一致。为了进一步验证此假设，我们还采用了多个窗口期的累计超额回报进行重复检验。窗口期［0，3］（CAR2）、窗口期［-3，3］（CAR3）、窗口期［-1，3］（CAR4）和窗口期［-3，4］（CAR5）的结果均显示，上市公司在保荐代表人变更信息披露前后的累计超额回报平均显著为负，这再一次支持了前文假设，即市场对于保荐代表人变更信息的披露作出了负面的反应。

表 6-3　　保荐代表人变更信息披露后市场反应

	CAR1	CAR2	CAR3	CAR4	CAR5
均值	-0.0080	-0.0063	-0.1253	-0.0084	-0.0144
T 检验	-4.1491 ***	-3.2885 ***	-4.5270 ***	-3.9322 ***	-4.7487 ***

注：*** 表示在 1% 的水平上显著。

除此以外，我们针对保荐代表人变更公告中披露的不同保荐代表人变更原因进行了分别检验，探索不同原因造成的保荐代表人变更是否会带来不同的市场反应。检验结果如表 6-4 所示。结果显示，保荐代表人变更信息披露后 0 至 4 天的窗口期内，只有因保荐代表人个人工作变动以及保荐代表人离职的情况造成的保荐代表人变更才会获得显著为负的累计超额回报。而对于其他由于公司以及保荐机构原因造成的保荐代表人变更信息，市场并没有作出明显的反应。该结果一方面说明，投资者能够区分保荐代表人变更公告中披露的不同保荐代表人变更原因，并依此作出不同的市场反应；另一方面也说明，相对于保荐机构，投资者更看重的是对保荐项目具体负责的保荐代表人个人的作用，因而会对保荐代表人个人原因造成的保荐代表人变更作出更及时的市场反应。同时还需要指出，由上市公司再次发行证券造成的保荐代表人变更中，仅仅针对信息披露窗口期内的 CAR 进行检验无法准确获得投资者对于保荐代表人变更事件的评估和反应，因为该窗口期内的 CAR 更有可能包含投资者对公司增发这一行为本身的回应，在此部分对上市公司超额回报进行的均值 t 检验中，我们很难将两者进行区分。

表 6-4　保荐代表人变更信息披露后市场反应的分原因检验

变更原因	样本数	CAR1 均值	T 值
个人工作变动	1128	-0.0073	-2.9152***
保荐代表人离职	541	-0.1263	-2.7059***
保荐代表人违规	8	0.0073	0.2128
到期	2	0.4801	3.1254
再次发行证券	198	-0.0022	-0.4622
原定机构无保荐资格	44	-0.0087	-0.9072
券商合并	100	-0.0039	-0.62
未说明	28	-0.011	-1.1508

6.5　保荐代表人变更市场反应的进一步检验：保荐代表人个人特征变化的视角

本书第 5 章我们曾经讨论并检验了保荐代表人个人特征对于其所负责上市公司 IPO 抑价以及 IPO 上市后业绩变脸现象的影响。第 5 章的实证结果表明，保荐代表人的个人特征，包括学历、在证券行业的从业经历、更换保荐机构频率以及保荐代表人过去所在保荐机构受到证监会处罚的经历等，都会影响上市公司 IPO 抑价和上市后的业绩变脸情况。具体来说，我们发现，保荐代表人的受教育水平越高，保荐代表人的从业经验越丰富，越有利于降低其负责保荐项目的 IPO 抑价。另外，保荐代表人过去所在保荐机构曾有受过证监会处罚的经历，其负责项目的 IPO 抑价同样较低。保荐代表人个人特征对 IPO 公司上市后业绩变脸情况的影响，则主要体现在其从业经验中。研究发现，保荐代表人从业经验越丰富，其负责保荐的公司上市后发生业绩变脸的可能性越大。以上结论均表明，保荐代表人的这些个人特征能够影响保荐代表人在尽职推荐阶段的个人作用。但是保荐代表人的个人特征是否影响其在上市后的持续督导期内继续发挥作用，仍需要进一步检验。尤其是在发生保荐代表人变更的情况下，由于新接替的保荐代表人与原负责项目的保荐代表人之间，他们的个人特征包括受教育水平、从业经验、性别等，也都发生了变化。对于因保荐代表人变更而引起的新旧保荐代表人个人特征的变化，市场又会作出怎样的反应，也需要加以检验。因此，本节检验了持续督导期内保荐代表人变更的情况下，保荐代表人个人特征的不同变化情况对于保荐代表人变更公告披露后市场反应的影响。

表 6－5 针对保荐代表人变更后，负责上市公司持续督导的保荐代表人个人特征的不同变化情况，分别对保荐代表人变更信息披露后市场的累计超额回报进行了 t 检验。表中的检验结果显示，除女性保荐代表人增加的情况外，对所有保荐代表人特征有所变化的保荐代表人变更信息的披露，市场都作出了负面的反应。尤其是在保荐代表人受教育水平、从业经验和更换保荐机构的频率有所变化时，累计超额回报都显著为负，无论保荐代表人个人特征的变化是正向或负向的。

除此之外，我们还将所有更换保荐代表人的样本按照保荐代表人平均受教育水平是否提高、女性保荐代表人是否增加、保荐代表人平均从业经验是否增加、保荐代表人更换保荐机构频率是

表 6－5　　保荐代表人个人特征变化的市场反应

Panel A：保荐代表人受教育水平				
CAR1	受教育水平提高	受教育水平不变	受教育水平降低	提高－未提高
均值	－0.0091	－0.0042	－0.0172	－0.0015
T	－1.6617 **	－0.9943	－2.5882 ***	0.1931
N	202	595	218	
Panel B：保荐代表人性别				
CAR1	女性保荐代表人增加	女性保荐代表人不变	女性保荐代表人减少	增加－未增加
均值	0.0003	－0.0078	－0.0176	0.0093
T	0.0431	－2.2523 ***	－1.5449 *	0.9988
N	122	775	118	
Panel C：保荐代表人从业经验				
CAR1	从业经验增加	从业经验不变	从业经验减少	增加－未增加
均值	－0.1326	－0.0073	－0.007	－0.0060
T	－2.1527 **	－1.5295 *	－1.7865 **	0.6416
N	121	560	334	
Panel D：保荐代表人更换保荐机构频率				
CAR1	更换频率提高	更换频率不变	更换频率降低	提高－未提高
均值	－0.0131	－0.0062	－0.0074	－0.0060
T	－2.8292 ***	－1.06	－1.7465 **	－0.7038
N	149	219	647	
Panel E：保荐代表人所在保荐机构受罚情况				
CAR1	有受罚经历的保荐代表人增加	有受罚经历的保荐代表人不变	有受罚经历的保荐代表人减少	增加－未增加
均值	－0.0094	－0.0082	－0.0039	－0.0016
T	－1.1106	－2.3502 ***	－0.5011	－0.1553
N	143	827	88	

注：*、**、*** 分别表示在 10%、5% 和 1% 的水平上显著。

否提高以及曾经有过所在保荐机构受罚经历的保荐代表人是否增加这五项标准进行了划分，并对划分后五组的子样本中的 CAR1 是否相同进行了均值 t 检验。检验结果表明，无论采用何种方式进行分组，保荐代表人变更消息披露后的累计超额回报在各组之间均没有显著差别。该结果说明，投资者并不能够区分持续督导期内，保荐代表人变更带来的保荐代表人个人特征的变化并对此作出相应的市场反应。同时，也再次印证了前文所述的保荐代表人的变更不会像公司高管的新旧接替那样敏感并有所区分，市场对保荐代表人因个人原因的变更，哪怕是通过变更使保荐代表人的个人特征有所改善，也都几乎一致地给予了负面评价。

6.6　保荐代表人变更的经济后果：IPO 公司上市后盈余管理的视角

现行保荐人制度规定保荐代表人在持续督导期间的保荐职责是，持续督导发行人履行规范运作、信守承诺、信息披露等义务。证券市场之所以对保荐代表人的变更作出基本一致的负面反应的一个重要原因，就是担心在保荐代表人发生变更后因为监管的弱化使 IPO 公司的信息披露质量产生问题，包括 IPO 公司出现了更为严重的盈余管理等行为，使会计信息质量变坏，会计可比性下降。因此，本节从 IPO 公司上市后盈余管理的视角，进一步检验由保荐代表人变更所产生的另一个经济后果。

如前文所述，保荐代表人变更造成市场负面反应主要有两方面的原因：一方面，保荐代表人变更本身就可能向市场传递了一种负面信号，即可能由于保荐代表人在某些问题上与上市公司无法达成一致而造成保荐代表人的变更；另一方面，原保荐代表人对发行企业的经营状况及财务数据都有较充分的了解，而在保荐代表人发生变更后，新接替的保荐代表人需要有一定的时间来熟悉企业情况并积累监管经验，这就可能为IPO公司进行盈余管理提供了更多的机会。因此，本节拟对保荐代表人变更是否影响IPO公司的盈余管理水平进行检验，以探索保荐代表人变更信息披露造成市场负面反应的原因。

为度量保荐代表人变更后IPO公司的盈余管理水平，我们设置了三个盈余管理水平的指标，并分别检验保荐代表人变更对这三个盈余管理水平指标的影响。首先，采用 Kothari et al.（2005）的方法，用业绩匹配的琼斯模型计算出上市公司在保荐代表人变更后当年的可操纵性应计额（*KDA*）。其次，考虑到各公司本身的盈余管理水平存在差异，我们还使用了保荐代表人变更后盈余管理水平相较前一年的变化值（Δ*KDA*1）以及相较前三年平均盈余管理水平的变化值（Δ*KDA*2）。最后，为了进一步检验保荐代表人变更的影响，我们还定义了两个虚拟变量 *SCHANGE* 和 *INDCH*，两个变量分别表示IPO公司当年是否发生了原保荐代表人的变更，以及变更是否出于保荐代表人个人的原因。具体来说，IPO公司当年发布了保荐代表人变更公告，*SCHANGE* 取1，否则取0。当保荐代表人变更的原因是保荐代表人工作变动或离职时，*INDCH* 取1，否则取0。为检验保荐代表人变更对公司盈余管理水平的影响，我们采用 *SCHANGE* 和 *INDCH* 作为自变量，分别对三个盈余管理水平的指标 *KDA*、Δ*KDA*1 和 Δ*KDA*2 进行了回归。回归模型中还控制了反映公司自身特征的指标如公司规模和杠杆率等，以及反映公司治理特征的指标如第一大股东持股比例、董事会规模、独立董事比例、CEO和董事长两职合一等。回归模型中包含的变量指标具体定义如

表6－6所示。

表6－6　保荐代表人变更对盈余管理水平影响检验的变量定义与解释

变量名称	变量解释
KDA	保荐代表人变更当年IPO公司的盈余管理水平
Δ*KDA*1	保荐代表人变更当年IPO公司的盈余管理水平相较于前一年的变化值
Δ*KDA*2	保荐代表人变更当年IPO公司的盈余管理水平相较于前三年平均水平的变化值
SCHANGE	保荐代表人变更的虚拟变量，IPO公司上市当年发布了保荐代表人的变更公告取1，否则取0
INDCH	保荐代表人个人变更原因的虚拟变量，当保荐代表人变更的原因为保荐代表人工作变动或离职时取1，否则取0
SIZE	总资产的自然对数
LEV	资产负债率，取总负债/总资产
FIRSTSH	公司第一大股东及其关联方的持有股份占总股本的比例
BSIZE	董事会人数的对数
INDRATIO	董事会中独立董事人数所占的比例
DUAL	董事长与CEO两职合一的虚拟指标，董事长与CEO为同一人时取1，否则取0

表6－7报告了保荐代表人变更对盈余管理水平影响检验中所用到变量的描述性统计情况。描述性统计显示，样本中保荐代表人变更的虚拟变量*SCHANGE*均值为0.0870，说明有8.7%的IPO公司在上市后变更了保荐代表人。而*INDCH*的均值为0.0717，说明其中7.17%的变更来自保荐代表人个人原因。

表 6-7　　样本变量的描述性统计

	N	均值	标准差	中位数	最大值	最小值
KDA	15209	0.0787	0.2650	0.0443	16.2869	0.0000
SCHANGE	15209	0.0870	0.2819	0.0000	1.0000	0.0000
INDCH	15209	0.0717	0.2579	0.0000	1.0000	0.0000
SIZE	15209	21.4688	1.2562	21.3333	28.4820	10.8422
LEV	15209	0.6006	6.2472	0.4862	877.2559	0.1947
BSIZE	15209	2.1998	0.2191	2.1972	2.9444	1.0986
INDRATIO	15209	0.3138	0.1250	0.3333	0.8000	0.0000
FIRSTSH	15209	37.1495	15.9680	34.9619	89.4086	0.8225
DUAL	15209	0.1897	0.3921	0.0000	1.0000	0.0000

表 6-8 报告了保荐代表人变更对上市公司盈余管理水平影响的回归结果。第（1）、（2）、（3）列为所有原因的保荐代表人变更对上市公司盈余管理水平的回归结果。第（4）、（5）、（6）列为因保荐代表人工作变动或离职造成的保荐代表人变更对上市公司盈余管理水平的回归结果。回归过程除了控制了上文提到的控制变量外，还控制了行业、年度和公司固定效应。结果显示，无论采用保荐代表人变更后当年的公司可操纵性应计水平还是可操纵性应计额的变化值来衡量公司的盈余管理水平，保荐代表人变更都没有表现出对公司盈余管理水平的显著影响。这种情况在单独考察因保荐代表人个人原因造成的保荐代表人变更时也依然没有改变。总体来看，尽管市场投资者有可能认为保荐代表人的变更会影响上市公司的盈余管理水平，并对此作出了负面的市场反应，但实际结果显示，保荐代表人变更后对上市公司的盈余管理水平并没有产生显著的影响。

表 6－8　保荐代表人变更对上市公司盈余管理影响的回归结果

	所有原因的保荐代表人变更			保荐代表人个人原因的变更		
	(1) *KDA*	(2) Δ*KDA*1	(3) Δ*KDA*2	(4) *KDA*	(5) Δ*KDA*1	(6) Δ*KDA*2
SCHANGE	0.0025 (0.326)	－0.0203 (－1.347)	－0.0103 (－0.683)			
INDCH				0.0032 (0.387)	－0.0177 (－1.076)	－0.0088 (－0.541)
SIZE	－0.0070*** (－3.180)	0.0076* (1.841)	0.0010 (0.286)	－0.0070*** (－3.177)	0.0075* (1.832)	0.0010 (0.275)
LEV	－0.0001 (－0.317)	－0.0003 (－0.474)	－0.0000 (－0.088)	－0.0001 (－0.317)	－0.0003 (－0.473)	－0.0000 (－0.088)
BSIZE	－0.0264* (－1.891)	－0.0236 (－0.905)	－0.0165 (－0.722)	－0.0264* (－1.893)	－0.0236 (－0.905)	－0.0164 (－0.719)
INDRATIO	－0.0471 (－0.933)	－0.0590 (－0.621)	－0.0746 (－0.881)	－0.0471 (－0.933)	－0.0600 (－0.631)	－0.0750 (－0.885)
FIRSTSH	0.0004** (2.218)	－0.0000 (－0.036)	－0.0001 (－0.279)	0.0004** (2.217)	－0.0000 (－0.030)	－0.0001 (－0.272)
DUAL	0.0091 (1.421)	0.0150 (1.206)	0.0206* (1.750)	0.0091 (1.417)	0.0150 (1.202)	0.0206* (1.754)
年度	已控制	已控制	已控制	已控制	已控制	已控制
行业	已控制	已控制	已控制	已控制	已控制	已控制
公司固定效应	已控制	已控制	已控制	已控制	已控制	已控制
_cons	0.6263*** (11.315)	－0.3023*** (－2.930)	－0.1971** (－2.175)	0.6262*** (11.314)	－0.3015*** (－2.923)	－0.1965** (－2.168)
N	15209	13935	11713	15209	13935	11713

注：*、**、*** 分别表示在 10%、5%和 1%的水平上显著。

6.7 本章小结

我国保荐人制度要求保荐代表人在 IPO 公司上市后，继续履行持续督导的职责，同时规定保荐机构不得更换保荐代表人。但现实情况却是，保荐代表人在公司 IPO 发行上市后，因各种原因发生离职的情况十分普遍，对持续督导工作带来较大的影响。本章借鉴公司高管变更的研究文献，对保荐代表人变更的现象及经济后果展开了相应的分析与检验。

考虑到保荐代表人的变更基本上不会影响 IPO 公司正常的经营活动及财务业绩，所以本章在研究保荐代表人变更的经济后果时，主要选择了保荐代表人变更所产生的市场反应以及保荐代表人变更对处于持续督导期的 IPO 公司盈余管理的影响。研究保荐代表人变更的经济后果，与前两章对保荐代表人个人效应存在性以及保荐代表人个人特征影响的研究形成互补的关系，可以进一步加深对保荐代表人在持续督导期所能发挥作用的认识。

本章首先通过事件研究的方法，检验了保荐代表人变更公告披露后上市公司的累计超额回报。检验结果发现，如假设所述，市场投资者在保荐代表人变更公告披露后的确对其作出了负面反应，而且这种负面反应仅发生在因为保荐代表人个人的原因，即保荐代表人工作变动或离职造成的保荐代表人变更中。对于因保荐机构和其他原因造成的保荐代表人变更，市场并没有作出明显的反应。该结果说明了投资者能够对保荐代表人变更所传达的负面信号进行反应，且能够对保荐代表人变更的原因进行有效区分。

本书第 5 章探讨了保荐代表人个人特征对于其在尽职推荐阶

段作用的影响，并发现保荐代表人的学历、保荐代表人在证券行业的从业经历、保荐代表人更换保荐机构的频率以及保荐代表人过去所在保荐机构受到证监会处罚的经历等，都会影响上市公司 IPO 抑价和上市后的业绩变脸情况。因此，本章进一步探讨保荐代表人的以上个人特征是否对持续督导阶段因保荐代表人的变更造成的市场反应有所影响。通过对保荐代表人的学历、保荐代表人性别、保荐代表人在证券行业的从业经历、保荐代表人更换保荐机构的频率以及保荐代表人过去保荐机构受到证监会处罚的经历这五个因素在保荐代表人变更情况下发生的不同方向的变化所带来的市场反应进行分别检验和比较，我们发现投资者并不会对保荐代表人个人特征的变化作出区分，几乎在所有的保荐代表人个人特征变化中，市场都作出了负面的反应。

最后，本章还对保荐代表人的变更实际上是否会影响上市公司的盈余管理水平进行了检验。尽管市场投资者有可能认为保荐代表人的变更会影响上市公司的盈余管理水平，并对此作出了负面的市场反应，但实际上保荐代表人的变更是否会影响公司盈余管理水平仍然有待检验。通过检验我们发现，无论采用保荐代表人变更后当年的公司可操纵性应计水平还是可操纵性应计额的变化值来衡量 IPO 公司的盈余管理水平，保荐代表人变更都没有表现出对 IPO 公司盈余管理水平的显著影响。这种情况在单独考察因保荐代表人个人原因造成的保荐代表人变更时也依然没有改变。这说明，持续督导阶段发生的保荐代表人变更与公司高管的变更有所不同，对 IPO 公司盈余管理的影响并不显著，因为没有必要像公司新高管那样“迫不及待地”通过盈余管理手段来改善公司形象（朱红军，2002）。

本章研究带来的启示意义，一是保荐代表人的变更尤其是因个人原因的变更违反了保荐人制度的相关规定，影响了保荐代表人持续督导作用的有效发挥；二是变更信息发布后一般会导致证券市场作出负面反应，从而给投资者造成了损失；三是破坏了保荐代表人市场的有序性，助长了保荐代表人被挖角或随意跳槽现象的泛滥。因此，应该引起监管机构的高度重视，对保荐代表人随意离职或反复跳槽的情况应加以遏止。

第7章 研究结论与政策建议

7.1　研究结论

从 2004 年 2 月 1 日起，我国内地在证券发行上市环节，正式启用了保荐人制度。该制度实施 10 多年来，总体上取得了巨大成效，达到了保荐人制度所设定的“规范证券发行上市行为，提高上市公司质量和证券经营机构执业水平，保护投资者合法权益，促进证券市场健康发展”的预期目标。它营造了一种发行人、券商和投资者多方博弈的格局，为优质公司上市创造了更多的机遇，从而有利于夯实证券市场的基础。同时，它有效地配合了我国证券发行监管制度的改革，推动了发行审核制度从“核准制”向“注册制”的过渡。2019 年底最新修订的《中华人民共和国证券法》保留了保荐人制度的相关规定，说明在未来的注册制改革中，我国保荐人制度还将继续发挥作用，仍有很大的发展空间。

然而，在看到成绩的同时，我们也应该正视在保荐人制度实践过程中存在的一些问题。比较严重的是，一些保荐机构及相关的保荐代表人未能认真履行保荐职责，不能做到勤勉尽职，尤其在保荐项目的持续督导期间，出现了较多的保荐代表人变更现象，“只荐不保”“玩忽职守”“谋取私利”的情况也时有发生。这不仅损害了保荐机构及保荐代表人的职业声誉，影响了保荐人制度更有效的实施，而且也因为对有些上市公司把关不严，造成了这些公司出现了“业绩变脸”甚至财务造假行为，给投资者的利益造成伤害。因此，政府部门近年来加强了对保荐业务及市场乱象的监管，保荐人制度不断得到完善，对保荐机构和保荐代表人的违法违规以及其他不正当行为的处罚力度也不断加大，以确保保荐人制度继续有效的实施。

在理论和学术层面，不少学者针对我国保荐人制度的有效性展开相应的研究。但停留在保荐人制度介绍及存在问题分析的文献较多，深入探讨保荐人制度作用机制以及发挥效应的文献较少；停留在理论层面的文献较多，为保荐人制度有效性提供经验证据的实证研究文献较少；对“双保制”下保荐机构（承销商）作用的关注较多，对另一个保荐主体——保荐代表人作用的研究却相对缺乏。为改善以上研究文献的不足，本书重点关注保荐代表人个人效应的发挥，同时从规范与实证研究入手，试图从保荐代表人个人效应的存在性、保荐代表人个人特征及职业声誉对保荐代表人作用发挥的影响，以及保荐代表人变更的经济后果等多方面论证保荐代表人在保荐项目中发挥的独特作用，为现行保荐人制度日益重视保荐代表人的作用并加大对保荐代表人违规处分的力度寻找经验数据支持，并对保荐人制度的进一步完善提出政策建议。

本书在第 2 章对保荐人市场环境及保荐人制度相关条款进行解读的基础上，接着在第 3 章阐述了保荐人制度的基础理论及相关理论，对相关研究文献进行了整理及归纳，然后用三章的篇幅实证检验了保荐代表人个人作用的存在以及发挥的情况，获得一些发现及研究结论。

本书第 4 章探讨了保荐代表人在控制了其所在保荐机构影响的情况下，其个人层面是否会对其负责的 IPO 项目产生影响。本章参考了其他类似的个人在整体中发挥作用的研究文献及研究方法，对保荐代表人个人效应的存在性作出理论分析并提出研究假设。然后，利用 2004—2014 年中国 A 股上市公司的数据对研究假设进行实证检验。研究发现，在控制了保荐机构的作用因素后，加入保荐代表人的个人虚拟变量能够帮助解释上市公司 IPO 抑价情况及上市后业绩变脸的现象。这表明，保荐代表人在上市公司 IPO 项目中，能够在保荐机构之外，起到一定的个人作用。除此之外，进一步研究表明，在实行双签字的保荐代表人中，位于第一签字顺位和第二签字顺位的两位保荐代表人都具有明显的个人作用。接着，本章还对保荐代表人影响上市公司 IPO 后业绩变脸情况的路径进行了初步探究，主要检验了保荐代表人是否可能通过公司 IPO 之前的盈余管理情况影响上市后的业绩变脸现象。检验结果表明，保荐代表人对于上市公司 IPO 前的可操纵性应计项目和真实盈余管理活动均有显著的个人作用，而上市公司 IPO 前的盈余管理水平会影响公司 IPO 后的业绩变脸现象。检验结果同时还表明，盈余管理水平不是保荐代表人影响公司 IPO 后业绩变脸情况的唯一路径，除了该路径以外，保荐代表人个人还会通过影响上市公司的其他因素来影响公司 IPO 后的业绩变脸情况。

本书第 5 章在第 4 章研究发现的基础上进行更深入的研究，进一步探讨保荐代表人个人对企业 IPO 过程发挥作用的作用机制，即保荐代表人有哪些个人特征可能影响这种作用的发挥，以及如何产生这种影响。首先，本章从保荐代表人五个方面的个人特征，即保荐代表人的受教育水平、性别、在证券行业的从业经验、保荐代表人更换保荐机构的频率以及保荐代表人过去所在保荐机构的受罚情况等，实证检验这些个人特征对公司 IPO 过程的作用。检验结果表明，保荐代表人的受教育水平越高，从业经验越丰富，越有利于降低其负责保荐项目的 IPO 抑价。因为保荐代表人的教育水平及从业经验在一定程度上也代表了保荐代表人个人的职业声誉，这就意味着保荐代表人的较高声誉能够降低投资者和上市公司间的信息不对称性，从而降低 IPO 抑价。另外，保荐代表人曾有过去所在保荐机构受到证监会处罚的经历，其负责项目的 IPO 抑价同样较低。这说明保荐代表人过去所在的保荐机构或保荐机构中的同僚受过证监会的处罚，能够对保荐代表人起到警示作用，提高保荐代表人在后来项目中的谨慎性。而在保荐代表人的这些个人特征中，其从业经验对 IPO 公司上市后业绩变脸的影响最大，即保荐代表人从业经验越丰富，其负责的公司上市后发生业绩变脸的可能性也越大。接着，本章还对 IPO 项目中两名签字保荐代表人个人特征的作用进行了分别检验。检验结果表明，第一签字保荐代表人和第二签字保荐代表人的个人特征均对其保荐公司的 IPO 抑价以及上市后的业绩变脸情况有显著影响，且影响的方向基本一致。在本章的拓展研究中，分别从外部监管环境的变化及承销商的规模检验了保荐代表人个人特征发挥作用的情况。针对 2011 年证监会发布《关于保荐项目尽职调查情况问核程序的审核指引》并开始对首发项目实施问核程序的情况，本章对问核程序实施前后保荐代表人个人特征影响的差异进行了比较研究，发现在我们所研究的保荐代表人个人特征中，保荐代表人的个人受教育水平、从业经验、更换保荐机构的频率以及过去所在保荐机构的受罚情况对 IPO 抑价的显著影响仅表现在问核程序实施前的子样本中。这说明对于保荐代表人外部监管的加强，一定程度上削弱了保荐代表人个人特征对于其所负责 IPO 项目的抑价水平以及上市后业绩变脸情况的影响。最后，本章对大型券商和中小型券商中保荐代表人个人特征的影响进行了分别检验。检验结果显示，保荐代表人受教育水平对 IPO 抑价以及上市公司 IPO 后业绩变脸现象的影响在大型券商中较为显著；而与保荐代表人职业经历相关的三项个人指标即从业经验、更换保荐机构频率以及曾经所在保荐机构的受罚情况对公司 IPO 过程的影响，均在中小券商中更为显著。

本书第 6 章为了进一步印证保荐代表人的个人效应，研究了保荐代表人在持续督导期间因各种自愿或强制的原因发生了更换情况（即保荐代表人变更）所带来的经济后果。因为保荐代表人的变更涉及前后保荐代表人个人能力、声誉及个人特征统计指标上的变化，本章试图研究这种变化所带来的市场反应以及对 IPO 公司未来业绩的影响。通过事件研究的方法，本章首先对保荐代表人变更公告披露后上市公司的累计超额回报进行了检验。结果发现，市场投资者在保荐代表人变更公告披露后对其作出了负面反应，而且这种负面反应仅发生在因为保荐代表人个人原因，即保荐代表人工作变动或离职造成的保荐代表人变更中。对于因保荐机构和其他原因造成的保荐代表人变更，市场并没有作出明显的反应。该结果说明了投资者能够对保荐代表人变更所传达的负面信号进行反应，且能够对保荐代表人变更的原因进行有效区分。接着，本章进一步检验了第 5 章所涉及的保荐代表人五个方面的个人特征（即保荐代表人的受教育水平、性别、在证券行业的从业经验、保荐代表人更换保荐机构的频率以及保荐代表人曾有过去所在保荐机构受过证监会处罚的经历等）因保荐代表人变更形成的个人特征变化，而对市场反应产生的具体影响。检验结果发现，市场投资者并不会对保荐代表人个人特征的变化作出区分，几乎在所有的保荐代表人个人特征变化中，市场都作出了一致的负面反应。最后，本章还对保荐代表人的变更实际上是否会影响上市公司的盈余管理水平进行了检验。尽管市场投资者有可能认为保荐代表人的变更会影响上市公司的盈余管理水平并对此作出负面的市场反应，但实际检验结果却显示，持续督导阶段发生的保荐代表人变更未对对其所负责上市公司的盈余管理水平产生显著影响。

7.2 政策建议

通过以上研究，本书得到的总体结论是，在保荐人制度的有效性方面，除去保荐机构的作用之外，作为“双保制”下的另一个主角，保荐代表人确实存在其作用发挥的个人效应。并且，保荐代表人的个人特征代表了保荐代表人的综合能力及声誉，对保荐代表人个人作用的发挥，具有重要的影响。而持续督导期保荐代表人因个人原因的随意变更，市场一致地对其作出了负面反应。因此，在保荐人制度的未来实践中，继续重视保荐代表人个人作用的发挥，并加强对其违规情况的监管及处分，是十分必要的。

为了进一步完善保荐人制度并提高其实践效果，本书提出以下政策建议：

1. 建立更为完善的保荐代表人甄选制度

2012 年，我国证监会对保荐代表人的注册制度进行了一定程度的改革。首先，证监会不再直接参与组织保荐代表人的考试，而是将保荐代表人的考核与管理权下放至中国证券行业协会。中国证券业协会负责对证券从业人员进行统一管理，并依据市场环境的变化，制定和调整保荐代表人的准入标准。其次，保荐代表人注册的条件限制得到了放宽，原先从事并购重组业务的专业人士也被纳入了保荐代表人的注册范围。最后，保荐代表人考试次数由“一年一考”变为了“一年两考”，这为报考人员提供了更多的考试机会，更加有利于那些不善于考试，但是实际业务能力较强的人员通过考试。

以上改革措施对保荐代表人多层次的选拔具有重要意义。本书的研究表明，具有高声誉的保荐代表人能够降低上市公司与投资者间的信息不对称性。因此，未来的保荐代表人的选拔应该加强对保荐代表人道德品质的考察。除了对保荐代表人的专业知识提出要求外，更应对其业务能力、道德品质等进行全面综合的衡量和选拔。应更加强调保荐代表人的实际项目工作经验以及保荐代表人个人的诚信与道德品质。因此，通过建立多层次的保荐代表人筛选制度，按照不同人群、年龄段、工作经验等进行分别选拔，有助于建立更加充分竞争的保荐代表人市场。除此之外，对已经注册的保荐代表人进行定期考核和持续性培训对于保持保荐代表人的专业水准具有重要意义。

2. 加强保荐业务违规监管并提高保荐人的违规成本

我国目前的证券市场中，保荐人的收益与处罚严重不对称，违规成本较低，导致各种市场丑闻频发，证券市场环境较差。为了改善现状，需要加大对保荐机构及保荐代表人的处罚力度，提高其违规成本，督促他们诚信从业，勤勉尽职。依据本书第 4 章的统计，目前对保荐代表人的处罚一方面极少体现经济意义上的惩罚，另一方面也没有让保荐代表人承担相关的民事和刑事责任，处罚力度较轻，作用甚微。香港证监会于 2012 年公布了有关加强首次公开招股保荐制度的咨询总结，提出了多项关于保荐制度改革的措施。在这份总结中，香港证监会重申了保荐机构要对招股说明书的虚假陈述（包括重大遗漏）担负民事及刑事责任的主张。2019 年夏，根据“洪良国际”财务丑闻案以及对保荐人兆丰资本保荐牌照的撤销，香港证监会计划对保荐人的监管实施新规。香港证监会建议，上市保荐人如在招股说明书中有不真实陈述，须承担民事和刑事法律责任，这将使香港的保荐人监管制度更接近于美国模式。与此同时，中国证监会 2015 年 11 月在我国新股 IPO 重启时，从五个方面对新股发行制度进行了改革与完善，并提出“强化中介机构监管，落实中介机构责任，建立保荐机构先行赔付制度”的措施。“先行赔付制度”显然对保荐机构及保荐代表人具有强大的威慑作用。而 2019 年最新修订的《中华人民共和国证券法》也已引入了对保荐人以及直接负责的主管人员和其他直接责任人员的违规需要承担民事责任以及处罚赔偿责任的规定。因此，加大对保荐人违规处罚的力度，增加其违规成本，对于进一步提高保荐人制度成效、敦促保荐机构和保荐代表人认真履职做好保荐工作，缓解“只荐不保”的现象具有重要意义。

3. 在条件成熟时推动保荐业务与承销业务的逐步分离

从理论上来说，证券发行的承销与保荐在性质和功能两个方面，都属于不同的业务。但现实中，因为证券的承销与保荐工作，发行人都需要聘请知名的证券公司来担任，而我国最初实施保荐人制度时，也规定了保荐人应该由主承销商来担任，后来改为由具有保荐资格的证券公司来担任。保荐机构与承销商两者合一的好处是，可以减少两者之间的沟通摩擦，降低发行人与承销商、保荐人三者之间的信息不对称，降低发行人的发行成本，提高证券发行效率。但承销商与保荐人两者合一的缺点是，影响了保荐人的独立性及独立公正判断的能力。在存在道德风险的情况下，一个重大的潜在风险是，承销商与保荐人作为利益共同体，可能会“沆瀣一气”“共同串谋”，为谋取私利而将本身不具备发行条件的公司推荐上市，从而影响了上市公司质量，对投资者造成经济损失。因此，在保荐人制度的未来实践中，随着证券市场的逐渐成熟，证券公司之间的竞争日益公平及更加充分，保荐人与承销商不一定必须捆绑在一起要由同一家证券公司来担任，逐步实现承销业务与保荐业务的适当分离，可以进一步促进保荐人制度的有效性，让保荐机构及保荐代表人可以更为客观、独立、公正地履行保荐职责。2019 年底新修订的《证券法》第十条规定：“申请公开发行股票、可转换为股票的公司债券，依法采取承销方式的，或者公开发行法律、行政法规规定实行保荐制度的其他证券的，应当聘请证券公司担任保荐人。”可见，该法律条文仅规定证券发行采取承销方式的，或需要依法实行保荐制度的，应当聘请证券公司来担任保荐人，但并没有强调承销商与保荐人必须是由同一家证券公司来担任。因此，我们认为，新的《证券法》已经为承销商与保荐人的逐步分离提供了法律依据。

7.3 研究局限与未来展望

不可否认的是，本书依然存在一定的局限性。

首先，在研究背景上，证券发行制度的不断改革及保荐人制度陆续出台新规，为本书研究增加了不少突发外生变量的冲击；

同时，2014 年底国务院正式发文取消保荐代表人的行政注册许可，使一些人误解我国的保荐人制度不再实行，也为本书的研究平添“噪声”。

其次，在研究样本的选取区间上，由于近 10 多年我国 IPO 新股发行时断时续，尤其是在最近的 2015 年 7 月至 11 月又出现了 4 个月的空窗期，因此本书样本仅选取了 2004—2014 这一区间，还不够完善。

第三，在研究方法上，因为自 2004 年保荐人制度推行以来到 2014 年底为止，我国 A 股市场 IPO 上市的公司只有 1000 多家，而在保荐代表人市场上，每个保荐代表人能够在此期间成功完成的保荐项目极为有限。这意味着我们在研究中无法通过对保荐代表人个体效应系数的回归来检验保荐代表人个人特征对其在 IPO 项目中发挥作用的影响，而只能采用混合估计模型直接将保荐代表人的个人特征对上市公司 IPO 的结果进行回归。这种回归方法无法很好地分离出保荐代表人个人特征对其个人作用的影响，有可能带来一定的内生性问题。也就是说，本书发现的保荐代表人个人特征对于上市公司 IPO 结果的影响，也有一定可能是由于保荐机构对保荐代表人个人特征有一定的选择性，而保荐机构又同时影响了上市公司 IPO 的结果。此外，出于数据的限制，本书对于保荐代表人个人特征的检验仅仅局限于保荐代表人的受教育水平、性别、在证券行业的从业经历、保荐代表人更换保荐机构的频率以及保荐代表人以前任职的保荐机构有过受证监会处罚的经历等，还有一些其他因素如保荐代表人的收入情况、保荐代表人年龄等也可能对其在 IPO 项目中的作用产生重大影响，但在制度要求对这些信息披露以前，本书难以获得相关的信息，因此也无法对其影响进行检验。还有，在保荐代表人变更的研究中，关于保荐代表人发生变更背后的真实原因，本书也无法获得有效的信息，仅能从披露的公告中对保荐代表人进行粗略的推测与划分。保荐代表人变更的真实原因很有可能存在着较大的信息价值，仅仅依据披露公告的信息进行推测，有可能使我们的信息与市场投资者作出投资决策依据的信息产生一定的偏差，从而使我们无法很好地确知投资者对于保荐代表人变更的真实反应。

因为目前对于保荐代表人个人效应的研究还相当匮乏，本书的研究应该说仅是初步的尝试和探索。随着未来保荐代表人和承销商的职责更加明晰以及数据披露愈加完善，今后的研究能够从更多维度对保荐代表人在上市公司 IPO 过程中所扮演的角色进行讨论，更深入地分析保荐代表人各类特征对于其所负责 IPO 项目的影响。

随着我国资本市场的进一步发展，我们相信保荐人制度还将继续为帮扶企业发行证券及 IPO 上市作出贡献，保荐代表人还将大有用武之地。因此，我们将持续收集资本市场的数据和证据，为提高保荐人制度的有效性及相关监管政策的完善，提出更多的建设性意见。

附录1：《证券发行上市保荐制度暂行办法》

中国证券监督管理委员会令第 18 号

《证券发行上市保荐制度暂行办法》已经 2003 年 10 月 9 日中国证券监督管理委员会第 49 次主席办公会议审议通过，现予公布，自 2004 年 2 月 1 日起施行。

中国证券监督管理委员会主席：尚福林

二〇〇三年十二月十八日

第一章 总则

第一条 为规范证券发行上市行为，提高上市公司质量和证券经营机构执业水平，保护投资者的合法权益，促进证券市场健康发展，根据有关法律、行政法规，制定本办法。

第二条 本办法适用于股份有限公司首次公开发行股票和上市公司发行新股、可转换公司债券。

第三条 证券经营机构履行保荐职责，应当依照本办法的规定注册登记为保荐机构。

第四条 保荐机构应当遵守法律、行政法规、中国证券监督管理委员会（以下简称“中国证监会”）的规定和行业规范，诚实守信，勤勉尽责，尽职推荐发行人证券发行上市，持续督导发行人履行相关义务。

保荐机构履行保荐职责应当指定保荐代表人具体负责保荐

工作。

第五条　保荐机构负责证券发行的主承销工作，依法对公开发行募集文件进行核查，向中国证监会出具保荐意见。

保荐机构应当保证所出具的文件真实、准确、完整。

第六条　发行人及其董事、监事、经理和其他高级管理人员（以下简称“高管人员”），为发行人提供专业服务的律师事务所、会计师事务所、资产评估机构等中介机构（以下简称“中介机构”）及其签名人员，应当依照法律、行政法规和中国证监会的规定，承担相应的责任，并配合保荐机构履行保荐职责。

保荐机构及其保荐代表人履行保荐职责，不能减轻或者免除发行人及其高管人员、中介机构及其签名人员的责任。

第七条　中国证监会依照法律、行政法规和本办法的规定，对保荐机构及其保荐代表人、发行人及其高管人员、中介机构及其签名人员的相关活动进行监督管理。

中国证券业协会对保荐机构、保荐代表人进行自律管理。

第二章　保荐机构和保荐代表人的注册登记

第八条　经中国证监会注册登记并列入保荐机构、保荐代表人名单（以下简称“名单”）的证券经营机构、个人，可以依照本办法规定从事保荐工作。未经中国证监会注册登记为保荐机构、保荐代表人并列入名单，任何机构、个人不得从事保荐工作。

第九条　证券经营机构申请注册登记为保荐机构的，应当是综合类证券公司，并向中国证监会提交自愿履行保荐职责的声明、承诺。

第十条　证券经营机构有下列情形之一的，不得注册登记为保荐机构：

（一）保荐代表人数量少于两名；

（二）公司治理结构存在重大缺陷，风险控制制度不健全或者未有效执行；

（三）最近二十四个月因违法违规被中国证监会从名单中去除；

（四）中国证监会规定的其他情形。

第十一条　个人申请注册登记为保荐代表人的，应当具有证券从业资格、取得执业证书且符合下列要求，通过所任职的保荐机构向中国证监会提出申请，并提交有关证明文件和声明：

（一）具备中国证监会规定的投资银行业务经历；

（二）参加中国证监会认可的保荐代表人胜任能力考试且成绩合格；

（三）所任职保荐机构出具由董事长或者总经理签名的推荐函；

（四）未负有数额较大到期未清偿的债务；

（五）最近三十六个月未因违法违规被中国证监会从名单中去除或者受到中国证监会行政处罚；

（六）中国证监会规定的其他要求。

第十二条　证券经营机构和个人应当保证注册登记申请文件真实、准确、完整。申请期间，文件内容发生重大变化的，应当自变化之日起五个工作日内向中国证监会提交更新资料。

第十三条　中国证监会自受理注册登记申请之日起二十个工作日内，对符合要求的，予以注册登记，将其列入名单，并予以公布；对不符合要求的，不予注册登记，并书面告知不予注册登记的理由。

第十四条　保荐机构应当自保荐机构、保荐代表人注册登记或者前次备案满十二个月之日起一个月内，向中国证监会报送年度备案表及相关资料，更新注册登记的内容。

第十五条　保荐机构、保荐代表人注册登记内容发生重大变化的，保荐机构应当自变化之日起五个工作日内向中国证监会报告。

第十六条　保荐机构有本办法第十条规定情形之一的，中国证监会将该保荐机构及其保荐代表人从名单中去除。

第十七条　保荐代表人有下列情形之一的，中国证监会将其从名单中去除：

（一）被注销或者吊销执业证书；

（二）不具备中国证监会规定的投资银行业务经历；

（三）保荐机构撤回推荐函；

（四）调离保荐机构或其投资银行业务部门；

（五）负有数额较大到期未清偿的债务；

（六）因违法违规被中国证监会行政处罚，或者因犯罪被判处刑罚；

（七）中国证监会规定的其他情形。

第十八条　从名单中去除的保荐代表人符合注册登记要求的，可再次申请注册登记为保荐代表人。自去除之日起超过六个月的，应当重新参加保荐代表人胜任能力考试。

第三章　保荐机构的职责

第十九条　保荐机构应当尽职推荐发行人证券发行上市。

发行人证券上市后，保荐机构应当持续督导发行人履行规范运作、信守承诺、信息披露等义务。

第二十条　保荐机构在推荐发行人首次公开发行股票前，应当按照中国证监会的规定对发行人进行辅导。

保荐机构推荐其他机构辅导的发行人首次公开发行股票的，

应当在推荐前对发行人至少再辅导六个月。

第二十一条　发行人经辅导符合下列要求的，保荐机构方可推荐其股票发行上市：

（一）符合证券公开发行上市的条件和有关规定，具备持续发展能力；

（二）与发起人、大股东、实际控制人之间在业务、资产、人员、机构、财务等方面相互独立，不存在同业竞争、显失公允的关联交易以及影响发行人独立运作的其他行为；

（三）公司治理、财务和会计制度等不存在可能妨碍持续规范运作的重大缺陷；

（四）高管人员已掌握进入证券市场所必备的法律、行政法规和相关知识，知悉上市公司及其高管人员的法定义务和责任，具备足够的诚信水准和管理上市公司的能力及经验；

（五）中国证监会规定的其他要求。

第二十二条　保荐机构推荐发行人证券发行上市，应当按照法律、行政法规和中国证监会的规定，对发行人及其发起人、大股东、实际控制人进行尽职调查、审慎核查，根据发行人的委托，组织编制申请文件并出具推荐文件。

第二十三条　保荐机构对发行人公开发行募集文件中无中介机构及其签名人员专业意见支持的内容，应当进行充分、广泛、合理的调查，对发行人提供的资料和披露的内容进行独立判断，并有充分理由确信所作的判断与发行人公开发行募集文件的内容不存在实质性差异。

第二十四条　保荐机构对发行人公开发行募集文件中有中介机构及其签名人员出具专业意见的内容，应当进行审慎核查，对发行人提供的资料和披露的内容进行独立判断。

保荐机构所作的判断与中介机构的专业意见存在重大差异

的，应当对有关事项进行调查、复核，并可聘请其他中介机构提供专业服务。

第二十五条　保荐机构应当在推荐文件中就下列事项做出承诺：

（一）有充分理由确信发行人符合本办法第二十一条规定的要求，且其证券适合在证券交易所上市、交易；

（二）有充分理由确信发行人申请文件和公开发行募集文件不存在虚假记载、误导性陈述或者重大遗漏；

（三）有充分理由确信发行人及其董事在公开发行募集文件中表达意见的依据充分合理；

（四）有充分理由确信与其他中介机构发表的意见不存在实质性差异；

（五）保证所指定的保荐代表人及本保荐机构的相关人员已勤勉尽责，对发行人申请文件进行了尽职调查、审慎核查；

（六）保证推荐文件、与履行保荐职责有关的其他文件不存在虚假记载、误导性陈述或者重大遗漏；

（七）保证对发行人提供的专业服务和出具的专业意见符合法律、行政法规、中国证监会的规定和行业规范；

（八）自愿接受中国证监会依照本办法采取的监管措施；

（九）中国证监会规定的其他事项。

第二十六条　保荐机构提交推荐文件后，应当主动配合中国证监会的审核，并承担下列工作：

（一）组织发行人及其中介机构对中国证监会的意见进行答复；

（二）按照中国证监会的要求对涉及本次证券发行上市的特定事项进行尽职调查或者核查；

（三）指定保荐代表人与中国证监会进行专业沟通；

（四）中国证监会规定的其他工作。

第二十七条　保荐机构推荐发行人证券上市，应当向证券交易所提交推荐书及证券交易所上市规则所要求的相关文件，并报中国证监会备案。

推荐书应当载明本办法第二十五条规定的承诺事项、对发行人持续督导工作的安排以及证券交易所要求的其他事项。

第二十八条　保荐机构应当针对发行人具体情况确定持续督导的内容和重点，并承担下列工作：

（一）督导发行人有效执行并完善防止大股东、其他关联方违规占用发行人资源的制度；

（二）督导发行人有效执行并完善防止高管人员利用职务之便损害发行人利益的内控制度；

（三）督导发行人有效执行并完善保障关联交易公允性和合规性的制度，并对关联交易发表意见；

（四）督导发行人履行信息披露的义务，审阅信息披露文件及向中国证监会、证券交易所提交的其他文件；

（五）持续关注发行人募集资金的使用、投资项目的实施等承诺事项；

（六）持续关注发行人为他人提供担保等事项，并发表意见；

（七）中国证监会规定及保荐协议约定的其他工作。

第二十九条　首次公开发行股票的，持续督导的期间为证券上市当年剩余时间及其后两个完整会计年度；上市公司发行新股、可转换公司债券的，持续督导的期间为证券上市当年剩余时间及其后一个完整会计年度。持续督导的期间自证券上市之日起计算。

第三十条　持续督导期届满，如有尚未完结的保荐工作，保荐机构应当继续完成。

保荐机构在尽职推荐期间、持续督导期间未勤勉尽责的，持续督导期届满，保荐机构仍应承担相应的责任。

第四章　保荐工作规程

第三十一条　保荐机构应当建立健全保荐工作的内部控制体系。

第三十二条　保荐机构应当建立健全证券发行上市的尽职调查制度、对发行上市申请文件的内部核查制度、对发行人证券上市后的持续督导制度。

第三十三条　保荐机构应当建立健全对保荐代表人及从事保荐工作的其他人员的持续培训制度。

第三十四条　保荐机构应当建立健全档案制度，为每一项目建立独立的保荐工作档案。

保荐工作档案应当真实、准确、完整，保存期不少于十年。

第三十五条　存在下列可能影响公正履行保荐职责情形的，保荐机构不得推荐发行人证券发行上市：

（一）保荐机构及其大股东、实际控制人、重要关联方持有发行人的股份合计超过 7%；

（二）发行人持有或者控制保荐机构股份超过 7%；

（三）保荐机构的保荐代表人或者董事、监事、经理、其他高级管理人员拥有发行人权益、在发行人任职等可能影响公正履行保荐职责的情形；

（四）保荐机构及其大股东、实际控制人、重要关联方为发行人提供担保或融资。

第三十六条　保荐机构应当与发行人签定保荐协议，明确双方的权利和义务。

第三十七条　保荐机构应当按照行业规范与发行人协商确定履行保荐职责的相关费用。

第三十八条　刊登公开发行募集文件前终止保荐协议的，保荐机构和发行人应当自终止之日起五个工作日内分别向中国证监会报告，说明原因。

第三十九条　刊登公开发行募集文件后，保荐机构和发行人不得终止保荐协议，但发行人因再次申请发行新股或可转换公司债券另行聘请保荐机构、保荐机构被中国证监会从名单中去除的除外。

终止保荐协议的，保荐机构和发行人应当自终止之日起五个工作日内向中国证监会、证券交易所报告，说明原因。

第四十条　持续督导期间，保荐机构被中国证监会从名单中去除的，发行人应当在一个月内另行聘请保荐机构。

第四十一条　另行聘请的保荐机构应当完成原保荐机构未完成的持续督导工作，且持续督导的时间不得少于一个完整的会计年度。

另行聘请的保荐机构应当自保荐协议签定之日起开展保荐工作并承担相应的责任。原保荐机构应当承担其尽职推荐期间、持续督导期间相应的责任。

第四十二条　保荐机构应当指定两名保荐代表人具体负责一家发行人的保荐工作，出具由董事长或者总经理签名的专项授权书，并确保保荐机构有关部门和人员有效分工协作。

保荐机构还应当指定一名项目主办人，保荐代表人可以担任项目主办人。

第四十三条　发行人证券发行后，保荐机构不得更换保荐代表人，但保荐代表人因调离保荐机构等情形被中国证监会从名单中去除的除外。

保荐机构更换保荐代表人的，应当通知发行人，并在五个工作日内向中国证监会、证券交易所报告，说明原因。原保荐代表人应当承担其具体负责保荐工作期间的相应责任。

第四十四条　保荐机构法定代表人、投资银行业务部门负责人、内核负责人、保荐代表人、项目主办人应当在推荐文件上签名，并列名于发行人公开发行募集文件。

第四十五条　保荐机构履行保荐职责发表的意见应当及时告知发行人，记录于保荐工作档案，并可依照本办法规定公开发表声明、向中国证监会或者证券交易所报告。

第四十六条　保荐机构应当自持续督导工作结束后十个工作日内向中国证监会、证券交易所报送“保荐总结报告书”。

第四十七条　保荐代表人从事保荐工作受到非正当因素干扰，应当保留独立的专业意见，并记录于保荐工作档案。

第四十八条　保荐代表人及从事保荐工作的其他人员属于内幕信息的知情人员，应当遵守法律、行政法规和中国证监会的规定，不得利用内幕信息直接或者间接为保荐机构、本人或者他人谋取不正当利益。

第五章　保荐工作的协调

第四十九条　保荐机构履行保荐职责可对发行人行使下列权利：

（一）要求发行人按照本办法规定、保荐协议约定的方式，及时通报信息；

（二）按照中国证监会、证券交易所信息披露规定，对发行人违法违规的事项发表公开声明；

（三）中国证监会规定或者保荐协议约定的其他权利。

第五十条　发行人有下列情形之一的，应当及时通知或者咨询保荐机构，并按协议约定将相关文件送交保荐机构：

（一）变更募集资金及投资项目等承诺事项；

（二）发生关联交易、为他人提供担保等事项；

（三）履行信息披露义务或者向中国证监会、证券交易所报告有关事项；

（四）发生违法违规行为或者其他重大事项；

（五）中国证监会规定或者保荐协议约定的其他事项。

第五十一条　证券发行前，发行人不配合保荐机构履行保荐职责的，保荐机构应当发表保留意见，并在推荐文件中予以说明；情节严重的，应当不予推荐，已推荐的应当撤销推荐。

第五十二条　证券发行后，保荐机构有充分理由确信发行人可能存在违法违规行为以及其他不当行为的，应当督促发行人做出说明并限期纠正；情节严重的，应当向中国证监会、证券交易所报告。

第五十三条　保荐机构应当组织协调中介机构及其签名人员参与证券发行上市的相关工作。

第五十四条　保荐机构对中介机构及其签名人员出具的专业意见存有疑义的，应当主动与中介机构进行协商，并可要求其做出解释或者出具依据。

第五十五条　保荐机构有充分理由确信中介机构及其签名人员出具的专业意见可能存在虚假记载、误导性陈述或重大遗漏等违法违规情形或者其他不当情形的，应当及时发表意见；情节严重的，应当向中国证监会、证券交易所报告。

第五十六条　中介机构及其签名人员应当保持专业独立，对保荐机构提出的疑义或者意见进行审慎的复核判断，向保荐机构、发行人及时发表意见，并可依法向相关部门及中国证监会、证券交易所报告。

第六章　监管措施和法律责任

第五十七条　中国证监会建立保荐信用监管系统，对保荐机构和保荐代表人进行持续动态的注册登记管理，将其执业情况、违法违规行为、其他不良行为以及对其采取的监管措施等记录予以公布。

第五十八条　自保荐机构向中国证监会提交推荐文件之日起，保荐机构及其保荐代表人承担相应的责任。

第五十九条　证券经营机构向中国证监会提交的保荐机构注册登记申请文件存在虚假记载、误导性陈述或者重大遗漏的，中国证监会不予注册登记；已注册登记的，从名单中去除。

保荐代表人注册登记申请文件存在虚假记载、误导性陈述或者重大遗漏的，中国证监会对个人不予注册登记；已注册登记的，从名单中去除，自去除之日起六个月内不再受理该保荐机构推荐的保荐代表人注册登记申请。

第六十条　保荐机构向中国证监会、证券交易所提交的与保荐工作相关的文件存在虚假记载、误导性陈述或重大遗漏，或者唆使、协助、参与发行人及其中介机构提供存在虚假记载、误导性陈述或重大遗漏的文件，中国证监会自确认之日起六个月内不再受理保荐机构的推荐；十二个月内不受理相关保荐代表人具体负责的推荐，已受理的责令保荐机构更换保荐代表人。情节严重的，中国证监会将保荐机构及相关保荐代表人从名单中去除。

第六十一条　保荐机构、保荐代表人违反法律、行政法规的规定，唆使、协助或参与发行人干扰中国证监会及其股票发行审核委员会的审核工作，中国证监会自确认之日起三个月内不再受理保荐机构的推荐；六个月内不受理相关保荐代表人具体负责的推荐，已受理的责令保荐机构更换保荐代表人。情节严重的，中国证监会将保荐机构及相关保荐代表人从名单中去除。

第六十二条　保荐机构违反本办法第三十四条的规定，未建立保荐工作档案或者保荐工作档案存在虚假记载、重大遗漏的，中国证监会自确认之日起三个月内不再受理保荐机构的推荐，六个月内不再受理相关保荐代表人具体负责的推荐。

第六十三条　保荐机构、保荐代表人因投资银行业务涉嫌违法违规处于立案调查期间的，中国证监会暂不再受理保荐机构的推荐；暂不再受理相关保荐代表人具体负责的推荐。

第六十四条　保荐代表人因投资银行业务或其具体负责保荐工作的发行人在尽职推荐期间、持续督导期间内受到证券交易所、中国证券业协会公开谴责的，中国证监会自公开谴责之日起三个月内不受理相关保荐代表人具体负责的推荐，已受理的责令保荐机构更换保荐代表人。

第六十五条　发行人出现下列情形之一的，中国证监会自确认之日起三个月内不再受理保荐机构的推荐，将相关保荐代表人从名单中去除：

（一）公开发行募集文件等申请文件存在虚假记载、误导性陈述或者重大遗漏；

（二）证券上市当年即亏损；

（三）持续督导期间信息披露文件存在虚假记载、误导性陈述或者重大遗漏。

第六十六条　发行人在持续督导期间出现下列情形之一的，中国证监会自确认之日起三个月内不再受理相关保荐代表人具体负责的推荐：

（一）证券上市当年累计 50% 以上募集资金的用途与承诺不符；

（二）证券上市当年主营业务利润比上年下滑 50% 以上；

（三）证券上市之日起十二个月内大股东或者实际控制人发生变更；

（四）首次公开发行股票之日起十二个月内累计 50% 以上资产或者主营业务发生重组；

（五）上市公司发行新股、可转换公司债券之日起十二个月内累计 50% 以上资产或者主营业务发生重组，且未在公开发行募集文件中披露；

（六）中国证监会规定的其他情形。

一个自然年度内发生两次以上前款情形且排名前十位的，中国证监会自确认之日起十二个月内不受理相关保荐代表人具体负责的推荐，已受理的责令保荐机构更换保荐代表人。

第六十七条　发行人在持续督导期间出现下列情形之一的，中国证监会自确认之日起三个月内不再受理相关保荐代表人具体负责的推荐：

（一）实际盈利低于盈利预测达 20% 以上；

（二）关联交易显失公允或程序违规，涉及金额超过前一年末经审计净资产 5%，或者影响损益超过前一年经审计净利润 10%；

（三）大股东、实际控制人或其他关联方违规占用发行人资源，涉及金额超过前一年末经审计净资产 5%，或者影响损益超过前一年经审计净利润 10%；

（四）违规为他人提供担保涉及金额超过前一年末经审计净资产 10%，或者影响损益超过前一年经审计净利润 10%；

（五）违规购买或出售资产、借款、委托资产管理等，涉及金额超过前一年末经审计净资产 10%，或者影响损益超过前一年经审计净利润 10%；

（六）高管人员侵占发行人利益受到行政处罚或者被追究刑

事责任；

（七）中国证监会规定的其他情形。

一个自然年度内发生两次以上前款情形且排名前十位的，中国证监会自确认之日起六个月内不受理相关保荐代表人具体负责的推荐，已受理的责令保荐机构更换保荐代表人。

第六十八条　发行人在持续督导期间出现下列情形之一的，中国证监会自确认之日起三个月内不再受理相关保荐代表人具体负责的推荐：

（一）未在法定期限内披露定期报告；

（二）未按规定披露业绩重大变化或者亏损事项；

（三）未按规定披露资产购买或者出售事项；

（四）未按规定披露关联交易事项；

（五）未按规定披露对损益影响超过前一年经审计净利润10%的担保损失、意外灾害、资产减值准备计提和转回、政府补贴、诉讼赔偿等事项；

（六）未按规定披露有关股权质押、实际控制人变化等事项；

（七）未按规定披露诉讼、担保、重大合同、募集资金变更等事项；

（八）中国证监会规定的其他情形。

一个自然年度内发生两次以上前款情形且排名前十位的，中国证监会自确认之日起六个月内不受理相关保荐代表人具体负责的推荐，已受理的责令保荐机构更换保荐代表人。

第六十九条　在一个自然年度内，保荐机构指定的保荐代表人受到不受理或不再受理监管措施的次数超过三次，或者累计时间超过十二个月，且累计时间与该保荐机构当年末所保荐的发行人家数之比排名前三位的，中国证监会自确认之日起三个月内不受理其推荐，已受理的责令其撤销推荐。

第七十条　对中国证监会采取的监管措施，保荐机构及保荐代表人提出申辩的，如有充分证据证明下列事实且认为理由成立，中国证监会应当予以采纳：

（一）发行人或其高管人员故意隐瞒重大事实，保荐机构和保荐代表人已履行勤勉尽责义务；

（二）发行人已在公开发行募集文件中做出特别提示，保荐机构和保荐代表人已履行勤勉尽责义务；

（三）发行人因不可抗力致使业绩、募集资金运用等出现异常或未能履行承诺；

（四）发行人及其高管人员在持续督导期间故意违法违规，保荐机构和保荐代表人主动予以揭示，已履行勤勉尽责义务；

（五）保荐机构、保荐代表人已履行勤勉尽责义务的其他情形。

第七十一条　发行人及其高管人员未遵守本办法规定，变更保荐机构后未另行聘请保荐机构，持续督导期间违法违规且拒不纠正，或者发生其他严重不配合保荐工作情形的，中国证监会予以记录、公布，并可采取下列监管措施：

（一）要求发行人每月向中国证监会报告接受保荐机构督导的情况；

（二）要求发行人披露月度财务报告、相关资料；

（三）指定中介机构进行核查；

（四）要求证券交易所对发行人证券的交易实行特别提示；

（五）两年至五年内不予受理其发行新股、可转换公司债券的申请。

第七十二条　中介机构及其签名人员出具的专业意见存在虚假记载、误导性陈述或重大遗漏，或者因不配合保荐工作而导致严重后果的，中国证监会自确认之日起六个月至三十六个月内不受理其文件，并将处理结果予以公布。

第七十三条　保荐机构及其保荐代表人、发行人及其高管人员、中介机构及其签名人员违反本办法规定的，中国证监会可以对其采取谈话提醒、重点关注、责令改正、认定为不适合担任相关职务者等监管措施。

第七十四条　保荐机构及其保荐代表人、发行人及其高管人员、中介机构及其签名人员违反法律、行政法规，依法应予行政处罚的，依照有关规定进行处罚；情节严重涉嫌犯罪的，依法移送司法机关，追究其刑事责任。

第七章　附则

第七十五条　中国证券业协会或者其他机构经中国证监会认可，可以组织保荐代表人胜任能力考试。

第七十六条　本办法自 2004 年 2 月 1 日起施行。

附录 2:《证券发行上市保荐业务管理办法》

中国证券监督管理委员会令第 58 号

《证券发行上市保荐业务管理办法》已经 2008 年 8 月 14 日中国证券监督管理委员会第 235 次主席办公会议审议通过，现予公布，自 2008 年 12 月 1 日起施行。

中国证券监督管理委员会主席：尚福林

二〇〇八年十月十七日

证券发行上市保荐业务管理办法

第一章　总则

第一条　为了规范证券发行上市保荐业务，提高上市公司质量和证券公司执业水平，保护投资者的合法权益，促进证券市场健康发展，根据《证券法》、《国务院对确需保留的行政审批项目设定行政许可的决定》（国务院令第 412 号）等有关法律、行政法规，制定本办法。

第二条　发行人应当就下列事项聘请具有保荐机构资格的证券公司履行保荐职责：

（一）首次公开发行股票并上市；

（二）上市公司发行新股、可转换公司债券；

（三）中国证券监督管理委员会（以下简称“中国证监

会”）认定的其他情形。

第三条　证券公司从事证券发行上市保荐业务，应依照本办法规定向中国证监会申请保荐机构资格。

保荐机构履行保荐职责，应当指定依照本办法规定取得保荐代表人资格的个人具体负责保荐工作。

未经中国证监会核准，任何机构和个人不得从事保荐业务。

第四条　保荐机构及其保荐代表人应当遵守法律、行政法规和中国证监会的相关规定，恪守业务规则和行业规范，诚实守信，勤勉尽责，尽职推荐发行人证券发行上市，持续督导发行人履行规范运作、信守承诺、信息披露等义务。

保荐机构及其保荐代表人不得通过从事保荐业务谋取任何不正当利益。

第五条　保荐代表人应当遵守职业道德准则，珍视和维护保荐代表人职业声誉，保持应有的职业谨慎，保持和提高专业胜任能力。

保荐代表人应当维护发行人的合法利益，对从事保荐业务过程中获知的发行人信息保密。保荐代表人应当恪守独立履行职责的原则，不因迎合发行人或者满足发行人的不当要求而丧失客观、公正的立场，不得唆使、协助或者参与发行人及证券服务机构实施非法的或者具有欺诈性的行为。

保荐代表人及其配偶不得以任何名义或者方式持有发行人的股份。

第六条　同次发行的证券，其发行保荐和上市保荐应当由同一保荐机构承担。保荐机构依法对发行人申请文件、证券发行募集文件进行核查，向中国证监会、证券交易所出具保荐意见。保荐机构应当保证所出具的文件真实、准确、完整。

证券发行规模达到一定数量的，可以采用联合保荐，但参与联合保荐的保荐机构不得超过2家。

证券发行的主承销商可以由该保荐机构担任，也可以由其他具有保荐机构资格的证券公司与该保荐机构共同担任。

第七条　发行人及其董事、监事、高级管理人员，为证券发行上市制作、出具有关文件的律师事务所、会计师事务所、资产评估机构等证券服务机构及其签字人员，应当依照法律、行政法规和中国证监会的规定，配合保荐机构及其保荐代表人履行保荐职责，并承担相应的责任。

保荐机构及其保荐代表人履行保荐职责，不能减轻或者免除发行人及其董事、监事、高级管理人员、证券服务机构及其签字人员的责任。

第八条　中国证监会依法对保荐机构及其保荐代表人进行监督管理。

中国证券业协会对保荐机构及其保荐代表人进行自律管理。

第二章　保荐机构和保荐代表人的资格管理

第九条　证券公司申请保荐机构资格，应当具备下列条件：

（一）注册资本不低于人民币1亿元，净资本不低于人民币5000万元；

（二）具有完善的公司治理和内部控制制度，风险控制指标符合相关规定；

（三）保荐业务部门具有健全的业务规程、内部风险评估和控制系统，内部机构设置合理，具备相应的研究能力、销售能力等后台支持；

（四）具有良好的保荐业务团队且专业结构合理，从业人员不少于35人，其中最近3年从事保荐相关业务的人员不少于20人；

（五）符合保荐代表人资格条件的从业人员不少于 4 人；

（六）最近 3 年内未因重大违法违规行为受到行政处罚；

（七）中国证监会规定的其他条件。

第十条　证券公司申请保荐机构资格，应当向中国证监会提交下列材料：

（一）申请报告；

（二）股东（大）会和董事会关于申请保荐机构资格的决议；

（三）公司设立批准文件；

（四）营业执照复印件；

（五）公司治理和公司内部控制制度及执行情况的说明；

（六）董事、监事、高级管理人员和主要股东情况的说明；

（七）内部风险评估和控制系统及执行情况的说明；

（八）保荐业务尽职调查制度、辅导制度、内部核查制度、持续督导制度、持续培训制度和保荐工作底稿制度的建立情况；

（九）经具有证券期货相关业务资格的会计师事务所审计的最近 1 年度净资本计算表、风险资本准备计算表和风险控制指标监管报表；

（十）保荐业务部门机构设置、分工及人员配置情况的说明；

（十一）研究、销售等后台支持部门的情况说明；

（十二）保荐业务负责人、内核负责人、保荐业务部门负责人和内核小组成员名单及其简历；

（十三）证券公司指定联络人的说明；

（十四）证券公司对申请文件真实性、准确性、完整性承担责任的承诺函，并应由其全体董事签字；

（十五）中国证监会要求的其他材料。

第十一条　个人申请保荐代表人资格，应当具备下列条件：

（一）具备 3 年以上保荐相关业务经历；

（二）最近 3 年内在本办法第二条规定的境内证券发行项目中担任过项目协办人；

（三）参加中国证监会认可的保荐代表人胜任能力考试且成绩合格有效；

（四）诚实守信，品行良好，无不良诚信记录，最近 3 年未受到中国证监会的行政处罚；

（五）未负有数额较大到期未清偿的债务；

（六）中国证监会规定的其他条件。

第十二条　个人申请保荐代表人资格，应当通过所任职的保荐机构向中国证监会提交下列材料：

（一）申请报告；

（二）个人简历、身份证明文件和学历学位证书；

（三）证券业从业人员资格考试、保荐代表人胜任能力考试成绩合格的证明；

（四）证券业执业证书；

（五）从事保荐相关业务的详细情况说明，以及最近 3 年内担任本办法第二条规定的境内证券发行项目协办人的工作情况说明；

（六）保荐机构出具的推荐函，其中应当说明申请人遵纪守法、业务水平、组织能力等情况；

（七）保荐机构对申请文件真实性、准确性、完整性承担责任的承诺函，并应由其董事长或者总经理签字；

（八）中国证监会要求的其他材料。

第十三条　证券公司和个人应当保证申请文件真实、准确、完整。申请期间，申请文件内容发生重大变化的，应当自变化之日起 2 个工作日内向中国证监会提交更新资料。

第十四条　中国证监会依法受理、审查申请文件。对保荐机构资格的申请，自受理之日起 45 个工作日内做出核准或者不予核准的书面决定；对保荐代表人资格的申请，自受理之日起 20 个工作日内做出核准或者不予核准的书面决定。

第十五条　证券公司取得保荐机构资格后，应当持续符合本办法第九条规定的条件。保荐机构因重大违法违规行为受到行政处罚的，中国证监会撤销其保荐机构资格；不再具备第九条规定其他条件的，中国证监会可责令其限期整改，逾期仍然不符合要求的，中国证监会撤销其保荐机构资格。

第十六条　个人取得保荐代表人资格后，应当持续符合本办法第十一条第（四）项、第（五）项和第（六）项规定的条件。保荐代表人被吊销、注销证券业执业证书，或者受到中国证监会行政处罚的，中国证监会撤销其保荐代表人资格；不再符合其他条件的，中国证监会责令其限期整改，逾期仍然不符合要求的，中国证监会撤销其保荐代表人资格。

个人通过中国证监会认可的保荐代表人胜任能力考试或者取得保荐代表人资格后，应当定期参加中国证券业协会或者中国证监会认可的其他机构组织的保荐代表人年度业务培训。保荐代表人未按要求参加保荐代表人年度业务培训的，中国证监会撤销其保荐代表人资格；通过保荐代表人胜任能力考试而未取得保荐代表人资格的个人，未按要求参加保荐代表人年度业务培训的，其保荐代表人胜任能力考试成绩不再有效。

第十七条　中国证监会依法对保荐机构、保荐代表人进行注册登记管理。

第十八条　保荐机构的注册登记事项包括：

（一）保荐机构名称、成立时间、注册资本、注册地址、主要办公地址和法定代表人；

（二）保荐机构的主要股东情况；

（三）保荐机构的董事、监事和高级管理人员情况；

（四）保荐机构的保荐业务负责人、内核负责人情况；

（五）保荐机构的保荐业务部门负责人情况；

（六）保荐机构的保荐业务部门机构设置、分工及人员配置情况；

（七）保荐机构的执业情况；

（八）中国证监会要求的其他事项。

第十九条　保荐代表人的注册登记事项包括：

（一）保荐代表人的姓名、性别、出生日期、身份证号码；

（二）保荐代表人的联系电话、通讯地址；

（三）保荐代表人的任职机构、职务；

（四）保荐代表人的学习和工作经历；

（五）保荐代表人的执业情况；

（六）中国证监会要求的其他事项。

第二十条　保荐机构、保荐代表人注册登记事项发生变化的，保荐机构应当自变化之日起5个工作日内向中国证监会书面报告，由中国证监会予以变更登记。

第二十一条　保荐代表人从原保荐机构离职，调入其他保荐机构的，应通过新任职机构向中国证监会申请变更登记，并提交下列材料：

（一）变更登记申请报告；

（二）证券业执业证书；

（三）保荐代表人出具的其在原保荐机构保荐业务交接情况的说明；

（四）新任职机构出具的接收函；

（五）新任职机构对申请文件真实性、准确性、完整性承担责任的承诺函，并应由其董事长或者总经理签字；

（六）中国证监会要求的其他材料。

第二十二条　保荐机构应当于每年 4 月份向中国证监会报送年度执业报告。年度执业报告应当包括以下内容：

（一）保荐机构、保荐代表人年度执业情况的说明；

（二）保荐机构对保荐代表人尽职调查工作日志检查情况的说明；

（三）保荐机构对保荐代表人的年度考核、评定情况；

（四）保荐机构、保荐代表人其他重大事项的说明；

（五）保荐机构对年度执业报告真实性、准确性、完整性承担责任的承诺函，并应由其法定代表人签字；

（六）中国证监会要求的其他事项。

第三章　保荐职责

第二十三条　保荐机构应当尽职推荐发行人证券发行上市。

发行人证券上市后，保荐机构应当持续督导发行人履行规范运作、信守承诺、信息披露等义务。

第二十四条　保荐机构推荐发行人证券发行上市，应当遵循诚实守信、勤勉尽责的原则，按照中国证监会对保荐机构尽职调查工作的要求，对发行人进行全面调查，充分了解发行人的经营状况及其面临的风险和问题。

第二十五条　保荐机构在推荐发行人首次公开发行股票并上市前，应当对发行人进行辅导，对发行人的董事、监事和高级管理人员、持有 5% 以上股份的股东和实际控制人（或者其法定代表人）进行系统的法规知识、证券市场知识培训，使其全面掌握发行上市、规范运作等方面的有关法律法规和规则，知悉信息披露和履行承诺等方面的责任和义务，树立进入证券市场的诚信意识、自律意识和法制意识。

第二十六条　保荐机构辅导工作完成后，应由发行人所在地的中国证监会派出机构进行辅导验收。

第二十七条　保荐机构应当与发行人签订保荐协议，明确双方的权利和义务，按照行业规范协商确定履行保荐职责的相关费用。

保荐协议签订后，保荐机构应在 5 个工作日内报发行人所在地的中国证监会派出机构备案。

第二十八条　保荐机构应当确信发行人符合法律、行政法规和中国证监会的有关规定，方可推荐其证券发行上市。

保荐机构决定推荐发行人证券发行上市的，可以根据发行人的委托，组织编制申请文件并出具推荐文件。

第二十九条　对发行人申请文件、证券发行募集文件中有证券服务机构及其签字人员出具专业意见的内容，保荐机构应当结合尽职调查过程中获得的信息对其进行审慎核查，对发行人提供的资料和披露的内容进行独立判断。

保荐机构所作的判断与证券服务机构的专业意见存在重大差异的，应当对有关事项进行调查、复核，并可聘请其他证券服务机构提供专业服务。

第三十条　对发行人申请文件、证券发行募集文件中无证券服务机构及其签字人员专业意见支持的内容，保荐机构应当获得充分的尽职调查证据，在对各种证据进行综合分析的基础上对发行人提供的资料和披露的内容进行独立判断，并有充分理由确信所作的判断与发行人申请文件、证券发行募集文件的内容不存在实质性差异。

第三十一条　保荐机构推荐发行人发行证券，应当向中国证监会提交发行保荐书、保荐代表人专项授权书以及中国证监会要求的其他与保荐业务有关的文件。发行保荐书应当包括下列内容：

（一）逐项说明本次发行是否符合《公司法》、《证券法》规定的发行条件和程序；

（二）逐项说明本次发行是否符合中国证监会的有关规定，并载明得出每项结论的查证过程及事实依据；

（三）发行人存在的主要风险；

（四）对发行人发展前景的评价；

（五）保荐机构内部审核程序简介及内核意见；

（六）保荐机构与发行人的关联关系；

（七）相关承诺事项；

（八）中国证监会要求的其他事项。

第三十二条　保荐机构推荐发行人证券上市，应当向证券交易所提交上市保荐书以及证券交易所要求的其他与保荐业务有关的文件，并报中国证监会备案。上市保荐书应当包括下列内容：

（一）逐项说明本次证券上市是否符合《公司法》、《证券法》及证券交易所规定的上市条件；

（二）对发行人证券上市后持续督导工作的具体安排；

（三）保荐机构与发行人的关联关系；

（四）相关承诺事项；

（五）中国证监会或者证券交易所要求的其他事项。

第三十三条　在发行保荐书和上市保荐书中，保荐机构应当就下列事项做出承诺：

（一）有充分理由确信发行人符合法律法规及中国证监会有关证券发行上市的相关规定；

（二）有充分理由确信发行人申请文件和信息披露资料不存

在虚假记载、误导性陈述或者重大遗漏；

（三）有充分理由确信发行人及其董事在申请文件和信息披露资料中表达意见的依据充分合理；

（四）有充分理由确信申请文件和信息披露资料与证券服务机构发表的意见不存在实质性差异；

（五）保证所指定的保荐代表人及本保荐机构的相关人员已勤勉尽责，对发行人申请文件和信息披露资料进行了尽职调查、审慎核查；

（六）保证保荐书、与履行保荐职责有关的其他文件不存在虚假记载、误导性陈述或者重大遗漏；

（七）保证对发行人提供的专业服务和出具的专业意见符合法律、行政法规、中国证监会的规定和行业规范；

（八）自愿接受中国证监会依照本办法采取的监管措施；

（九）中国证监会规定的其他事项。

第三十四条　保荐机构提交发行保荐书后，应当配合中国证监会的审核，并承担下列工作：

（一）组织发行人及证券服务机构对中国证监会的意见进行答复；

（二）按照中国证监会的要求对涉及本次证券发行上市的特定事项进行尽职调查或者核查；

（三）指定保荐代表人与中国证监会职能部门进行专业沟通，保荐代表人在发行审核委员会会议上接受委员质询；

（四）中国证监会规定的其他工作。

第三十五条　保荐机构应当针对发行人的具体情况，确定证券发行上市后持续督导的内容，督导发行人履行有关上市公司规范运作、信守承诺和信息披露等义务，审阅信息披露文件及向中国证监会、证券交易所提交的其他文件，并承担下列工作：

（一）督导发行人有效执行并完善防止控股股东、实际控制人、其他关联方违规占用发行人资源的制度；

（二）督导发行人有效执行并完善防止其董事、监事、高级管理人员利用职务之便损害发行人利益的内控制度；

（三）督导发行人有效执行并完善保障关联交易公允性和合规性的制度，并对关联交易发表意见；

（四）持续关注发行人募集资金的专户存储、投资项目的实施等承诺事项；

（五）持续关注发行人为他人提供担保等事项，并发表意见；

（六）中国证监会、证券交易所规定及保荐协议约定的其他工作。

第三十六条　首次公开发行股票并上市的，持续督导的期间为证券上市当年剩余时间及其后 2 个完整会计年度；上市公司发行新股、可转换公司债券的，持续督导的期间为证券上市当年剩余时间及其后 1 个完整会计年度。

持续督导的期间自证券上市之日起计算。

第三十七条　持续督导期届满，如有尚未完结的保荐工作，保荐机构应当继续完成。

保荐机构在履行保荐职责期间未勤勉尽责的，其责任不因持续督导期届满而免除或者终止。

第四章　保荐业务规程

第三十八条　保荐机构应当建立健全保荐工作的内部控制体系，切实保证保荐业务负责人、内核负责人、保荐业务部门负责人、保荐代表人、项目协办人及其他保荐业务相关人员勤勉尽责，严格控制风险，提高保荐业务整体质量。

第三十九条　保荐机构应当建立健全证券发行上市的尽职调查制度、辅导制度、对发行上市申请文件的内部核查制度、对发行人证券上市后的持续督导制度。

第四十条　保荐机构应当建立健全对保荐代表人及其他保荐业务相关人员的持续培训制度。

第四十一条　保荐机构应当建立健全工作底稿制度，为每一项目建立独立的保荐工作底稿。

保荐代表人必须为其具体负责的每一项目建立尽职调查工作日志，作为保荐工作底稿的一部分存档备查；保荐机构应当定期对尽职调查工作日志进行检查。

保荐工作底稿应当真实、准确、完整地反映整个保荐工作的全过程，保存期不少于 10 年。

第四十二条　保荐机构的保荐业务负责人、内核负责人负责监督、执行保荐业务各项制度并承担相应的责任。

第四十三条　保荐机构及其控股股东、实际控制人、重要关联方持有发行人的股份合计超过 7%，或者发行人持有、控制保荐机构的股份超过 7% 的，保荐机构在推荐发行人证券发行上市时，应联合 1 家无关联保荐机构共同履行保荐职责，且该无关联保荐机构为第一保荐机构。

第四十四条　刊登证券发行募集文件前终止保荐协议的，保荐机构和发行人应当自终止之日起 5 个工作日内分别向中国证监会报告，说明原因。

第四十五条　刊登证券发行募集文件以后直至持续督导工作结束，保荐机构和发行人不得终止保荐协议，但存在合理理由的情形除外。发行人因再次申请发行证券另行聘请保荐机构、保荐机构被中国证监会撤销保荐机构资格的，应当终止保荐协议。

终止保荐协议的，保荐机构和发行人应当自终止之日起 5 个工作日内向中国证监会、证券交易所报告，说明原因。

第四十六条　持续督导期间，保荐机构被撤销保荐机构资格的，发行人应当在 1 个月内另行聘请保荐机构，未在规定期限内另行聘请的，中国证监会可以为其指定保荐机构。

第四十七条　另行聘请的保荐机构应当完成原保荐机构未完成的持续督导工作。

因原保荐机构被撤销保荐机构资格而另行聘请保荐机构的，另行聘请的保荐机构持续督导的时间不得少于 1 个完整的会计年度。

另行聘请的保荐机构应当自保荐协议签订之日起开展保荐工作并承担相应的责任。原保荐机构在履行保荐职责期间未勤勉尽责的，其责任不因保荐机构的更换而免除或者终止。

第四十八条　保荐机构应当指定 2 名保荐代表人具体负责 1 家发行人的保荐工作，出具由法定代表人签字的专项授权书，并确保保荐机构有关部门和人员有效分工协作。保荐机构可以指定 1 名项目协办人。

第四十九条　证券发行后，保荐机构不得更换保荐代表人，但因保荐代表人离职或者被撤销保荐代表人资格的，应当更换保荐代表人。

保荐机构更换保荐代表人的，应当通知发行人，并在 5 个工作日内向中国证监会、证券交易所报告，说明原因。原保荐代表人在具体负责保荐工作期间未勤勉尽责的，其责任不因保荐代表人的更换而免除或者终止。

第五十条　保荐机构法定代表人、保荐业务负责人、内核负责人、保荐代表人和项目协办人应当在发行保荐书上签字，保荐机构法定代表人、保荐代表人应同时在证券发行募集文件上签字。

第五十一条　保荐机构应将履行保荐职责时发表的意见及时告知发行人，同时在保荐工作底稿中保存，并可依照本办法规定公开发表声明、向中国证监会或者证券交易所报告。

第五十二条　持续督导工作结束后，保荐机构应当在发行人公告年度报告之日起的10个工作日内向中国证监会、证券交易所报送保荐总结报告书。保荐机构法定代表人和保荐代表人应当在保荐总结报告书上签字。保荐总结报告书应当包括下列内容：

（一）发行人的基本情况；

（二）保荐工作概述；

（三）履行保荐职责期间发生的重大事项及处理情况；

（四）对发行人配合保荐工作情况的说明及评价；

（五）对证券服务机构参与证券发行上市相关工作情况的说明及评价；

（六）中国证监会要求的其他事项。

第五十三条　保荐代表人及其他保荐业务相关人员属于内幕信息的知情人员，应当遵守法律、行政法规和中国证监会的规定，不得利用内幕信息直接或者间接为保荐机构、本人或者他人谋取不正当利益。

第五章　保荐业务协调

第五十四条　保荐机构及其保荐代表人履行保荐职责可对发行人行使下列权利：

（一）要求发行人按照本办法规定和保荐协议约定的方式，及时通报信息；

（二）定期或者不定期对发行人进行回访，查阅保荐工作需要的发行人材料；

（三）列席发行人的股东大会、董事会和监事会；

（四）对发行人的信息披露文件及向中国证监会、证券交易所提交的其他文件进行事前审阅；

（五）对有关部门关注的发行人相关事项进行核查，必要时可聘请相关证券服务机构配合；

（六）按照中国证监会、证券交易所信息披露规定，对发行人违法违规的事项发表公开声明；

（七）中国证监会规定或者保荐协议约定的其他权利。

第五十五条　发行人有下列情形之一的，应当及时通知或者咨询保荐机构，并将相关文件送交保荐机构：

（一）变更募集资金及投资项目等承诺事项；

（二）发生关联交易、为他人提供担保等事项；

（三）履行信息披露义务或者向中国证监会、证券交易所报告有关事项；

（四）发生违法违规行为或者其他重大事项；

（五）中国证监会规定或者保荐协议约定的其他事项。

第五十六条　证券发行前，发行人不配合保荐机构履行保荐职责的，保荐机构应当发表保留意见，并在发行保荐书中予以说明；情节严重的，应当不予保荐，已保荐的应当撤销保荐。

第五十七条　证券发行后，保荐机构有充分理由确信发行人可能存在违法违规行为以及其他不当行为的，应当督促发行人做出说明并限期纠正；情节严重的，应当向中国证监会、证券交易所报告。

第五十八条　保荐机构应当组织协调证券服务机构及其签字人员参与证券发行上市的相关工作。

发行人为证券发行上市聘用的会计师事务所、律师事务所、资产评估机构以及其他证券服务机构，保荐机构有充分理由认为其专业能力存在明显缺陷的，可以向发行人建议更换。

第五十九条　保荐机构对证券服务机构及其签字人员出具的专业意见存有疑义的，应当主动与证券服务机构进行协商，并可要求其做出解释或者出具依据。

第六十条　保荐机构有充分理由确信证券服务机构及其签字人员出具的专业意见可能存在虚假记载、误导性陈述或重大遗漏等违法违规情形或者其他不当情形的，应当及时发表意见；情节严重的，应当向中国证监会、证券交易所报告。

第六十一条　证券服务机构及其签字人员应当保持专业独立性，对保荐机构提出的疑义或者意见进行审慎的复核判断，并向保荐机构、发行人及时发表意见。

第六章　监管措施和法律责任

第六十二条　中国证监会可以对保荐机构及其保荐代表人从事保荐业务的情况进行定期或者不定期现场检查，保荐机构及其保荐代表人应当积极配合检查，如实提供有关资料，不得拒绝、阻挠、逃避检查，不得谎报、隐匿、销毁相关证据材料。

第六十三条　中国证监会建立保荐信用监管系统，对保荐机构和保荐代表人进行持续动态的注册登记管理，记录其执业情况、违法违规行为、其他不良行为以及对其采取的监管措施等，必要时可以将记录予以公布。

第六十四条　自保荐机构向中国证监会提交保荐文件之日起，保荐机构及其保荐代表人承担相应的责任。

第六十五条　保荐机构资格申请文件存在虚假记载、误导性陈述或者重大遗漏的，中国证监会不予核准；已核准的，撤销其保荐机构资格。

保荐代表人资格申请文件存在虚假记载、误导性陈述或者重大遗漏的，中国证监会不予核准；已核准的，撤销其保荐代表人资格。对提交该申请文件的保荐机构，中国证监会自撤销之日起6个月内不再受理该保荐机构推荐的保荐代表人资格申请。

第六十六条　保荐机构、保荐代表人、保荐业务负责人和内核负责人违反本办法，未诚实守信、勤勉尽责地履行相关义务的，中国证监会责令改正，并对其采取监管谈话、重点关注、责令进行业务学习、出具警示函、责令公开说明、认定为不适当人选等监管措施；依法应给予行政处罚的，依照有关规定进行处罚；情节严重涉嫌犯罪的，依法移送司法机关，追究其刑事责任。

第六十七条　保荐机构出现下列情形之一的，中国证监会自确认之日起暂停其保荐机构资格3个月；情节严重的，暂停其保荐机构资格6个月，并可以责令保荐机构更换保荐业务负责人、内核负责人；情节特别严重的，撤销其保荐机构资格：

（一）向中国证监会、证券交易所提交的与保荐工作相关的文件存在虚假记载、误导性陈述或者重大遗漏；

（二）内部控制制度未有效执行；

（三）尽职调查制度、内部核查制度、持续督导制度、保荐工作底稿制度未有效执行；

（四）保荐工作底稿存在虚假记载、误导性陈述或者重大遗漏；

（五）唆使、协助或者参与发行人及证券服务机构提供存在虚假记载、误导性陈述或者重大遗漏的文件；

（六）唆使、协助或者参与发行人干扰中国证监会及其发行审核委员会的审核工作；

（七）通过从事保荐业务谋取不正当利益；

（八）严重违反诚实守信、勤勉尽责义务的其他情形。

第六十八条　保荐代表人出现下列情形之一的，中国证监会可根据情节轻重，自确认之日起 3 个月到 12 个月内不受理相关保荐代表人具体负责的推荐；情节特别严重的，撤销其保荐代表人资格：

（一）尽职调查工作日志缺失或者遗漏、隐瞒重要问题；

（二）未完成或者未参加辅导工作；

（三）未参加持续督导工作，或者持续督导工作未勤勉尽责；

（四）因保荐业务或其具体负责保荐工作的发行人在保荐期间内受到证券交易所、中国证券业协会公开谴责；

（五）唆使、协助或者参与发行人干扰中国证监会及其发行审核委员会的审核工作；

（六）严重违反诚实守信、勤勉尽责义务的其他情形。

第六十九条　保荐代表人出现下列情形之一的，中国证监会撤销其保荐代表人资格；情节严重的，对其采取证券市场禁入的措施：

（一）在与保荐工作相关文件上签字推荐发行人证券发行上市，但未参加尽职调查工作，或者尽职调查工作不彻底、不充分，明显不符合业务规则和行业规范；

（二）通过从事保荐业务谋取不正当利益；

（三）本人及其配偶持有发行人的股份；

（四）唆使、协助或者参与发行人及证券服务机构提供存在虚假记载、误导性陈述或者重大遗漏的文件；

（五）参与组织编制的与保荐工作相关文件存在虚假记载、误导性陈述或者重大遗漏。

第七十条　保荐机构、保荐代表人因保荐业务涉嫌违法违规处于立案调查期间的，中国证监会暂不受理该保荐机构的推荐；暂不受理相关保荐代表人具体负责的推荐。

第七十一条　发行人出现下列情形之一的，中国证监会自确认之日起暂停保荐机构的保荐机构资格 3 个月，撤销相关人员的保荐代表人资格：

（一）证券发行募集文件等申请文件存在虚假记载、误导性陈述或者重大遗漏；

（二）公开发行证券上市当年即亏损；

（三）持续督导期间信息披露文件存在虚假记载、误导性陈述或者重大遗漏。

第七十二条　发行人在持续督导期间出现下列情形之一的，中国证监会可根据情节轻重，自确认之日起 3 个月到 12 个月内不受理相关保荐代表人具体负责的推荐；情节特别严重的，撤销相关人员的保荐代表人资格：

（一）证券上市当年累计 50% 以上募集资金的用途与承诺不符；

（二）公开发行证券上市当年营业利润比上年下滑 50% 以上；

（三）首次公开发行股票并上市之日起 12 个月内控股股东或者实际控制人发生变更；

（四）首次公开发行股票并上市之日起 12 个月内累计 50% 以上资产或者主营业务发生重组；

（五）上市公司公开发行新股、可转换公司债券之日起 12 个月内累计 50% 以上资产或者主营业务发生重组，且未在证券发行募集文件中披露；

（六）实际盈利低于盈利预测达 20% 以上；

（七）关联交易显失公允或者程序违规，涉及金额较大；

（八）控股股东、实际控制人或其他关联方违规占用发行人资源，涉及金额较大；

（九）违规为他人提供担保，涉及金额较大；

（十）违规购买或出售资产、借款、委托资产管理等，涉及金额较大；

（十一）董事、监事、高级管理人员侵占发行人利益受到行政处罚或者被追究刑事责任；

（十二）违反上市公司规范运作和信息披露等有关法律法规，情节严重的；

（十三）中国证监会规定的其他情形。

第七十三条　保荐代表人被暂不受理具体负责的推荐或者被撤销保荐代表人资格的，保荐业务负责人、内核负责人应承担相应的责任，对已受理的该保荐代表人具体负责推荐的项目，保荐机构应当撤回推荐；情节严重的，责令保荐机构就各项保荐业务制度限期整改，责令保荐机构更换保荐业务负责人、内核负责人，逾期仍然不符合要求的，撤销其保荐机构资格。

第七十四条　保荐机构、保荐业务负责人或者内核负责人在 1 个自然年度内被采取本办法第六十六条规定监管措施累计 5 次以上，中国证监会可暂停保荐机构的保荐机构资格 3 个月，责令保荐机构更换保荐业务负责人、内核负责人。

保荐代表人在 2 个自然年度内被采取本办法第六十六条规定监管措施累计 2 次以上，中国证监会可 6 个月内不受理相关保荐代表人具体负责的推荐。

第七十五条　对中国证监会采取的监管措施，保荐机构及其保荐代表人提出申辩的，如有充分证据证明下列事实且理由成立，中国证监会予以采纳：

（一）发行人或其董事、监事、高级管理人员故意隐瞒重大事实，保荐机构和保荐代表人已履行勤勉尽责义务；

（二）发行人已在证券发行募集文件中做出特别提示，保荐机构和保荐代表人已履行勤勉尽责义务；

（三）发行人因不可抗力致使业绩、募集资金运用等出现异常或者未能履行承诺；

（四）发行人及其董事、监事、高级管理人员在持续督导期间故意违法违规，保荐机构和保荐代表人主动予以揭示，已履行勤勉尽责义务；

（五）保荐机构、保荐代表人已履行勤勉尽责义务的其他情形。

第七十六条　发行人及其董事、监事、高级管理人员违反本办法规定，变更保荐机构后未另行聘请保荐机构，持续督导期间违法违规且拒不纠正，发生重大事项未及时通知保荐机构，或者发生其他严重不配合保荐工作情形的，中国证监会可以责令改正，予以公布并可根据情节轻重采取下列监管措施：

（一）要求发行人每月向中国证监会报告接受保荐机构督导的情况；

（二）要求发行人披露月度财务报告、相关资料；

（三）指定证券服务机构进行核查；

（四）要求证券交易所对发行人证券的交易实行特别提示；

（五）36 个月内不受理其发行证券申请；

（六）将直接负责的主管人员和其他责任人员认定为不适当人选。

第七十七条　证券服务机构及其签字人员违反本办法规定的，中国证监会责令改正，并对相关机构和责任人员采取监管谈话、重点关注、出具警示函、责令公开说明、认定为不适当人选等监管措施。

第七十八条　证券服务机构及其签字人员出具的专业意见存在虚假记载、误导性陈述或重大遗漏，或者因不配合保荐工作而导致严重后果的，中国证监会自确认之日起 6 个月到 36 个月内不受理其文件，并将处理结果予以公布。

第七十九条　发行人及其董事、监事、高级管理人员、证券服务机构及其签字人员违反法律、行政法规，依法应予行政处罚的，依照有关规定进行处罚；涉嫌犯罪的，依法移送司法机关，追究其刑事责任。

第七章　附则

第八十条　本办法所称“保荐机构”，是指《证券法》第十一条所指“保荐人”。

第八十一条　中国证券业协会或者经中国证监会认可的其他机构，可以组织保荐代表人胜任能力考试。

第八十二条　本办法实施前从事证券发行上市保荐业务的保荐机构，不完全符合本办法规定的，应当在本办法实施之日起 3 个月内达到本办法规定的要求，并由中国证监会组织验收。逾期仍然不符合要求的，中国证监会撤销其保荐机构资格。

第八十三条　本办法自 2008 年 12 月 1 日起施行，《证券发行上市保荐制度暂行办法》（证监会令第 18 号）、《首次公开发行股票辅导工作办法》（证监发［2001］125 号）同时废止。

附录 3:《证券法》(2019) 与保荐人制度相关的条款

《中华人民共和国证券法》(节选)

1998 年 12 月 29 日第九届全国人民代表大会常务委员会第六次会议通过。根据 2004 年 8 月 28 日第十届全国人民代表大会常务委员会第十一次会议《关于修改〈中华人民共和国证券法〉的决定》第一次修正;2005 年 10 月 27 日第十届全国人民代表大会常务委员会第十八次会议第一次修订;根据 2013 年 6 月 29 日第十二届全国人民代表大会常务委员会第三次会议《关于修改〈中华人民共和国文物保护法〉等十二部法律的决定》第二次修正;根据 2014 年 8 月 31 日第十二届全国人民代表大会常务委员会第十次会议《关于修改〈中华人民共和国保险法〉等五部法律的决定》第三次修正;2019 年 12 月 28 日第十三届全国人民代表大会常务委员会第十五次会议第二次修订。

第一章　总则

第一条　为了规范证券发行和交易行为,保护投资者的合法权益,维护社会经济秩序和社会公共利益,促进社会主义市场经济的发展,制定本法。

第二条　在中华人民共和国境内,股票、公司债券、存托凭证和国务院依法认定的其他证券的发行和交易,适用本法;本法未规定的,适用《中华人民共和国公司法》和其他法律、行政法规的规定。

第五条　证券的发行、交易活动，必须遵守法律、行政法规；禁止欺诈、内幕交易和操纵证券市场的行为。

第二章　证券发行

第九条　公开发行证券，必须符合法律、行政法规规定的条件，并依法报经国务院证券监督管理机构或者国务院授权的部门注册。未经依法注册，任何单位和个人不得公开发行证券。

第十条　发行人申请公开发行股票、可转换为股票的公司债券，依法采取承销方式的，或者公开发行法律、行政法规规定实行保荐制度的其他证券的，应当聘请证券公司担任保荐人。

保荐人应当遵守业务规则和行业规范，诚实守信，勤勉尽责，对发行人的申请文件和信息披露资料进行审慎核查，督导发行人规范运作。

保荐人的管理办法由国务院证券监督管理机构规定。

第十一条　设立股份有限公司公开发行股票，应当符合《中华人民共和国公司法》规定的条件和经国务院批准的国务院证券监督管理机构规定的其他条件，向国务院证券监督管理机构报送募股申请和下列文件:

(一) 公司章程;

(二) 发起人协议;

(三) 发起人姓名或者名称，发起人认购的股份数、出资种类及验资证明;

(四) 招股说明书;

(五) 代收股款银行的名称及地址;

(六) 承销机构名称及有关的协议。

依照本法规定聘请保荐人的，还应当报送保荐人出具的发行保荐书。

第十三条　公司公开发行新股，应当报送募股申请和下列文件：

（一）公司营业执照；

（二）公司章程；

（三）股东大会决议；

（四）招股说明书或者其他公开发行募集文件；

（五）财务会计报告；

（六）代收股款银行的名称及地址。

依照本法规定聘请保荐人的，还应当报送保荐人出具的发行保荐书。依照本法规定实行承销的，还应当报送承销机构名称及有关的协议。

第十四条　公司对公开发行股票所募集资金，必须按照招股说明书或者其他公开发行募集文件所列资金用途使用；改变资金用途，必须经股东大会作出决议。擅自改变用途，未作纠正的，或者未经股东大会认可的，不得公开发行新股。

第十六条　申请公开发行公司债券，应当向国务院授权的部门或者国务院证券监督管理机构报送下列文件：

（一）公司营业执照；

（二）公司章程；

（三）公司债券募集办法；

（四）国务院授权的部门或者国务院证券监督管理机构规定的其他文件。

依照本法规定聘请保荐人的，还应当报送保荐人出具的发行保荐书。

第二十四条　国务院证券监督管理机构或者国务院授权的部门对已作出的证券发行注册的决定，发现不符合法定条件或者法定程序，尚未发行证券的，应当予以撤销，停止发行。已经发行尚未上市的，撤销发行注册决定，发行人应当按照发行价并加算银行同期存款利息返还证券持有人；发行人的控股股东、实际控制人以及保荐人，应当与发行人承担连带责任，但是能够证明自己没有过错的除外。

第二十六条　发行人向不特定对象发行的证券，法律、行政法规规定应当由证券公司承销的，发行人应当同证券公司签订承销协议。证券承销业务采取代销或者包销方式。

第二十七条　公开发行证券的发行人有权依法自主选择承销的证券公司。

第三章　证券交易

第五十条　禁止证券交易内幕信息的知情人和非法获取内幕信息的人利用内幕信息从事证券交易活动。

第五十一条　证券交易内幕信息的知情人包括：

（一）发行人及其董事、监事、高级管理人员；

（二）持有公司百分之五以上股份的股东及其董事、监事、高级管理人员，公司的实际控制人及其董事、监事、高级管理人员；

（三）发行人控股或者实际控制的公司及其董事、监事、高级管理人员；

（四）由于所任公司职务或者因与公司业务往来可以获取公司有关内幕信息的人员；

（五）上市公司收购人或者重大资产交易方及其控股股东、实际控制人、董事、监事和高级管理人员；

（六）因职务、工作可以获取内幕信息的证券交易场所、证券公司、证券登记结算机构、证券服务机构的有关人员；

（七）因职责、工作可以获取内幕信息的证券监督管理机构工作人员；

（八）因法定职责对证券的发行、交易或者对上市公司及其收购、重大资产交易进行管理可以获取内幕信息的有关主管部门、监管机构的工作人员；

（九）国务院证券监督管理机构规定的可以获取内幕信息的其他人员。

第五十二条　证券交易活动中，涉及发行人的经营、财务或者对该发行人证券的市场价格有重大影响的尚未公开的信息，为内幕信息。

第五章　信息披露

第七十八条　发行人及法律、行政法规和国务院证券监督管理机构规定的其他信息披露义务人，应当及时依法履行信息披露义务。

信息披露义务人披露的信息，应当真实、准确、完整，简明清晰，通俗易懂，不得有虚假记载、误导性陈述或者重大遗漏。

第八十五条　信息披露义务人未按照规定披露信息，或者公告的证券发行文件、定期报告、临时报告及其他信息披露资料存在虚假记载、误导性陈述或者重大遗漏，致使投资者在证券交易中遭受损失的，信息披露义务人应当承担赔偿责任；发行人的控股股东、实际控制人、董事、监事、高级管理人员和其他直接责任人员以及保荐人、承销的证券公司及其直接责任人员，应当与发行人承担连带赔偿责任，但是能够证明自己没有过错的除外。

第六章　投资者保护

第八十八条　证券公司向投资者销售证券、提供服务时，应当按照规定充分了解投资者的基本情况、财产状况、金融资产状况、投资知识和经验、专业能力等相关信息;如实说明证券、服务的重要内容,充分揭示投资风险;销售、提供与投资者上述状况相匹配的证券、服务。

投资者在购买证券或者接受服务时,应当按照证券公司明示的要求提供前款所列真实信息。拒绝提供或者未按照要求提供信息的,证券公司应当告知其后果,并按照规定拒绝向其销售证券、提供服务。

证券公司违反第一款规定导致投资者损失的,应当承担相应的赔偿责任。

第八章　证券公司

第一百二十条　经国务院证券监督管理机构核准,取得经营证券业务许可证,证券公司可以经营下列部分或者全部证券业务:

(一)证券经纪;

(二)证券投资咨询;

(三)与证券交易、证券投资活动有关的财务顾问;

(四)证券承销与保荐;

(五)证券融资融券;

(六)证券做市交易;

(七)证券自营;

(八)其他证券业务。

除证券公司外,任何单位和个人不得从事证券承销、证券保荐、证券经纪和证券融资融券业务。

第一百二十一条　证券公司经营本法第一百二十条第一款第(一)项至第(三)项业务的,注册资本最低限额为人民币五千万元；经营第（四）项至第（八）项业务之一的，注册资本最低限额为人民币一亿元；经营第（四）项至第（八）项业务中两项以上的，注册资本最低限额为人民币五亿元。证券公司的注册资本应当是实缴资本。

第一百二十八条　证券公司应当建立健全内部控制制度，采取有效隔离措施，防范公司与客户之间、不同客户之间的利益冲突。

证券公司必须将其证券经纪业务、证券承销业务、证券自营业务、证券做市业务和证券资产管理业务分开办理，不得混合操作。

第十章　证券服务机构

第一百六十条　会计师事务所、律师事务所以及从事证券投资咨询、资产评估、资信评级、财务顾问、信息技术系统服务的证券服务机构，应当勤勉尽责、恪尽职守，按照相关业务规则为证券的交易及相关活动提供服务。

第一百六十三条　证券服务机构为证券的发行、上市、交易等证券业务活动制作、出具审计报告及其他鉴证报告、资产评估报告、财务顾问报告、资信评级报告或者法律意见书等文件，应当勤勉尽责，对所依据的文件资料内容的真实性、准确性、完整性进行核查和验证。其制作、出具的文件有虚假记载、误导性陈述或者重大遗漏，给他人造成损失的，应当与委托人承担连带赔偿责任，但是能够证明自己没有过错的除外。

第十二章　证券监督管理机构

第一百六十八条　国务院证券监督管理机构依法对证券市场实行监督管理，维护证券市场公开、公平、公正，防范系统性风险，维护投资者合法权益，促进证券市场健康发展。

第一百六十九条　国务院证券监督管理机构在对证券市场实施监督管理中履行下列职责：

（一）依法制定有关证券市场监督管理的规章、规则，并依法进行审批、核准、注册，办理备案；

（二）依法对证券的发行、上市、交易、登记、存管、结算等行为，进行监督管理；

（三）依法对证券发行人、证券公司、证券服务机构、证券交易场所、证券登记结算机构的证券业务活动，进行监督管理；

（四）依法制定从事证券业务人员的行为准则，并监督实施；

（五）依法监督检查证券发行、上市、交易的信息披露；

（六）依法对证券业协会的自律管理活动进行指导和监督；

（七）依法监测并防范、处置证券市场风险；

（八）依法开展投资者教育；

（九）依法对证券违法行为进行查处；

（十）法律、行政法规规定的其他职责。

第十三章　法律责任

第一百八十一条　发行人在其公告的证券发行文件中隐瞒重要事实或者编造重大虚假内容，尚未发行证券的，处以二百万元以上二千万元以下的罚款；已经发行证券的，处以非法所募资金金额百分之十以上一倍以下的罚款。对直接负责的主管人员和其他直接责任人员，处以一百万元以上一千万元以下的罚款。

发行人的控股股东、实际控制人组织、指使从事前款违法行为的，没收违法所得，并处以违法所得百分之十以上一倍以下的罚款；没有违法所得或者违法所得不足二千万元的，处以二百万元以上二千万元以下的罚款。对直接负责的主管人员和其他直接责任人员，处以一百万元以上一千万元以下的罚款。

第一百八十二条　保荐人出具有虚假记载、误导性陈述或者重大遗漏的保荐书，或者不履行其他法定职责的，责令改正，给予警告，没收业务收入，并处以业务收入一倍以上十倍以下的罚款；没有业务收入或者业务收入不足一百万元的，处以一百万元以上一千万元以下的罚款；情节严重的，并处暂停或者撤销保荐业务许可。对直接负责的主管人员和其他直接责任人员给予警告，并处以五十万元以上五百万元以下的罚款。

第一百九十七条　信息披露义务人未按照本法规定报送有关报告或者履行信息披露义务的，责令改正，给予警告，并处以五十万元以上五百万元以下的罚款；对直接负责的主管人员和其他直接责任人员给予警告，并处以二十万元以上二百万元以下的罚款。发行人的控股股东、实际控制人组织、指使从事上述违法行为，或者隐瞒相关事项导致发生上述情形的，处以五十万元以上五百万元以下的罚款；对直接负责的主管人员和其他直接责任人员，处以二十万元以上二百万元以下的罚款。

信息披露义务人报送的报告或者披露的信息有虚假记载、误导性陈述或者重大遗漏的，责令改正，给予警告，并处以一百万元以上一千万元以下的罚款；对直接负责的主管人员和其他直接责任人员给予警告，并处以五十万元以上五百万元以下的罚款。发行人的控股股东、实际控制人组织、指使从事上述违法行为，或者隐瞒相关事项导致发生上述情形的，处以一百万元以上一千万元以下的罚款；对直接负责的主管人员和其他直接责任人员，处以五十万元以上五百万元以下的罚款。

第一百九十八条　证券公司违反本法第八十八条的规定未履行或者未按照规定履行投资者适当性管理义务的，责令改正，给予警告，并处以十万元以上一百万元以下的罚款。对直接负责的主管人员和其他直接责任人员给予警告，并处以二十万元以下的罚款。

第二百一十一条　证券公司及其主要股东、实际控制人违反本法第一百三十八条的规定，未报送、提供信息和资料，或者报送、提供的信息和资料有虚假记载、误导性陈述或者重大遗漏的，责令改正，给予警告，并处以一百万元以下的罚款；情节严重的，并处撤销相关业务许可。对直接负责的主管人员和其他直接责任人员，给予警告，并处以五十万元以下的罚款。

第二百一十九条　违反本法规定，构成犯罪的，依法追究刑事责任。

第二百二十条　违反本法规定，应当承担民事赔偿责任和缴纳罚款、罚金、违法所得，违法行为人的财产不足以支付的，优先用于承担民事赔偿责任。

第二百二十一条　违反法律、行政法规或者国务院证券监督管理机构的有关规定，情节严重的，国务院证券监督管理机构可以对有关责任人员采取证券市场禁入的措施。

第十四章　附则

第二百二十六条　本法自 2020 年 3 月 1 日起施行。

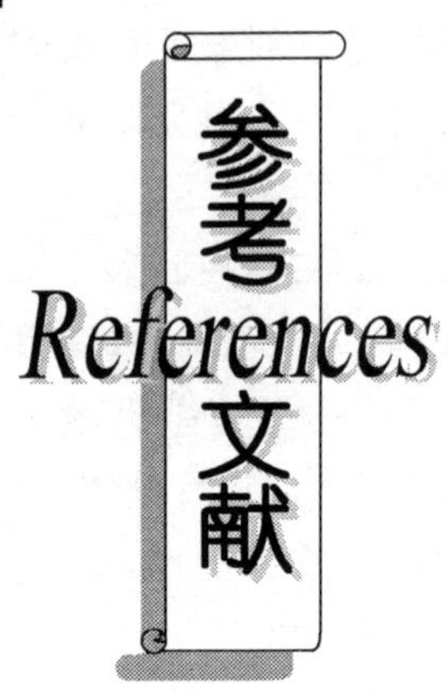

［1］白云霞，严梦莹，钟宁桦．保荐代表人变更与保荐制度的有效性——基于定向增发的实证研究［J］．金融研究，2014（3）：138－151.

［2］毕金玲，成艳丽，许男男．承销商声誉，增发价格与公司业绩——来自中国上市公司的经验证据［J］．投资研究，2017（10）：74－90.

［3］蔡庆丰，刘锦．保荐代表人“尽责”了吗？——基于上市前盈余管理与上市后持续督导的实证分析［J］．投资研究，2014（6）：93－106.

［4］曹树新，王建琼．非首发保荐人变更信息披露市场敏感性反应实证研究［J］．金融理论与实践，2015（1）：90－96.

［5］陈冬华，祝娟，俞俊利．盈余管理行为中的经理人惯性——一种基于个人道德角度的解释与实证［J］．南开管理评论，2017（3）：144－158.

[6] 陈海明，李东. 我国投资银行声誉假说的实证研究 [J]. 广东金融学院学报，2003 (5)：47-50.

[7] 陈辉发，蒋义宏，王芳. 发审委身份公开，会计师事务所声誉与 IPO 公司盈余质量 [J]. 审计研究，2012 (1)：60-68.

[8] 陈小悦，肖星，过晓艳. 配股权与上市公司利润操纵 [J]. 经济研究，2000 (1)：30-36.

[9] 陈晓. 上市公司的变脸现象探析 [M]. 北京：企业管理出版社，2003.

[10] 陈晓，戴翠玉. A 股亏损公司的盈余管理行为与手段研究 [J]. 中国会计评论，2004 (2)：299-310.

[11] 陈运森，宋顺林. 美名胜过大财：承销商声誉受损冲击的经济后果 [J]. 经济学（季刊），2018 (1)：431-448.

[12] 醋卫华. 公司丑闻、声誉机制与高管变更 [J]. 经济管理，2011 (1)：38-43.

[13] 邓浩，贺小刚，肖玮凡. 亲缘关系与家族企业的高管变更——有限利他主义的解释 [J]. 经济管理，2016 (10)：66-86.

[14] 丁友刚，宋献中. 政府控制，高管更换与公司业绩 [J]. 会计研究，2011 (6)：70-76.

[15] 杜兴强，赖少娟，裴红梅. 女性高管总能抑制盈余管理吗？——基于中国资本市场的经验证据 [J]. 会计研究，2017 (1)：39-45.

[16] 付娟，任颋. 持续督导期内保荐代表人更换与上市公司信息披露 [J]. 首都经济贸易大学学报，2012 (4)：63-70.

[17] 龚启辉，吴联生，王亚平. 两类盈余管理之间的部分替代 [J]. 经济研究，2015 (6)：175-188.

[18] 郭海星，万迪昉，吴祖光. 承销商值得信任吗？——

来自创业板的证据［J］. 南开管理评论，2011（3）：101－109.

［19］郭泓，赵震宇. 承销商声誉对 IPO 公司定价、初始和长期回报影响实证研究［J］. 管理世界，2006（3）：122－128.

［20］何剑. 基于机构利益的中国股市 IPO 抑价实证研究［J］. 广东财经大学学报，2009（6）：72－76.

［21］胡淑娟. 询价制的定价行为博弈分析［J］. 中外企业家，2007（4）：92－94.

［22］胡旭阳. 中介机构的声誉与股票市场信息质量——对我国股票市场中介机构作用的实证研究［J］. 证券市场导报，2003（2）：58－61.

［23］黄春铃. 证券监管效率和承销商声誉——基于南方证券“麦科特事件”的案例研究［J］. 管理世界，2005（7）：129－138.

［24］黄春铃，陈峥嵘. IPO 市场承销商声誉机制的形成机理及实证检验［J］. 证券市场导报，2007（2）：19－25.

［25］黄继承，盛明泉. 高管背景特征具有信息含量吗？［J］. 管理世界，2013（9）：144－171.

［26］黄鑫，沈艺峰. 承销商托市与新股折价［J］. 证券市场导报，2002（11）：3－5.

［27］姜付秀，黄继承，李丰也等. 谁选择了财务经历的 CEO？［J］. 管理世界，2012（2）：96－104.

［28］姜付秀，石贝贝，马云飙. 董秘财务经历与盈余信息含量［J］. 管理世界，2016（9）：161－173.

［29］姜付秀，石贝贝，马云飙. 信息发布者的财务经历与企业融资约束［J］. 经济研究，2016（6）：83－97.

［30］姜付秀，伊志宏，苏飞等. 管理者背景特征与企业过度投资行为［J］. 管理世界，2009（1）：130－139.

［31］姜付秀，张敏，陆正飞等. 管理者过度自信、企业扩

张与财务困境［J］. 经济研究，2009（1）：131－143.

［32］蒋义宏. 配股资格线的变迁与 ROE 分布的变化——中国上市公司“上有政策，下有对策”图解［J］. 经济管理，2003（2）：61－67.

［33］金晓斌，吴淑琨，陈代云. 投资银行声誉、IPO 质量分布与发行制度创新［J］. 经济学（季刊），2006（2）：403－426.

［34］靳明. 从 ROE 的实证分析看上市公司的业绩操纵行为［J］. 中国工业经济，2000（2）：64－69.

［35］雷光勇，李书锋，王秀娟. 政治关联、审计师选择与公司价值［J］. 管理世界，2009（7）：145－155.

［36］李辰颖，杨海燕. CEO 声誉受哪些因素影响：理论与实证［J］. 当代经济管理，2012（3）：19－26.

［37］李爽，吴溪. 审计师变更研究：中国证券市场的初步证据［M］. 北京：中国财政经济出版社，2002.

［38］李挺，赵宇，位豪强等. 保荐人项目经验、IPO 审核与资源配置效率［J］. 财经研究，2019（11）：70－82.

［39］李延喜，吴笛，肖峰雷等. 声誉理论研究述评［J］. 管理评论，2010（10）：5－13.

［40］李增福，董志强，连玉君. 应计项目盈余管理还是真实活动盈余管理？——基于我国 2007 年所得税改革的研究［J］. 管理世界，2011（1）：121－134.

［41］李增福，林盛天，连玉君. 国有控股，机构投资者与真实活动的盈余管理［J］. 管理工程学报，2013（3）：35－44.

［42］李增福，郑友环. 避税动因的盈余管理方式比较——基于应计项目操控和真实活动操控的研究［J］. 财经研究，2010（6）：80－89.

［43］梁上坤，陈冬华. 大股东会侵犯管理层利益吗？——

来自资金占用与管理层人员变更的经验证据 [J]. 金融研究，2015 (3)：192－206.

[44] 林珊. 基于创业板 IPO 价格、上市公司、承销商与机构投资者的博弈分析 [J]. 中国证券期货，2010 (3)：34－36.

[45] 刘慧龙，王成方，吴联生. 决策权配置、盈余管理与投资效率 [J]. 经济研究，2014 (8)：93－106.

[46] 刘江会. 声誉与证券承销商的声誉：一个文献回顾 [J]. 中共浙江省委党校学报，2006 (3)：40－45.

[47] 刘江会. 证券承销商声誉的理论与实证研究——基于中国证券发行市场的分析 [D]. 复旦大学，2004.

[48] 刘江会，尹伯成，易行健. 我国证券承销商声誉与 IPO 企业质量关系的实证分析 [J]. 财贸经济，2005 (3)：9－16.

[49] 刘青松，肖星. 败也业绩，成也业绩？ [J]. 管理世界，2015 (3)：151－163.

[50] 刘星，代彬，郝颖. 高管权力与公司治理效率——基于国有上市公司高管变更的视角 [J]. 管理工程学报，2012 (1)：1－12.

[51] 刘钰善，刘海龙. 新股询价发行中的价格区间与配售策略 [J]. 管理工程学报，2009 (1)：116－120.

[52] 刘志军. 保荐制下的投资银行声誉有效性研究 [D]. 苏州大学，2009.

[53] 柳建华，孙亮，卢锐. 券商声誉、制度环境与 IPO 公司盈余管理 [J]. 管理科学学报，2017 (7)：24－42.

[54] 陆建桥. 中国亏损上市公司盈余管理实证研究 [J]. 会计研究，1999 (9)：25－35.

[55] 陆正飞，童盼. 审计意见、审计师变更与监管政策——一项以 14 号规则为例的经验研究 [J]. 审计研究，2003

(3)：30－35.

[56] 逯东，万丽梅，杨丹. 创业板公司上市后为何业绩变脸？[J]. 经济研究，2015 (2)：132－144.

[57] 罗党论，汪弘. 公司特质、保荐人与过会时间——来自中国创业板上市公司的经验证据 [J]. 证券市场导报，2013 (3)：17－24.

[58] 罗党论，杨毓. 保荐人声誉与上市公司 IPO 表现 [J]. 会计与经济研究，2013 (4)：3－17.

[59] 吕怀立，杨聪慧. 承销商与审计师合谋对债券发行定价的影响——基于个人层面的经验数据 [J]. 审计研究，2019 (3)：111－119.

[60] 潘越，戴亦一，刘思超. 我国承销商利用分析师报告托市了吗？[J]. 经济研究，2011 (3)：131－144.

[61] 秦璇，方军雄，于传荣. 股价崩盘与 CEO 变更 [J]. 财务研究，2019 (2)：45－59.

[62] 瞿旭，杨丹，瞿彦卿等. 创始人保护、替罪羊与连坐效应——基于会计违规背景下的高管变更研究 [J]. 管理世界，2012 (5)：143－157＋162.

[63] 饶品贵，徐子慧. 经济政策不确定性影响了企业高管变更吗？[J]. 管理世界，2017 (1)：145－157.

[64] 邵新建，薛熠，江萍等. 投资者情绪、承销商定价与 IPO 新股回报率 [J]. 金融研究，2013 (4)：127－141.

[65] 沈艺峰，王夫乐，黄娟娟等. 高管之"人"的先天特征在 IPO 市场中起作用吗？[J]. 管理世界，2017 (9)：141－154.

[66] 石水平. 控制权转移、超控制权与大股东利益侵占——来自上市公司高管变更的经验证据 [J]. 金融研究，2010 (4)：160－176.

[67] 宋建波，文雯，王德宏. 海归高管能促进企业风险承担吗？——来自中国 A 股上市公司的经验证据 [J]. 财贸经济，2017（12）：111－126.

[68] 苏灵，王永海，余明桂. 董事的银行背景、企业特征与债务融资 [J]. 管理世界，2011（10）：176－177.

[69] 田嘉，占卫华. 投资银行的声誉与 IPO 定价偏低关系的实证研究 [J]. 中国社会科学院研究生院学报，2000（4）：33－36.

[70] 瓦茨，齐默尔曼. 实证会计理论 [M]. 黄世忠等译. 北京：中国商业出版社，1990.

[71] 王雄元，高开娟. 如虎添翼抑或燕巢危幕：承销商、大客户与公司债发行定价 [J]. 管理世界，2017（9）：42－59.

[72] 魏立群，王智慧. 我国上市公司高管特征与企业绩效的实证研究 [J]. 南开管理评论，2002（4）：16－22.

[73] 文芳，胡玉明. 中国上市公司高管个人特征与 R&D 投资 [J]. 管理评论，2009（11）：84－91.

[74] 吴继忠，莫忆微. 股权结构、中介机构声誉与 IPO 抑价率——基于 PE 支持的企业数据 [J]. 重庆工商大学学报（社会科学版），2017（1）：66－75.

[75] 吴联生. 企业会计信息违法性失真的责任合约安排 [J]. 经济研究，2001（2）：77－85＋94.

[76] 吴联生. 会计域秩序与会计信息规则性失真 [J]. 经济研究，2002（4）：68－75.

[77] 吴联生. 会计信息失真的“三分法”：理论框架与证据 [J]. 会计研究，2003（2）：5－28.

[78] 吴联生. 当代会计前沿问题研究：创新与发展 [M]. 北京：北京大学出版社，2005.

[79] 吴联生. 盈余管理、政治关联与公司税负 [J]. 会计论坛，2010 (1)：3-16.

[80] 吴联生，谭力. 审计师变更决策与审计意见改善 [J]. 审计研究，2005 (2)：34-40.

[81] 谢赤，康萃娟. IPO 承销商托市行为及其研究方法 [J]. 长沙理工大学学报（社会科学版)，2005 (2)：51-55.

[82] 谢德仁. 会计信息的真实性与会计规则制定权合约安排 [J]. 经济研究，2000 (5)：47-51.

[83] 谢盛纹，刘杨晖. 审计师变更，前任审计师任期和会计信息可比性 [J]. 审计研究，2016 (2)：82-89.

[84] 邢星宇. 影响 IPO 定价因素实证研究 [J]. 中国市场，2010 (44)：47-49.

[85] 徐斌. 增发对象、保荐人声誉与定向增发新股折价率 [D]. 江西财经大学，2019.

[86] 徐春波. 我国承销商声誉机制有效性研究 [D]. 暨南大学，2008.

[87] 徐浩萍，罗炜. 投资银行声誉机制有效性——执业质量与市场份额双重视角的研究 [J]. 经济研究，2007 (2)：124-136.

[88] 徐文燕，武康平. 承销商托市对新股初始回报的影响——对上海 A 股市场的实证研究 [J]. 当代经济科学，2002 (1)：83-89.

[89] 叶若慧，王成方. 公司治理、高管变更与经济后果：一个文献综述 [J]. 南京财经大学学报，2010 (4)：80-86.

[90] 易阳，田涵艺，宋顺林等. 重典能治乱吗：行政处罚保荐代表人违规行为的经济后果分析 [J]. 会计研究，2019 (5)：33-41.

[91] 尹蘅. 影响我国投资银行市场份额因素的实证检验 [C]. 中国金融业全面开放与金融稳定学术研讨会，2006.

[92] 于富生，王成方. 承销商声誉、审计独立性与审计师选择 [J]. 审计与经济研究，2012 (6): 33 -41.

[93] 余明桂，李文贵，潘红波. 管理者过度自信与企业风险承担 [J]. 金融研究，2013 (1): 149 -163.

[94] 原红旗，黄倩茹. 承销商分析师与非承销商分析师预测评级比较研究 [J]. 中国会计评论，2007 (3): 285 -304.

[95] 詹欣，叶可，陈伟忠. 配股权对询价效率影响的博弈分析 [J]. 同济大学学报（自然科学版），2009 (6): 847 -850.

[96] 张霁若. CEO 变更对会计信息可比性的影响研究 [J]. 会计研究，2017 (11): 52 -57.

[97] 张建勇. 审计师变更与会计稳健性关系的实证研究 [J]. 审计研究，2014 (5): 94 -100.

[98] 张学森，张伟弟. 证券法原理与实务 [M]. 北京：经济科学出版社，1999.

[99] 中国证监会.《证券发行上市保荐制度暂行办法》，2003 年 10 月发布.

[100] 中国证监会.《证券发行上市保荐业务管理办法》，2008 年 8 月发布.

[101]《中华人民共和国证券法》，2019 年 12 月修订，2020 年 3 月 1 日起施行.

[102] 赵震宇，杨之曙，白重恩. 影响中国上市公司高管层变更的因素分析与实证检验 [J]. 金融研究，2007 (8): 76 -89.

[103] 周兰，耀友福. 媒体负面报道、审计师变更与审计质量 [J]. 审计研究，2015 (3): 75 -83.

[104] 周晓苏，王磊. 保荐代表人声誉、定向增发盈余管理

与股价长期市场表现 [J]. 投资研究，2017 (5): 29 - 47.

[105] 朱红军. 大股东变更与高级管理人员更换：经营业绩的作用 [J]. 会计研究，2002 (9): 31 - 40.

[106] 朱红军. 我国上市公司高管人员更换的现状分析 [J]. 管理世界，2002 (5): 126 - 131.

[107] 朱红军，钱友文. 中国 IPO 高抑价之谜："定价效率观" 还是 "租金分配观"? [J]. 管理世界，2010 (6): 35 - 47.

[108] 朱星文，廖义刚，谢盛纹. 高级管理人员变更、股权特征与盈余管理——来自中国上市公司的经验证据 [J]. 南开管理评论，2010 (2): 23 - 29.

[109] AGGARWAL R K, KRIGMAN L, WOMACK K L. Strategic IPO underpricing, information momentum, and lockup expiration selling [J]. Journal of financial economics, 2002, 66 (1): 105 - 137.

[110] AGGARWAL R K, WU G. Stock Market Manipulation - Theory and Evidence [J]. Social Science Electronic Publishing, 2003.

[111] BALVERS R J, MCDONALD B, MILLER R E. Underpricing of new issues and the choice of auditor as a signal of investment banker reputation [J]. Accounting Review, 1988, 63 (4): 605 - 622.

[112] BARON D P. A model of the demand for investment banking advising and distribution services for new issues [J]. The journal of finance, 1982, 37 (4): 955 - 976.

[113] BARRY C B, MUSCARELLA C J, PEAVY III J W, et al.. The role of venture capital in the creation of public companies: Evidence from the going - public process [J]. Journal of Financial economics, 1990, 27 (2): 447 - 471.

[114] BARTOV E, MOHANRAM P. Private information, earnings manipulations, and executive stock – option exercises [J]. The Accounting Review, 2004, 79 (4): 889 –920.

[115] BEATTY R P. Auditor reputation and the pricing of initial public offerings [J]. Accounting Review, 1989, 64 (4): 693 –709.

[116] BEATTY R P, BUNSIS H, HAND J R M. The indirect economic penalties in SEC investigations of underwriters [J]. Journal of Financial Economics, 1998, 50 (2): 151 –186.

[117] BEATTY R P, RITTER J R. Investment banking, reputation, and the underpricing of initial public offerings [J]. Journal of Financial Economics, 1986, 15 (1 –2): 213 –232.

[118] BEATTY R P, WELCH I. Issuer expenses and legal liability in initial public offerings [J]. The Journal of Law and Economics, 1996, 39 (2): 545 –602.

[119] BEAVER W, KETTLER P, SCHOLES M. The association between market determined and accounting determined risk measures [J]. The Accounting Review, 1970, 45 (4): 654 –682.

[120] BERNARD V L, SKINNER D J. What motivates managers' choice of discretionary accruals? [J]. Journal of Accounting and Economics, 1996, 22 (1 –3): 313 –325.

[121] BOOTH J R, SMITH II R L. Capital raising, underwriting and the certification hypothesis [J]. Journal of Financial Economics, 1986, 15 (1 –2): 261 –281.

[122] CAMPBEL T S, KRACAW W A. Information production, market signalling, and the theory of financial intermediation [J]. The Journal of Finance, 1980, 35 (4): 863 –882.

[123] CARTER R, MANASTER S. Initial public offerings and

underwriter reputation [J]. the Journal of Finance, 1990, 45 (4): 1045 -1067.

[124] CARTER R B. Underwriter reputation and repetitive public offerings [J]. Journal of Financial Research, 1992, 15 (4): 341 -354.

[125] CARTER R B, DARK F H, SINGH A K. Underwriter reputation, initial returns, and the long - run performance of IPO stocks [J]. The Journal of Finance, 1998, 53 (1): 285 -311.

[126] CHAPMAN C J, STEENBURGH T J. An investigation of earnings management through marketing actions [J]. Management Science, 2011, 57 (1): 72 -92.

[127] CHEMMANUR T J, FULGHIERI P. Investment bank reputation, information production, and financial intermediation [J]. The Journal of Finance, 1994, 49 (1): 57 -79.

[128] CHEN H C, RITTER J R. The seven percent solution [J]. The Journal of Finance, 2000, 55 (3): 1105 -1131.

[129] CHOWDHRY B, NANDA V. Stabilization, syndication, and pricing of IPOs [J]. Journal of Financial and Quantitative Analysis, 1996, 31 (1): 25 -42.

[130] DECHOW P M, HUTTON A P, KIM J H, et al.. Detecting earnings management: A new approach [J]. Journal of accounting research, 2012, 50 (2): 275 -334.

[131] DECHOW P M, SLOAN R G, SWEENEY A P. Detecting earnings management [J]. Accounting review, 1995, 70 (2): 193 -225.

[132] DECHOW P M, SLOAN R G, SWEENEY A P. Causes and consequences of earnings manipulation: An analysis of firms sub-

ject to enforcement actions by the SEC [J]. Contemporary accounting research, 1996, 13 (1): 1 -36.

[133] DUNBAR C G. Factors affecting investment bank initial public offering market share [J]. Journal of Financial Economics, 2000, 55 (1): 3 -41.

[134] DYRENG S D, HANLON M, MAYDEW E L. The Effects of Executives on Corporate Tax Avoidance [J]. Accounting Review, 2010, 85 (4): 1163 -1189.

[135] FAMA E F. Agency problems and the theory of the firm [J]. Journal of political economy, 1980, 88 (2): 288 -307.

[136] FAMA E F. Market efficiency, long - term returns, and behavioral finance [J]. Journal of financial economics, 1998, 49 (3): 283 -306.

[137] FAN Q. Earnings management and ownership retention for initial public offering firms: Theory and evidence [J]. The Accounting Review, 2007, 82 (1): 27 -64.

[138] FANG L H. Investment bank reputation and the price and quality of underwriting services [J]. The Journal of Finance, 2005, 60 (6): 2729 -2761.

[139] GUL F A, WU D, YANG Z. Do individual auditors affect audit quality? Evidence from archival data [J]. The Accounting Review, 2013, 88 (6): 1993 -2023.

[140] HEALY P M, PALEPU K G. The effect of firms' financial disclosure strategies on stock prices [J]. Accounting horizons, 1993, 7 (1): 1 -11.

[141] JAMES C. Relationship - specific assets and the pricing of underwriter services [J]. The Journal of Finance, 1992, 47 (5):

1865 - 1885.

[142] JOHNSON J M, MILLER R E. Investment banker prestige and the underpricing of initial public offerings [J]. Financial Management, 1988, 17 (2): 19 - 29.

[143] JONES J J. Earnings management during import relief investigations [J]. Journal of accounting research, 1991, 29 (2): 193 - 228.

[144] KOTHARI S P, LEONE A J, WASLEY C E. Performance matched discretionary accrual measures [J]. Journal of accounting and economics, 2005, 39 (1): 163 - 197.

[145] KRIGMAN L, SHAW W H, WOMACK K L. Why do firms switch underwriters? [J]. Journal of financial economics, 2001, 60 (2 - 3): 245 - 284.

[146] LOGUE D E. On the pricing of unseasoned equity issues: 1965 - 1969 [J]. Journal of Financial and Quantitative Analysis, 1973, 8 (1): 91 - 103.

[147] LOGUE D E, ROGALSKI R J, SEWARD J K, et al.. What is special about the roles of underwriter reputation and market activities in initial public offerings? [J]. The Journal of Business, 2002, 75 (2): 213 - 243.

[148] MCDONALD J G, FISHER A K. New - issue stock price behavior [J]. The Journal of Finance, 1972, 27 (1): 97 - 102.

[149] MUSCARELLA C J, VETSUYPENS M R. The underpricing of "second" initial public offerings [J]. Journal of Financial Research, 1989, 12 (3): 183 - 192.

[150] ROCK K. Why new issues are underpriced [J]. Journal of financial economics, 1986, 15 (1 - 2): 187 - 212.

[151] ROYCHOWDHURY S. Earnings management through real activities manipulation [J]. Journal of accounting and economics, 2006, 42 (3): 335 -370.

[152] RUUD J S. Underwriter price support and the IPO underpricing puzzle [J]. Journal of Financial Economics, 1993, 34 (2): 135 -151.

[153] SCOTT W R, O'BRIEN P C. Financial accounting theory [M]. Toronto: prentice hall Toronto, 2003.

[154] TEOH S H, WELCH I, WONG T J. Earnings management and the long - run market performance of initial public offerings [J]. The journal of finance, 1998, 53 (6): 1935 -1974.

[155] TINIC S M. Anatomy of initial public offerings of common stock [J]. The Journal of Finance, 1988, 43 (4): 789 -822.

WATTS R L, ZIMMERMAN J L, 1986. Positive Accounting Theory [M]. NJ: Prentice - Hall.

[156] WOLK H I, DODD J L, ROZYCKI J J. Accounting theory: conceptual issues in a political and economic environment [M]. CA: Sage, 2008.

[157] XIE B, DAVIDSON III W N, DADALT P J. Earnings management and corporate governance: the role of the board and the audit committee [J]. Journal of corporate finance, 2003, 9 (3): 295 -316.

[158] YONG O. A review of IPO research in Asia: What's next? [J]. Pacific - Basin Finance Journal, 2007, 15 (3): 253 -275.

“立德、立功、立言”是为学者追求的“三不朽”境界，故为学必求有益于社会。保荐人是未上市企业准备上市的桥梁，是已上市公司与证监会及交易所沟通的重要渠道，保荐人制度效率高低直接关系到准上市公司和已上市公司的发展质量。笔者深感研究保荐人制度对正处于证券市场改革转型期的我国具有重要意义，故在北京大学攻读博士学位时深入研究该领域并将其作为主要研究方向，对我国保荐人制度背景和相关法律法规进行解读，并从保荐代表人的视角出发，对保荐人制度的实施效果进行了实证检验。笔者在前人研究的基础上，小心求证，经过四年研究，理论成果终算小有所成。本打算毕业之际将博士论文公开出版以飨读者，惜工作忙碌，时间匆匆，便将此事耽搁了下来。

庚子年初新冠肺炎疫情弥漫华夏，为配合疫情防控社会大众闭门不出，忙碌的工作被疫情按下了暂停键。突然而至的闲暇时光正是居家整理思路的好时候，笔者以博士论文研究为基础，吸收新理论、新发展、新政策，经过反复琢磨、反复求证、反复修改，此书终成。笔者出版保荐人研究书稿之夙愿也得以圆满：一是学以致用，希望能为企业发展提供参考思路，为我国保荐人制度完善发展贡献微薄之力；二是裨益学术，希望本领域专家阅后提出宝贵意见以帮助进一步完善学术理论；三是记录经历，书稿作为博士阶段的主要研究内容，其出版是对笔者人生历程的重要记录。

书稿的完成非一日之功、非一人之功，其中凝聚了许多老师的指导、长辈的关爱、同学的讨论、家人的支持以及编辑部朋友的大力帮助。在此，笔者要衷心地感谢他们：

感谢笔者的博士生导师吴联生教授。吴老师作为长江学者、国内财务会计研究领域的学术权威，吴老师璀璨的学术思想、宽广的研究视野、高超的研究水平、严谨的治学态度激发了笔者的学术热情，为笔者从事研究树立了榜样。吴老师的指导是本书成稿的关键所在。吴老师是笔者学术研究中的榜样和重要指导。感谢吴老师！

感谢我国著名会计学家郭道扬教授。郭老师是我国会计学界的泰斗级学者，著作等身，他的《中国会计史稿》被国外同行专家誉为“东方第一部会计史学专著”。笔者很小的时候，郭先生就让笔者立志学习会计，并帮笔者培养了最初的兴趣。在笔者报考北京大学光华管理学院时，又热忱地帮笔者写了推荐书。郭老师是呵护笔者一路成长的长辈，借书稿出版之际衷心祝愿敬爱的郭老师健康长寿。

感谢北大光华管理学院的老师们。感谢诸位老师在笔者攻读博士期间给予专业知识的悉心讲授，使笔者在读书阶段掌握了国内最前沿的学术知识；感谢老师在笔者求学生涯中给予的关怀和建议，帮助笔者不断提高研究能力；感谢老师对笔者博士论文提出的宝贵意见，帮助笔者不断完善研究内容；感谢老师在笔者毕业后继续给予的指导帮助。

感谢笔者在光华学院的几位博士生同学。感谢同学们在博士论文创作阶段与笔者的热烈讨论，激发的灵感火花都已印在本书中；感谢同学们在博士读书阶段给予的帮助和关心，让枯燥的读书生活充满了活力与乐趣。

感谢浙江工商大学，感谢财务与会计学院的领导和老师们。感谢学校的人才引进项目为本书的出版提供资金支持；感谢学院领导在笔者来到浙江工商大学之后给予笔者工作上的关心支持与帮助；也感谢各位老师在学院的学术研讨活动中为本书提出的具有建设性的意见。

感谢父亲汪祥耀教授、母亲张卫华老师和先生王伟博士，家的温暖是笔者安心创作的港湾，感谢家人的理解、支持和鼓励和在书稿创作编写中给予的帮助。家人的参与不仅延展了书本的内容，更让本书成为了一本有温度的作品。

最后，笔者还要感谢中国财政经济出版社的樊清玉主任及其他编校同志。如果没有他们的帮助，此书将不能如此及时地与诸位读者见面！

保荐人制度研究是一项庞大复杂的系统工程，理论完善也非一日之功，望诸位读者贤达不吝赐教，帮助笔者不断完善该理论！

汪　泓

2020 年 2 月 28 日于杭州